テイクチャージ
Take Charge of Your Life
選択理論で人生の舵を取る
How to Get What You Need with Choice Theory Psychology

ウイリアム・グラッサー 著
William Glasser
柿谷正期 監訳

ACHIEVEMENT PUBLISHING

テイクチャージ
選択理論で人生の舵を取る

本書を推薦する言葉

私生活でも職業人としても、わたしのこれまでの成功は、どのように受け止められようとも日々時間を共にする友人，クライアント、そして何百万人もの視聴者に対して、わたしがアドバイスやカウンセリングをするときに誠実である、という約束のうえに成り立ってきたと断言できる。

人々は必ずしも耳にしたことを快く思わなかったかもしれない。しかし受け手はわたしの動機と姿勢をつねに信頼してくれているという安堵感をもっていた。グラッサー博士は本書『テイクチャージ』の中で，私たちの日々の生活の中で選択する力の概念を発展させ、鋭く、わかりやすく迫っている。

読者に外的脅迫からの自由を示すことによって，内的解放からくる自由へのステップが、驚くほど単純な方法で認識される。

もちろん、私たちの思考を変えるには、勇気と信じる力が必要であるが、わたしはこうした効果を目にしてきているので、「わからないものがわかるようになる」という変化は、驚くほどである。本書は、一人ひとりがより創造的で、才能豊かな存在になる手助けをしてくれるだろう。グラッサー博士は、心理学に大きな貢献をし、読者にとてつもない影響を与えている。

『テイクチャージ』は、人生全体で、そしてとくに人間関係で、より力強いものを求めている人にとって、完璧な対処法を提供するものである。人生で選択がもたらす力は人を解放し、もはや理論で終わるものではないし、哲学者の主題でもない。グラッサー博士は、内側からもたらされる人生の変化を導くために、わかりやすいガイドブックを書いてくれた。本書は、すぐに歴史に残る書となるだろう。

フィリップ・C・マクグロー博士
ニューヨーク・タイムズ、ベストセラー『Real Life』著者

刊行に寄せて

シェリル・T・グリルズ
ロヨラ・マリマウント大学、ベラーミン教養学部、副学部長
黒人心理学者学会、会長
アイモイエース・地域支援事業、創立者・事務局長

終身刑で服役中のジェニーは、ほかの囚人や刑務官に毎日のように食ってかかりながらも、彼女の残された人生の意味や目的を見出そうとしている。マイケルは大学の最終学年で、母親が最近自殺未遂で入院しているのを心配し、卒業できない状況にある。二人に共通しているものなんだろうか？

高校三年のジェシカは、大学進学を希望しつつもしばしばマリワナを吸って、母親との関係は喧嘩腰で不安を抑えようにも、よい行動をとれないでいる。シルビアは離婚し

て五年経つが、またもや満足できない別の人間関係にはまり込み、悲しみや失望しか味わえないと知りつつも抜け出せないでいる。エドナは退職し、決められた収入で生計を立てているが、眠れぬ夜と戦っており、受刑者の孫を支援するグランマ組織に、最近参加して以来いつも頭痛がする。チャールズは最近課長になったが、まとまりも効果もない彼の管理の仕方からくるストレスで、身体の震えと痛みを経験している。福祉事業の管理者たちが、行政の提供する研修の場で、怒りと不満を抱えながら受講している。彼らは自分たちの職場で超過勤務と人員不足という困難な問題を抱えて嘆くばかりだ。

こうした人々に共通しているものはなんだろうか？　選択理論に対して、驚くほど類似した反応が繰り広げられる。

それぞれの状況で、外的コントロールが使われるのが少なくなり、選択理論がもたらす自由の力をわたしは個人的に観察していた。知識は力であり、知識は選択を創造する。人間の行動がどんなもので、どのようになされるかについての深い洞察を与え、グラッサー博士が教える単純かつ格調高い真理は、人々が自分自身と他の人を知り、人生でなされる人間の選択について理解する新しい方法を示している。それぞれのシナリオで人々は、愛・所属、力、楽しみ、安全、そして自由の欲求を、外的コントロールに満ちているこの世界でいかに満たすか苦闘している。彼らは他の人からの抑圧を感じるだけでなく、彼ら自身も外的コントロールの実践者なのだ。彼らの悩みは、他の人が「彼らの」外的コントロールという信条と手法に応答しないときに、頂点に達する。選択理論は意味のないところに意味を見出し、制御を失くした状況で秩序を取り戻し、絶望が当然と思われているところに充実感をもたらしている。わたしは彼らに選択理論を紹介した。選択理論の基礎原理は、ただちに、直感的に人を引きつけ、明らかな結果を生み出している。

本書『テイクチャージ』でグラッサー博士は、選択理論を明快に説明し、たくさんの実践例を挙げている。そこに描かれる物語は、著者の哲学が真実であることを表している。選択理論を通して、個人の自由と選択は取り戻されている。自己に関する気づきが欠如し、ぼかされて、人間関係が外的コントロールの行動によって断絶し破綻しているところに、新しい洞察、新しい関わり方が示されている。希望が消え、個人が制御を失って、悲惨で、自分の最善の行動すら良きものでなく害しかもたらさない状況に、個人に自由をもたらす心理学から得られる洞察は自己と他人を理解する力を増大させた。最終的にグラッサー博士は、人はどのようにして自らの幸せのためにもっとも重要な一つのもの（すなわち、よりよい人間関係）に近づけるかを示している。

選択理論は人間の行動の科学的根拠を示し、内的制御を取り戻し、維持するための原理を示している。これは、個人、家族、そして集団に対して、予防と介入のための新しい取り組みの好機があることを示している。これはクォリティ・コミュニティーを育む方法を教えている。もっとも重要なことは、選択理論はレジリエンス（復元力）を高め、楽観主義を刷新するための強力なツールで、人生を肯定することで世界の幸せを促進させることができる、ということだ。選択理論は、学校や近隣で共同体意識を確立するという重要な働きを支援し、進む方向を提供している。グラッサー博士はかつてこう言った。「地域に働きかけることは、平坦で一向に改善しない人間関係に活路をもたらす唯一の方法だ」

わたしの三〇年にわたる臨床実践とコミュニティー心理学の専門をもってしても、グラッサー博士の理論と手法以上に印象付けられ、影響されたものはない。選択理論は単純でいて格調高い科学であり、人々がいかにしてより仲良くすることができるかを説明している。外的コントロール心理学は、人間の生活にしっかりと根を下ろし、私たちの感覚と意識を鈍らせ、広範囲に渡ってよくない影響を与えてきた。

選択理論の原理をわたしの息子の子育てに適用しても、大学の学部生に教えても、あるいは地域組織の管理職やスタッフの研修で使っても、効果は同じである。選択理論には納得させるものがある。選択理論は洞察をもたらす。選択理論はよい行動変化とメンタルヘルスを促進させる。わたしは選択理論を刑務所の女性たちに教え、大学につながるプログラムで高校生とその親に教えてきたが、驚き続けることは、かくも多くの人々、状況、問題、文化、そして環境が異なっているにもかかわらず、いつでも共鳴し受け入れられるということだ。グラッサー博士の主張は正しい。人々に外的コントロールの限界を示し、選択理論を通して内的コントロールの有利性を教えることは、人々が成功し幸せな人生を送れるようになる秘訣を提供している。

現在は社会的不正、貧困、そして紛争があり、私たちの魂は試みられる時代であるが、選択理論はそうしたものから解放してくれる。グラッサー博士は、環境がどうであっても、惨めさを受け入れることや、世の中を責めることになんの益もないと言う。「そうすることで、人生の舵取りにどうしても必要な機会をすべて奪うことになる」

選択理論でグラッサー博士は、真のエンパワーメントのモデルを提供している。彼自身の言葉で言えば次のようになる。「あなたの人生で選択理論を実践すれば、問題を責めることをしないで、解決するためのエネルギーを使うことになる」『テイクチャージ』の中でグラッサー博士は、創造性を解き放って、型を破り、問題を好機とみなし、正しい答えはひとつではなくいくつもある、という悟りに導く。

アフリカに次のことわざがある。「人が人であるのは、人々がいるからだ」別の言葉で言えば、究極的に私たちの中心において、私たちは社会的存在であるので、上質な人間関係は私たちの健康と幸せにとって不可欠ということだ。

グラッサー博士に感謝したい。外的コントロール心理学を内的コントロール心理学に整理しなおす創造的な博士の才能に感謝する。内的コントロール心理学は上質な人間関係とコミュニティーを育むことができる。人を自由にする選択理論の力を通して、私たちは、家族、友人、同僚、地域、そして世界中の村々と、人生を肯定し、欲求充足する人間関係を自由に築くことができるようになる。

序文

わたしが一九五五年に精神科医師として開業したとき、すでにわたしは精神医学のより実践的手法を開発していた。当時の精神科のスーパーヴァイザーはハリントン博士（G.L.Harrington）で、わたしはそれまで一般的に受け入れられていた概念と大きく違う概念を生み出していた。私たちは日々の実践から得られた考えに妥当性があるか体験的に試してみた。当時は心理学的調査研究の最新のツールがなかったからだ。臨床医学や精神医学での学びは、口頭での伝統と知られている事実を基盤にしていたので、私たちのやり方がとくに変わっているとは思わなかった。わたしは自分が蓄積したアイディアを書き取り続け、人々は講演や研修でわたしの取り組みを話すよう要請しはじめた。そのうち私たちはウィリアムグラッサー協会（William Glasser Institute）を創立し、わたしのアイディアを使いたいと思う人々に教えるようになった。

わたしの関係者は、一般大衆が手に取れるような実践的な書籍を求める傾向があった。

そうするようにとの何年にも渡る要望を受けて、わたしは今がそのときだと思い、『人生はセルフコントロール』(Take Effective Control of Your Life) を改訂し出版することにした。前書はハーパーコリンズ社からハードカバーで出版され、のちに同じ書籍を英語版『コントロール理論』という名に変え、ソフトカバーで出版された。

わたしの今回の出版は、一九九八年の『グラッサー博士の選択理論』(Choice Theory: A New Psychology of Personal Freedom) を基盤にしており、現在のわたしの考えを反映している。本書は『グラッサー博士の選択理論』に取って替わるものではない。世界に広まり、破壊と分裂をもたらす外的コントロール心理学を完全に拒絶することによって、基本的に新しい心理学である選択理論がなぜ、いかに、人々の人生の舵取りの支援をするかを本書は説明している。

コントロール理論という言葉は、誤解と混乱をもたらすもので、一九九六年にわたしは名前を選択理論心理学に変更した。今や選択理論は新しい心理学として全世界で教えられている。これは私たちのすることはすべて選択であり、唯一変えられる行動は自分自身の行動だけである、という考えを基盤にしている。そういう理由で、本書の題名は『テイクチャージ』としている。

妻カーリーンは注意深く本書を整理し編集し、現在の出版社の編集基準に沿うものにしてくれた。わたしは、選択理論の概念を反映するために、わたしの書いたものをまとめてくれた彼女の編集に目を通し、彼女がしてくれた編集に同意している。本書はよい書籍だと思う。前のものを読んだことのある読者にも読んでいただきたい。楽しんで読めると思う。読者がこうしたアイディアにはじめて触れる方であるなら、あなたにも世界のやり方を変える試みに加わっていただきたいと思う。私たちは外的コントロールを退け、選択理論心理学を実践することによって、お互いとつながるために、個々人がもつ内的動機付けという考えを受け入れる者になりたい。

あなたは選択理論心理学を活用し、自分自身の人生の舵取りをすることによってこの世で不可欠な存在になることができる。そして、私たちが今生きており、後の世代も生きていくことになるこの世界で、幸せを広め、強い絆の構築に貢献をすることとなる。

謝辞

わたしの心からの感謝をウィリアムグラッサー協会事務局長リンダ・ハーシュマン（Linda Harshman）に捧げる。彼女は過去に出版され人気のあった書籍を書き直すようにわたしに言っていた。長年にわたって彼女は、この書籍が彼女の個人的に好きな書籍だと言い続けてきた。わたしはほとんどいつも彼女の言うことに耳を傾けてきたが、今回も例外ではない。わたしはウィリアムグラッサー協会に対する彼女の二五年の忠実な仕事ぶりを高く評価している。

わたしはまた、ラインフレド・ペランドス（Reinfredo Perandos）に感謝したい。彼はわたしの世話に多くの時間を割き、その巧みな貢献で編集作業の流れを無理なく進めさせてくれた。

シーロン・ボグダノビック（Shearon Bogdanovic）は、喜んで本書を出版するのに必要な整理と編集をしてくれることに同意してくれた。原稿の彼女の編集は、本企画の完成に不可欠であった。彼女またウィリアムグラッサー協会の講師陣の一人で、わたしのもっとも熱心な信奉者の一人である。

最後に、妻カーリーン・グラッサーに感謝する。本書に彼女が費やしたすべて、わたしの人生に彼女がもたらした愛。彼女は人生の舵取りができる種類の女性で、わたしは自分自身を日々彼女の愛の手に委ねている。カーリーン、心から感謝している。

目次

刊行に寄せて…005
序文…011
謝辞…014
はじめに…018
第一章　思考、行為、そして感情は自ら選んでいる…023
第二章　外的コントロールから選択理論心理学への移行…031
第三章　頭の中のイメージ写真…039
第四章　私たちの知覚カメラにある価値…063
第五章　行動を駆り立てるもの…081
第六章　創造性と再整理…097
第七章　狂気、創造性，そして責任…113
第八章　創造的過程としての心身症…127
第九章　依存薬物：化学的に制御する誘惑…157
第十章　よくある依存薬物（合法、非合法）…173

第十一章　葛藤…205
第十二章　批判…231
第十三章　人生の舵を握る…255
第十四章　選択理論心理学と子育て…279
第十五章　苦痛や悲惨さを訴えて自分や他人を支配する…317
第十六章　健康を選択する…345
第十七章　選択理論の活用方法…377
監訳者あとがき…386
付録…392
注…399
参考文献…400
ウイリアム・グラッサーの受けた表彰…402
ウイリアム・グラッサーの著作…403

はじめに

心理学は、良好な人間関係を築くための科学だ。いま世界の潮流は外的コントロール心理学で、機械のようにお互いを意のままに制御できるという考えに基づいている。すなわち動機付けとなる手段やアイディア、たとえば褒美や罰などをいくつも使って相手を変えようとするのだ。これは、私たち誰もが必要としている人間関係に対してとても有害で、しばしば破壊してしまう。対して選択理論心理学は、制御できるのは自分自身だけであり、人は自ら動機付けられ行動しているという考えを基盤にしている。

私たちを動機付けるものは、脳の構造と働きから引き出されており、それは生まれつきのものだ。遺伝子は、身体と頭の生物学的資材で、一連の分子コードにすぎない。ただ遺伝子は、私たちの頭脳の構造と機能のための情報を含んでおり、私たちが生き延びて繁栄するためには、遺伝子の指示に従わなければならない。私たちは、脳の遺伝子の多くの指示に気づいている。それは脳に現れる自発的イメージ写真として自覚され、私たちの生き方を通して満足させなければならない。遺伝子に突き動かされて私たちはこうしたイメージ写真に囚われるけれども、満たし方までは影響されない。私たちほとんどつねにどうするべきかという選択肢をもっており、選択がよければそれだけ人生の舵取りをうまくしていることになる。

一九九八年の『グラッサー博士の選択理論』[1]で説明したように、選択理論は真っ向から外的コントロールに相反するものである。なぜなら、選択理論は実践する人々を互いに近づけるが、外的コントロールは互いの距離を引き離すからだ。わたしが提唱するのは、私たちが外的コントロールを完全に放棄し、選択理論と置き換えることだ。そうすれば、これまで犯した過ちを改めて人間関係を改善できる。選択理論が幅広く用いられると、結婚生活は良好になり、家族はより幸せになり、学校教育はより成功し、職場の質は改善するだろう。クリスタキスとファウラー（Chrisitakis & Fowler）は、人間関係の最近の研究を振り返り、次のように言っている。

「心理学研究によると、人が孤独を感じるときは、他の人とつながっていたいのに、実際のつながりが得られていないときだ」[2]

私たちのほとんどは、予期せぬ離婚に対処しようとしている友人を慰めようとした経験があるだろう。彼女は繰り返し何度も言う。「あの人はわたしになんていうことをしたの？　わたしの年で一から始めることがどのようにできるの？　何年も一緒に積み上げてきたものを破壊するどんな権利があの人にあるというの？」時間が経過するにつれ彼女以外の誰にも次のことが明らかになってくる。彼女は、終わってしまった結婚に束縛され続ける選択をしているのだ。

誰もがこのような困難を経験している。私たちの現実は、私たちが求めているイメージ写真と大きく隔たりがあることに突然気づく。そして、自分の人生の制御を失ったかのように感じるのだ。物事は絶望的で、どちらへ向かえばいいのかわからない。こうした逼迫した状況のなかで、私たちの感じている惨めさは自分が選択したもので、私たちが学びさえすれば、よりよい選択があるということは誰も気がつかない。

外側で起こる出来事がどれほど困難なことでも、私たちはそれによって支配されているわけではない。本書でそれを説明しよう。私たちは内側の力によって完全に動機付けられており、すべての行動は人生を制御しようとする私たちの試みなのだ。たとえば、惨めさの原因は子ども、配偶者、あるいは親にあると責めるとき、私たちはあたかも彼らが私たちの人生を支配しているかのように行動している。夫に去られた友人は、惨めにならねばならなかったのではない。彼女は必死に、しかし効果のない努力をして、自分の崩れゆく人生の制御を取り戻そうと、惨めになる選択をしたのだ。

本書は、選択理論を適用して、自分の人生の舵取りをする方法を教えてくれる。私たちの内側にある強力で止むことのない欲求を満たそうとして、私たちの多くは苦痛に満ちた、効果のない選択をする。しかし、より効果的な選択を学ぶこともできる。ただ選択理論を身につけるためには、長いあいだ身につけてきた常識、すなわち、周囲で起きる出来事にあなたは反応、応答をしているという考えを放棄しなければならない。

そのため、あなたが慣れ親しんできたものとは違う用語を使っていることに気づくだろう。たとえば、うつはうつ行動、罪悪感は罪悪行動。こうした静的用語（名詞）を行為用語（動詞）に変えることによって、選択をより正確に表現している。こうした行動は変えられることを知ってもらいたい。選択理論の見方になれば、こうした言葉遣いは思考をより柔軟にするのに役立つとわかるだろう。

変わるのは簡単ではない。あなたがこれまで培った考え方、とくにほとんどの人々が信じてきた考えは、なかなか消えない。懐疑的なままでいなさい、と言いたい。わたしの説明がどれほど説得力に満ちていても、本書に書かれていることを信じてはいけない。自分の人生に適用し、効果があることがわかるまでは。

第一章　思考、行為、そして感情は自ら選んでいる

私たちはあなたの車に乗っていて、赤信号になった。あなたは車を止める。どうして止まったのかとわたしは聞く。赤信号を指さして「赤に変わったよ。赤信号になればいつも止まるよ」とあなたは言う。電話が鳴り、あなたは応答する。どうして受話器を取ったのかとわたしは聞く。「電話が鳴ったから」とあなたは答え、わたしの頭がおかしいと疑いはじめる。しかし、わたしはほんとうにおかしいだろうか。あなたはいつも赤信号になれば止まり、電話が鳴れば出るだろうか。非常事態であれば、赤信号を無視するのではないか。大切な用事のあいだは電話に出ないこともあるのではないか。

赤信号や電話の呼び出し音はまったく関係がないとは言わない。ただ、それらは私たちが車を止め、電話に出る原因ではない。車を止めるのは、私たちの内側に、生きているためにできることはなんでもしたいという強い願いがあるからだ。電話が鳴ったら出るのも、ほとんどの人が、相手ととにかく話したいという強い願いをもっているからだ。交通量の多い道路の赤信号を無視するとか、することもなく独り家にいるとき電話を鳴らし続けておくことを考えただけでも、人を動かしているものがその人の外側にはなく、内側にあることがわかる。

どんな行動も心の外側で起きることが原因ではない。人の行動が外側の力によって決まるなら、私たちは生きている人間としてではなく、機械のように行動していることになる。生きているから、電話に出るどうかは、そのときの目標を遂げられるかによって選択できる。人の行いとは、良くも悪くも、効果があってもなくても、つらくても楽しくても、狂っていてもいなくても、病気でもそうでなくても、酔っていてもしらふでも、すべて内側の強力な欲求を満たす行いである。それを本書で説明しよう。

留守番電話は命のない機械だ。機械なので反応する以外に選択肢はない。その働きは外側の呼び出し音に支配され、唯一の目的は設計に組み込まれていて、間違いなく呼び出し音に呼応することだ。まさにロボット並みの奴隷である。しかし、私たちも機械と同じで、外側の力に支配されていると信じ、人は（限られたものかもしれないが）選択できるという考えを放棄するなら、たとえ外側の力が赤信号のように単純であっても、横暴な上司のように複雑であっても、自分が奴隷であると受け入れることになる。

すべての行動の動機が良くても悪くても外側にはなく、個人の内側から生じると信じれば、惨めさの原因は無関心な両親や無神経な配偶者、恩知らずな子ども、あるいは苦痛な仕事にある、とは言えなくなる。もしわたしが機械なら、この不満は有効かもしれない。わたしが必要としている人によく接してもらったときだけ「よい気分で」いるようにわたしがプログラムされればいい。しかし、わたしは機械ではない。人生の中で、すべての人からよく接してもらうことを強く願っているが、願いが叶わなくても惨めになる、ならないを選んでいるのはわたし自身なのだ。自分で苦痛を選んだとは思えなくても、選択であることに変わりない。ふたたび従来の常識の間違いを正そう。他者は、わたしを電話に応答するようにはできないし、わたしを惨めにさせることもできない。

さて、人は自ら惨めな気分を選んでいるのだといえば、読者は強く異議を唱えるかもしれない。よい仕事を失ったときは、まるで崖から突き落とされたように感じるものだ。人生で学んだすべてのことから、自ら惨めな気分を選んでいるのではなく、仕事を失ったから惨めなのだと言える。あなたはまたこう考える。失業するだけでもついてないのに、惨めになることを選択して事態はよくなるのかと。充分時間をいただければ、なぜわたしがこのような主張をするか、またこの知識をどのように使えば、さらに効果的な人生の舵を握れるかを詳しく説明しよう。

立派な仕事を失っても、惨めにならずもっとよい選択をした人はいるはずで、少数であっても思い浮かべることができるだろう。そのような人は、恐怖心や恨みなしに現状を挑戦と見て立ち向かい、屈服しないことを選んだ。あなたが効果的な人生を送るためには、彼らが対処法を身につけたことをあなたは学ばなければならない。あなたがどう感じるかは他者や出来事によって支配されることはない。自ら奴隷であることを選ばないかぎり、両親や、夫、妻、子ども、上司、経済その他、なんであろうと、物理的にも心理的にも人はその奴隷ではない。他者がこちらの願いどおりにしないと、なぜ私たちは惨めさを選択するのかをのちほど詳しく説明しよう。そのうちわかることであるが、少なくとも当分は、私たちにとって惨めになることはよい選択なのだ。重要なことは、惨めさはつねに選んだものであり、後々まずい選択になると学ぶことだ。

私のいとこからこんな話を聞いた。ある青年が、夏にアリゾナの大きなサボテン公園に行った。夏の暑さで、サボテンを鑑賞している人は青年を含め、全員薄着である。突然、彼は丈の低いサボテンの庭に飛び込んで、とげの上を転げ回り血だらけになった。周りの人があわてて青年を引っ張りだし、なぜ飛び込んだのかと尋ねると、「その時はよい考えだと思った」と答えた。

私たちも同じことをしたおぼえはないだろうか。最近犯した馬鹿な選択を振り返れば、その時はよい考えだと思って実行したのではないだろうか。人はいつも自分の行いは分別があると思い込んでいるが、そのあとすぐにもっとも愚かな行為であったと悔いることがある。つまり良くも悪くも、私たちの行動はすべて最善の選択なのだ。「それをしたときは馬鹿馬鹿しいとわかっていた」としばしば口にするけれども、どうであれ、その瞬間は何よりもよい行動に思えていたのだ。

数多の人々、とくに貧困と苦難にさらされながら生き抜く人々は、人の行動は外の世界に左右されない、とするわたしの話に激怒するかもしれない。その人たちにとって、電話は決して鳴らず、信号は決して青にならず、好き嫌いにかかわらず、持てるほとんどすべてがサボテンで、その中を転げ回るしか選ぶ道はない。にもかかわらず、行為、思考、感情はすべて、環境に関係なく、つねに私たちの内側にある欲求を満たそうとする最善の試みなのだ。いくら努力しても報われない人が大勢いるのは確かだ。何ができるかに拘らず、彼らは寒く、飢えていて、非人間的に扱われている。しかし、その惨めさを受け入れても、その罪を世間のせいにしてもよいことはない。そうすれば自分の人生の舵を取るのに必要なあらゆる機会を奪われてしまう。そのなかで、苦境に打ち勝ち自分で人生の舵を握り、環境のせいだと非難せず、エネルギーを無駄遣いしない学びをしている人はごくわずかだ。

それほど絶望的な立場にはないその他大勢の人は、人生の舵を握れる可能性がずっと高いだろう。しかし、あらゆる好機を味方に付けたとしても、たとえば学校で成績が悪いのを教師のせいにし、仕事がないのを社会経済のせいにするなら、決して成功することはない。腰回りにスペアタイアを付けてしまうのも、サーティワンアイスクリームのせいでなく、当人がアイスクリームを食べすぎるからだ。日常生活で、選択理論を生かせば、不平はなくなり問題解決にエネルギーを注げる。理由はどうであれサボテンに飛び込んだところで、文句を言うのは効果的ではない。抜け出し、傷の手当をし、前進し、二度ととげに近づかない方法を学ぶほうがよい。

第二章　外的コントロールから選択理論心理学への移行

多くの苦痛と無力感は根本的に不幸からきている。誰もそう信じたくはない。脳になんらかの問題があるので、精神疾患があるに違いないというほうが考えやすい。この問題について、いままで誰も思いつかなかった新しい考えを伝えたい。もし私たちに今使っている外的コントロールを、選択理論と呼ばれる新しい関係構築の方法と入れ替える気持ちがあれば、彼らはもっと幸せになれるだろう。または、彼らが外的コントロールから逃れる方法を学べれば、より幸せになれるだろう。こう話すと、人々は外的コントロールとは何かを知りたがる。

外的コントロールはとても単純だ。私たちの人間関係において、自分の選択が正しく、他人の選択は間違っているという信条がある。世界は外的コントロールで溢れている。ほとんどの人が親、祖父母、教師からそれを学び、行動の大半で使っている。もしあなたが離婚していれば、その結婚生活は外的コントロールによって破壊された。もし今現在の人間関係においても使い続けていれば、残りの人生を生涯不幸に過ごすかもしれない。夫は妻がどのような選択をすべきかがわかっている。「わたしはあなたにとって何が正しいかを知っている」というこの外的コントロールの姿勢は、不幸な人間関係の中で使われている。一方または両者が、外的コントロールを使っている。たとえ一方でもこれを継続的に使うと、いつかは人間関係を破壊することになる。私たちは社会の中で生きている。お互いが必要なのだ。フリッチョフ・カプラ〔訳注：アメリカの物理学者〕は次のように言っている。「人間を含む大きな生き物の長期に渡る破壊的行動は、やがてうまくいかなくなるということを立証している。攻撃者は最終的には自滅し、協力と協調を身につけた者が生き残る」[3]人々に外的コントロールの危険性と選択理論の適用方法を教えることは、幸せで穏やかな生活を送るために必須だ。

人間関係がうまくいかなくなったときの対処法として、人々は外的コントロールを長い年月をかけて学んだ。これは力の欲求があるゆえだ。人間には力の欲求を満たしたいという生物学的欲求があり、それは人間特有のものである。これは選択理論を知るほとんどの人にとって驚きとなる。ほかの生物にその欲求はない。進化の過程で、おそらく文明の始まりと共に現れたこの欲求は、私たちの遺伝子に最後に取り込まれた欲求かもしれない。人々は共存を始めたときに、競い合いながら他者を支配していった。力の欲求は困難な状況における生存確率を高めるため、必ずしも悪いことではない。力の欲求によって人々は科学、美術、民主主義において多くの驚異を生み出している。自分の人生をうまく制御した人は、生き残り、そして力の欲求の遺伝子を子孫に残している。念頭に置くべきは、力の欲求は遺伝子に組み込まれているが、外的コントロールはそうではない、ということだ。人間関係において外的コントロールが多用されると、たいていその関係は破壊される。

よくある例を挙げると、世界中で多くの夫婦は、高い確率で自分たちの結婚生活に不満をもっている。あるいは、少なくとも一度は離婚している。離婚に向かっている人々は、なぜ幸せな結婚が、つらく苦しい離婚の道に続いているのかがわからない。そうした人々と接するとき、結婚生活に外的コントロールを使わないことが、この謎を解く鍵であるとわたしは説明している。

彼らがこのアイディアに触れると、わたしは選択理論を教える。遺伝子には5つの欲求が組み込まれていることを説明する。生存、愛・所属、自由、楽しみ、そして力の欲求である。私たちが幸せになるためには、これらの欲求を満たさなければならない。しかし、離婚する人は、なぜはじめの愛を失ったのか理解できない。

私たちは社会的存在で、一人では生きていけない。愛・所属の欲求も私たちの遺伝子に組み込まれている。わたしは愛の欲求について強調したい。なぜなら、その欲求を満たすためには、愛してくれる誰かが必要だからだ。生存、自由、楽しみの欲求よりも愛の欲求を満たすほうが難しい。幸せなスタートを切ったあと、多くの人は愛が消えてしまったことに気づく。どんな人間関係でも、長く続けるために両者は、愛が続くよう努力しなければならない。どちらか一方が外的コントロールを使うのをやめれば、結婚生活はよい方向に向かう。

外的コントロールは身につけたものなので、学び直して選択理論と入れ替えることができる。外的コントロールとして、人間関係を破壊する致命的な七つの習慣が挙げられる。私たちがどこの生まれであっても、この習慣を学んで身につけている。

・批判する
・責める
・文句を言う
・がみがみ言う
・脅す
・罰する
・褒美で釣る

この七つのほかにもまだあるが、これら致命的習慣をやめれば、幸せな生活を送れる。では、「代わりに何を使えばいいのか？」と尋ねたくなるだろう。選択理論が教える次の身につけたい七つの習慣を使えば、すべての人間関係はよくなる。

・支援する
・励ます
・傾聴する
・受け入れる
・信頼する
・尊敬する
・違いを交渉する

本書の読者全員が致命的な七つの習慣を使われて、嫌な経験をしたことがあるだろう。もし、この致命的な七つの習慣を、身につけたい七つの習慣のいくつか、とくに「尊敬する」に変えるだけで、あなたはすぐに人生の質が向上するのを確実に感じるだろう。致命的な七つの習慣をすべての人間関係において排除することは、より幸せな人生を送るためにとても重要である。

選択理論は新しい考え方であり、同時によりよい効果を生み出している。選択理論心理学は外的コントロール心理学とは正反対だ。選択理論の考え方は外的コントロールの考え方とまったく異なる。なぜなら、選択理論を使うとき、私たちは内側から動機付けられて行動を選択し、関係を壊さずに私たちが手に入れたいものを得ることができるからだ。脳はつねに、私たちがほんとうに求め、必要としているものと、知覚された世界を比較している。この比較に基づいて二つのバランスを取ろうと試みる。私たちの求めているものと得ているものが一致しているとき、私たちの欲求は満たされる。そして、このバランスをとるためにできることはなんでもし続けるという選択をする。しかし、私たちが手にしている現実と、私たちの求めているものが一致しないとき、その状況を変えたくなり、効果のあるなしにかかわらず、私たちは行動を選択する。選択理論はほかの選択をどのように評価するかを例証している。

私たちは自分の問題を解決するにあたって、効果のないことよりも、効果のあることを選択する。自分自身や他の人がどう行動するかを知ることによって、私たちはより効果的に人生の舵取りをする。選択理論心理学は、すべての人間関係をよくすること、また、得たいと思う人生を送る方法を教えてくれる。選択理論を知れば、自分で選択しないかぎり、自分の外側にある力によってふたたび支配されることはないことを理解する。選択理論によれば、他人との関係を壊さずに、他人を支配することは不可能だということが理解できる。選択理論を学ぶと、自分自身を制御できるのは自分だけだということが理解できる。

このように、外的コントロールを捨て去ることを学んでいけば、普通とは大きく違っている人たちがいることに気づくはずだ。彼らはいつも幸せそうに過ごしている。あなたはすぐに彼らが他人に支配されていないことに気づくだろう。彼らは、誰も変えようとしない。彼らは生きること、しかも自由に生きるすべを身につけている。もし他の人が彼らを変えようとしても、その支配から逃れる種々の方法を熟知している。あなたは彼らをもっと知りたいと思うだろう。

第三章　頭の中のイメージ写真

私たちのあらゆる感覚は、視覚、聴覚、味覚、触覚等の領域で写真を撮るカメラのようなものだ、とわたしは考えたい。簡単に言えば、この「感覚カメラ」はどの感覚で受け止めるどんなものも写真に撮れる。わたしは学問的には正確な「知覚」という用語よりも、わかりやすい「イメージ写真」という言葉を使いたい。私たちの脳は、日々私たちの知覚を通してとらえる、膨大な数のイメージ写真の整理や保存が可能である。そのイメージ写真がほかの写真よりも大切だとわかると、私たちは頭の中の特別な場所に保存する。それを上質世界と呼ぶ。人が上質世界に蓄える知覚の八〇パーセント以上が視覚的なので、イメージ写真という言葉は正確でもある。

たとえば、あなたに孫がいるとして、娘さんは眠っている孫をあなたに預けていってしまった。起きたらとてもお腹が空いているはずだし、一一ヵ月の赤ちゃんに何を食べさせたらいいのか、あなたが見当もつかないことを娘さんは知っていたので、すぐに帰ってくると言った。娘さんが出かけると間もなく孫は目を覚まし、激しく泣き叫び、明らかに空腹だ。チョコレートチップ入りのクッキーをあげてみたら、驚くべきことが起こった。最初、孫はなんなのかわからない様子だったが、すぐに三つ平らげた。娘さんが帰ってきて、なんて馬鹿なことを、とあなたは叱られる。「これから、この子は一日中クッキー欲しさにわめき続けると思うわ」彼女は正しかった。普通なら、孫はおそらく一生頭にチョコレートを描き続けるだろう。きっとこれを読んでいる祖父母たちは共感するに違いない。詰まるところ、孫にとって人生でより素敵なものを紹介するのが私たちの目的ではないか？

この話を引用したのは、どのようにして人が頭の中のイメージ写真を形成するかを説明するためである。人は自分の欲求を満足させると信じる特定のイメージ写真を形成する。お腹の中にいるときから、基本的欲求を満たす条件が遺伝子に組み込まれているが、生まれると、人はその欲求がなんなのか、またどうやって満たしたらよいか皆目見当がつかない。それを満たすために、人は知覚やアイディアから上質世界をつくり、欲しいものの詳細なイメージ写真を貼っていく。私たちの人生のすべては、上質世界にあるイメージ写真の選択肢を増やすことに費やされるだろう。ハーバード大学の心理学教授ダン・ギルバートは、ある有名な知覚研究の評論を書いている。彼によると人間の頭脳が果たした最大の達成は、現実世界に存在しないものや出来事を想像する能力であり、このおかげで私たちは未来について考えることができる」[4]

前述の赤ちゃんは、目を覚ましたとき自分が感じる欲求は空腹であることを理解しはじめていた。そして、自分の小さな上質世界を見渡し、哺乳瓶の写真が空腹を満たすために求めているものではないことも知っていた。その小さな上質世界の中に、特定の食べ物のイメージ写真があったとは思えない。チョコチップ・クッキーについて、何も知らなかったはずだが、漠然と哺乳瓶ではない物のイメージ写真をもっていたのだ。

彼は泣き方も知っていた。生まれた瞬間からそれを学び取り、以来、泣いては自分の欲求を満たしてもらうことに大いに成功を収めてきた。泣けば人がなだめてくれることを充分承知しているので、この行動を用いて祖父をはじめほかの人を支配したのである。長いことチョコチップ・クッキーのイメージ写真をもっていて、そのほかにたくさんおいしい食べ物が上質世界にある人にとって、このすべての過程はすごく簡単に見える。しかし赤ちゃんにとって、欲求を満足させるものを捜すのは容易ではない。最初はこの欲求がなんなのか、自分でもわからないからだ。それは、欲しいものを店員に尋ねるのと似ている。「すぐあれを持ってきて」と言う。店員が「どれでしょうか?」と尋ねると、あなたは、「わたしを満足させてくれるものさ。馬鹿ね、早く持ってきて!」と続ける。店員は気立てがよく、次から次へと品物を持ってくるが、あなたは、「役立たずの店員ね、早くわたしの欲しいものを持ってきなさい、そうしないと店をめちゃくちゃにするわよ」とわめき散らす。

私たちはみんな赤ちゃんや動物、植木に対してさえも、この店員の立場に立ったことがある。大切にしている植木が枯れはじめると、「何が欲しいのか、わかってさえいれば」

という。しかし、生まれたばかりの赤ちゃんは、何が欲しいのかわからない。どうしても何かが欲しい、それしか知らないのだ。だから叫び、泣き、口をとがらせ、わけもわからずに転げ回ったりしてそれを得ようとする。私たちが欲求を満たすものを手に入れると、自分を満足させた物のイメージ写真を頭の中に収納する。人が、欲しいものを学ぶ方法はこうだ。これはわたしの推測だが、例の赤ちゃんはチョコチップ・クッキーがどれほど満足するものかを学んだとき、その写真を上質世界に貼り付けて生涯保存しておく。

赤ちゃんは空腹を満たすものをくれと、外界に訴えて泣いていた。どうすればもらえるのかは知らないが、もしもらえなければ、それは赤ちゃん自身の外にあるものに違いないという単純な理論を習得することができた。つまり、なんであろうとそれを認識するためには、彼は外界と接触しなければならなかった。あらゆる生物はこの接触を眼、耳、指、舌、鼻の感覚を通しておこなう。この同じ感覚を通して、人は自分自身の頭と身体にも接触する。人間にとって、心身の両方が現実世界の非常に重要な一部である。クッキーにかぶりついたあと、赤ちゃんはクッキーをすごく好きになった。すぐに感覚カメラでクッキーのイメージ写真を撮り、似たような欲求を感じたときに参照できるよう、上質世界に貼り付けた。彼は自分の欲求が空腹を満たすことだと完全にはわかっていなかったかもしれない。しかし、彼がわかっていたのは、それがなんであろうとチョコチップ・クッキーが欲求を満たしてくれるということだった。

つまり人はその上質世界に、現実世界で基本的欲求の一つないしそれ以上を満たすと信じるすべての写真を貼り付ける。赤ちゃんは、今後の人生で、空腹になれば上質世界の中を捜しはじめるだろう。何度もチョコチップ・クッキーのイメージ写真を見て言う。「これが今食べたい」そして現実世界でチョコチップ・クッキーを捜そうとする。時々、友人の中に、とくにダイエット中などは、チョコレートのためなら殺人でもできる、と言う人がいる。少し考えれば、あなたの上質世界（頭の中のイメージ写真）があなたの人生のすべての試みの明白な動機であることが明らかになるだろう。

しかし、人の知るすべてがこの上質世界に貼られるとはかぎらない。それは記憶と同じではない。たとえば欲求を満たすために人は話し、読む。そのために使用し、認識するすべての言葉を記憶の中に保存する。しかし、これらの言葉は欲求を満たすイメージ写真の一部でないかぎり、上質世界には存在しない。多くの人が食前に祈りを捧げて満足する。だから彼らの上質世界には祈りがある。しかし祈りの際の特別な言葉は、より大きな記憶庫に保存されている。上質世界は記憶全体の小さな選り抜き部分でもある。人が今欲しいのはこの上質世界だ。それは理想の世界とすら言えるが、理想以上のものである。この世界は、もっていなければいけないと人が信じているもので、この世界がなければ欲求は満たされない。わたしが上質世界と呼ぶ理由はここにある。

私たち個人の上質世界は不明瞭でもおおまかでもない。今、私たちの欲求を満たしてくれる、とても明確なイメージ写真がつねに貼ってある。自分を満足させるものはどんなものでも保存する。欲求を満たさないものには、あまり注目しない。もちろん、そこに何かがあることに気づいているかもしれないし、なんであるかを知っているかもしれない。たとえば、わたしは一九五〇年に緑色のシボレー車を持っていた。そのイメージ写真は、記憶の中にあるものの、もはやわたしの上質世界にはない。今のところ、それがわたしのどの欲求も満たさないからだ。

あるイメージ写真が自分を満足させるものかを決めるために、一時的に上質世界に貼ることもあるだろう。しかし、貼るべき価値があるかどうかのテストに合格しなければ、それを剥ぎとるだろう。飽くことを知らない欲求をもはや積極的に満たす力のない老人が、現在のことをあまりおぼえていないのはそのためだ。欲求を満たさないものを保存して何になるだろう。しかし、うまく世間と交流できた過去については、老人の記憶はすばらしい。年老いて昔ほど役に立たなくなると、人が上質世界に貼るイメージ写真はますます少なくなる傾向がある。自尊心を保つため、人は若くて有能だったころにしっかり貼った古き良きイメージ写真について話したがる。

何年も上質世界に貼ってあるイメージ写真が思うほど満足すべきものでなくなれば、人はそれに代わるより納得のいく新しいイメージ写真を捜す。それはわたしの持っていたシボレーのようなものだ。新しいよりよい車のイメージ写真と貼り換える。これは別の女性と生活するために、妻のもとを去ったデイブという名前の男がしたことと同じだ。彼は欲求を満たす人として、長いあいだ妻スーザンの写真を上質世界に貼っていた。多分誰にも話さない、彼しか知らないなんらかの理由で、彼はそのイメージ写真を別のイメージ写真と貼り換えた。新しい別の女性がデイブの愛の欲求をよりよく満たしたのかもしれない。その彼女がお金持ちであれば、長いあいだ満たされなかった力の欲求を満たしたのかもしれない。あるいは、彼の生活習慣に対してより寛大で、彼の自由の欲求を満たしたのかもしれない。理由がなんであっても、たとえ楽しみの欲求のためであっても、彼は新しい別の女性のイメージ写真を貼って、スーザンのイメージ写真を剥がした。大事なイメージ写真を変えるとき、人はその生活を変える。

私たちはそれぞれの欲求を満たす何百何千のイメージ写真をもっているようだ。愛に溢れた大家族の一員なら、一緒にいたい大勢の親族がいるだろう。

しかし人は各欲求につき、少なくとも一つのイメージ写真をもっていなければならない。

まったくイメージ写真がなければ、人はまず満たされない欲求を満たすようなイメージ写真を捜し、それがなんであれ現実世界にあって、その写真が表しているものと近いものを捜す。すぐに満たせない欲求のイメージ写真を持つことは、ほとんど不可能である。しかし、人は普通、現実世界では満たせないイメージ写真を上質世界に持っている。望みが馬なら誰だって乗れる。望むだけでは不十分で、行動が必要だ。

自殺を試みた男性と話したとき、彼はパートナーがいない。もう誰も見つからないと絶望していた。絶望的状況で自殺を図ろうとした。所属の欲求を満たすイメージ写真のない人生は、まさに絶望の人生である。わたしの推測では彼には愛する人がいたはずだ。しかしその人と関係を築くことができず、希望を失くして誰もいないと言った。問題なのはイメージ写真がないことではなく、持っているイメージ写真を満たせないことだ。力の欲求は強いが所属の欲求がまったくない社会病質者のように、遺伝子上の欠陥がないかぎり、人は上質世界に愛する人のイメージ写真を少なくとも一つはもっている。

上質世界にあるイメージ写真の力は巨大である。上質世界にあるイメージ写真を何がなんでも得たいと思えば，大切なイメージ写真を貼り換えるよりも命の危険を顧みない行動すら選択することがある。一〇代の娘がものを食べなくなり飢え死にしそうになるとき、何世紀ものあいだ、親は混乱するばかりだった。それは古代ラテン語で「神経性食欲不振」(anorexia nervosa) と呼ばれており、身体的には原因不明の病気である。食べないというこの狂った選択については、頭の中のイメージ写真という概念を通して少しずつ理解できる。ある研究者は拒食症患者について独創的な実験をおこなった。一連の胴体の上に患者たちの頭を載せた絵を見せる。胴体は、「常態」と呼ばれるものから骨と皮ばかり、までさまざまである。そして彼は、「これらの身体のどれにあなたの頭が付いていて欲しいですか」と女性患者に質問した。研究者たちが驚いたことに、彼女たちはどれでもないと答えた。すべて太りすぎなのだ。彼女たちは、鏡に映る自分の姿にかかわりなく、もっと痩せたいという。その馬鹿げた願いを叶えるためには飢えるしかない。だから彼女たちは飢えたのだ。

この例は、上質世界やその中のイメージ写真が理屈にかなう必要はないということを示している。狂気であっても正常であっても、どんなイメージ写真もすべて、その人がその時もっとも大事だと判断した欲求を満たさねばならない。これでは拒食症の人が命を危険にさらすイメージ写真をなぜ貼るのか。その説明にはならないが、彼女を治療するどんな良識のある医師にも、「わたしはあなたが飢えて死ぬのを許しません」と言わせることはできる。もし必要なら強制的に食べさせもするだろう。彼女たちの目的はもっと痩せることで、死ぬことではないのだから、この療法はともかく理に適っている。そしてより重要なことは、すぐれたカウンセラーが彼女たちの上質世界にあるイメージ写真の貼り換えを手助けするあいだ、生命の保証があるということだ。イメージ写真を貼り換えるという非常に困難な選択がなされれば、彼女たちは自分がとても痩せていることに対して恐ろしくなり、食べはじめる。のちにこれがどのようにしておこなわれるかについて述べる。

アルコール依存症の人は、どんな欲求もすべてアルコールを通して満たすことに支配されている。この「すべてを満たすすばらしい」イメージ写真が彼らの上質世界にあるかぎり、彼らは挫折感を味わったときだけでなく、これから起こり得る挫折を防ぐためにも酒を飲む。アルコールのイメージ写真を、より破壊的でないものに貼り換えなければ治療の効果はない。多くの人々はアルコール依存自主治療協会（ＡＡ）に加盟し、アルコールのイメージ写真をＡＡのイメージ写真に貼り換えはじめる。もし定期的にＡＡに出席すれば、飲酒をやめられる。この満足のいく組織に加わっていることで、ＡＡのイメージ写真を優位に保っておけるからである。ＡＡ正規会員であるすべてのアルコール依存症者は、飲酒のイメージ写真が完全に彼らの上質世界から取り除かれることはないと信じている。はるか片隅に押しやられるだろうが、除かれはしないと知るべきである。もしＡＡに出席せず、上質世界の正面にＡＡのイメージ写真を大きく貼って効力をもたせておかなければ、また酒に溺れるだろうという。

性的関心、とくに同性愛は熱い議論の的になりうる。これについて多くのさまざまな考えがあるからだ。わたしのカウンセリング経験から、選択理論を基にした性的な関わりはとても実践的であるということを学んだ。なぜなら選択理論は関係をよくすることに焦点を当てているからである。今はまだ誰も説明できないが、性的に満足させるどんなイメージ写真でも私たちの上質世界に貼ると、慣例に沿っていてもいなくてもこのイメージ写真を取り除くのは不可能に近い。今のところイメージ写真を変える効果的なカウンセリング法はないので、もし自分でそのイメージ写真を貼り換えることができなければ、現在のイメージ写真を受け入れるほかなくなる。受け入れるのは難しいことかもしれないが、それだけではなく社会規則の範囲内でそのイメージ写真をもって生きるすべも私たちは学ばなければならない。社会通念という重みのせいで、もし頭の中にあるイメージ写真と違う性行動に長いあいだかかわっていると、セックスができなくなるか、嫌になるかのどちらかである。上質世界のイメージ写真を使えば、同性愛者や他の人々は、なぜ性的関心を変えることが不可能なのか、ある程度説明できる。

上質世界にあるイメージ写真は人が生きたいと思う明確な人生を表している。そしてもし現実に、あなたが自分の上質世界にある役柄を演じて欲しいのに、演じてくれない人々がいれば、あなたはその人たちを変えようとして長く惨めな苦闘をすることになる。デイブがスーザンの願っているような人になるのを拒んでいるので、彼女は今、苦闘の渦中にいる。彼がスーザンの望む存在に戻らなければ――戻りそうもないが――彼女が選べるのは、この負け戦を続けるか、イメージ写真を貼り換えるかのどちらかしかない。幸運にも愛する人のイメージ写真は、たいてい貼り換え可能なので、結局スーザンはイメージ写真を貼り換えるだろう。

大きな脳をもつ人間は、下等生物に比べて、イメージ写真を変えることが容易である。しかし、いつの時点でも、私たちはほかの何物でもなく、私たちが求めているものを求める。わたしは卵をよく焼いて食べる。なぜなら、それがわたしの頭にある卵の食べ方のイメージ写真だからだ。わたしの亡き妻はずっとしながら卵を焼いていた。なぜならそれは彼女の頭の中のイメージ写真ではなかったからだ。彼女がわたしに軟らかい卵を食べさせようとすれば、わたしのイメージ写真を変えるよう説得できないかぎり、成功のチャンスはない。これはデイブが去る前に似ている。彼は自分とスーザンの上質世界の中にあるそれぞれの違った結婚のイメージ写真についてたくさん議論をした。関係がよくない夫、妻、家族はつねに、相手によってどう満たされたいかについて非常に異なったイメージ写真を頭の中に持っている。

私たち自身のイメージ写真を変えるのも簡単ではないが、他人を説得してその写真を変えさせるのは至難の業である。一枚のイメージ写真を変えるためには、少なくとも妥当な線で満たしている、ほかのイメージ写真と貼り換えなければならない。これは話し合いと妥協によってのみできる。強制はできない。

ほとんどの人は、頭の中のイメージ写真によって動機付けられていることを知らないし、それがどれほど強力で特殊なものかわかっていない。ほとんどの関係において、それがよい関係であっても、私たちはつねに他人を自分の願っているものに変えようと強いる。息子に野球のリトルリーグに入るよう仕向ける、腰まである娘の髪を切らせようとする、夫にブリッジゲームをさせる、妻に朝食前の8キロジョギングをさせようとすると、そして頑固な抵抗にあう。たとえば、もうぼろぼろなのに、今もお気に入りの古いセーターを捨てる難しさを想像していただきたい。これなど比較的重要でないイメージ写真なのに、変えなさいと圧力をかける人に対して、あなたは激しく怒るはずだ。一緒に生活する人は、どんな相手でも二人が頭の中に同じイメージ写真をもつのは不可能だと学ばなければいけない。これを一つの家族に拡大してみると、完全に共有されているイメージ写真をもてない可能性はいっそう高い。二人の人がまったく同じ人生を生きることはできない。みんな同じ欲求に動かされているが、個人によってその強さはさまざまである。わたしはあなたよりずっと多くの愛を必要としているかもしれないし、あなたはわたしよりもっと力の欲求に動かされているかもしれない。しかし、わたしもあなたもお互いを必要としている。夫婦として二人が成功するには、二人がどれほどうまくこうした欲求を満たすかにかかっている。あなたとわたしが一緒に住み、二人の上質世界のイメージ写真を半分ずつ共有するなら、二人はおそらくより多くの共通点をもっていることになる。もし、二人を動かしている所属の欲求を満たしたければ、共有しているものを分かち合い、かつ共有していないイメージ写真を受け入れるか、少なくとも許容することを学ばなければならない。

もし私たちが自分の人生の舵を取りたければ、いかなる二人も同じ写真を共有することはできないという認識が、周囲にいるすべての人とかかわる際の不可欠な要素とならねばならない。

あなたに息子がいるとしよう。思春期のティムである。彼は登校を拒否し、一晩中「妙な」音楽を聴き、マリワナを吸っている。あなたとティムは人生がどうあるべきかに関して異なるイメージ写真をもっている。彼に何を話しても無駄なようだ。彼を見ているだけであなたはイライラする。似たようなことはどんな家庭にもある。結婚に関するイメージ写真が極端に違えば離婚もできるが、子どもや親を離縁することはできない。兄弟姉妹と完全に絶縁するのも難しい。悩ましいかもしれないが、彼らの写真を簡単には置き換えられない。

壊れそうな関係を修復しようとするとき、人はたいてい無理矢理に変えようとする。ティムに学校へ行けと圧力をかけ、マリワナを吸うのを止めさせようとする。車を取り上げ、小遣いを減らし、友人を制限し、門限を押し付ける。しかし、このやり方ではほとんどうまくいかない。親の意向に関係なく、ティムは繰り返しこう言うだろう。「ねえ、お父さんと喧嘩する気はないから、ほっといてくれない?」そしてあなたは難癖をつけているのではなく、ただおまえが人生を破滅させていることを教えたいだけなんだ、などとつい説教する。だが、説教すればするほど、二人の関係は悪化していく。それでもティムの学校に対する姿勢や薬物使用など、いくら努力しても受け入れられないので、あなたはしつこくがみがみ言う。ティムが選んでいる生き方は、ティムがどう行動するべきかというあなたのイメージ写真と一致しない。

ティムとよい関係でいるため、つまり結果的に彼のイメージ写真のうち何枚かを変えるよう説得するためには、あなたとティムが今も共有しているイメージ写真を見つけるという段階から始める必要がある。共有するイメージ写真が一枚あれば、第一歩を踏み出せる。イメージ写真がかなり異なっている場合、なんらかの関係を修復する唯一の方法は、共有できる新しいイメージ写真を一枚以上見つけるか、かつてお互いを満たしていた古いイメージ写真をふたたび共有するよう試みるかのどちらかだ。あなたとティムが一緒にできること、二人がやりたいことを捜し出さねばならない。そして行動に移す。ある時期、あなたはティムと魚釣りを楽しんだことがあるとしよう。しかし長いあいだ二人の関係はとても悪い状態なので、あなたは釣りに誘うことなど考えもしなかった。あなたは関係をよくするために満足のいく方法を見つけねばならないとわかったので、「釣りをするだけで説教はしない」とティムに言って釣りに誘う。彼は了承して、二人で釣りに出かけて週末を仲良く過ごす。少し昔に戻った気分がする。もし忍耐して説教せず、効きめのありそうなことを一緒にもういくつかやれば、以前は強かった親子の絆を修復するチャンスはある。生きていくために自分で選択していることが結局は欲求を満たさなければ（それはたいていい欲求を満たさないのだが）ティムはあなたが言い続けていることに注目しはじめるかもしれない。あなたはすでに何回も口に出したのだから、それ以上がみがみ言ってはならないとおぼえていてほしい。

多くの子どもたち、親、兄弟姉妹については、これが私たちにできるすべてのことかもしれない。人は共有できるもので満足しなければならないだろうし、また上質世界のイメージ写真の多くが決して同じでないことを受け入れねばならないだろう。

うまくやっていけばいくほど、より多くのイメージ写真をまた共有できるようになる。

もしイライラしてティムを家から追い出したら、あなたは息子を失うことになる。しかし、もし何もしなければ息子が親の目の前で破滅するかもしれないとあなたは心配する。これは苦しい板挟みで、簡単な解決法はない。しかし共有するイメージ写真を捜さねばならないのだから、彼を追い出してもどうにもならないことに気づくだろう。妥協案として中間をとってみるのもいい。家に置くが、家の中で大音量の音楽やマリワナを禁じるという最小限の条件を付ける。彼がこの規則を破ったら一二時間家を離れねばならない。戻ってきてまた努力してみなさい、と伝える。明るく話しかけ続け、（説教はなし）、週に一度は少なくとも一つ、一緒に楽しめる活動をする。しかし彼が学校か仕事に行かないかぎり、金や有形の援助を与えてはいけない。このあとは待つだけである。

説得によってイメージ写真が変わるときは、つねに長い時間を費やす。手綱を締めたり緩めたりする正確な頃合などを、他人に処方してもらおうとしても無駄だ。そんなものは、存在しない。家庭では気持ちよく接し続けてティムのそばにいるようにし、そして時には魚釣りに行ったりすれば、道は開ける。家で彼自身を破壊する選択、もしくは彼が自分自身を制御する能力をもたずに家を出るという限られた選択より、もっとたくさん選択肢はある。人と一緒にいたいとき、私たちはイメージ写真を共有して楽しく過ごさなければならない。いつも共有できる新しいイメージ写真を見つけるには、まだ共有していないものを受け入れるか、少なくとも耐えることが必要だ。どうしても妻の上質世界にある異なったイメージ写真を認められなければ、今日はわたしの方法で、明日はきみの方法でしようという協定をつくったらいい。多くの人がそうやって休暇を過ごしている。たった今、あなたが悪化している関係の渦中にいるなら、あなたは率先して相手と一致するイメージ写真をなんとか捜し出すべきである。相手がそうするのを待っていてもダメだ。相手はその方法を知らないのだから。たとえ一方だけが頭の中のイメージ写真の重要性を理解しているとしても、知っていたほうがよい関係を保つチャンスをつかみやすい。

頭の中に入れた新しいイメージ写真はよく古いイメージ写真と衝突する。デイブは、自分は非常に誠実な人間であるというイメージ写真をもっていて、新しい妻とのよりよい人生を見つけようとしながら、一方で惨めなほど不実な自分を感じているかもしれない。しかし、もしスーザンのもとに帰るとしても、彼にとって重要なほかのイメージ写真を満たすために、不充分な愛・楽しみ・自由という問題が残るだろう。あとで葛藤について詳しく説明するが、選択理論では、イメージ写真が一致しなければならないと言っているのではない。このことを理解することが重要なのだ。実際、矛盾や葛藤は誰の上質世界にもよくあることだ。誠実な人間でありたいというデイブのイメージ写真は、彼にとって刺激的な新しい女性に会ったからといって消えはしない。このイメージ写真は、新しい関係に長いこと水を差すかもしれない。自分を誠実な人として見続けるため、彼は経済面でスーザンに責任をもつという方法を取るかもしれない。そして、少なくともこの点において彼女は、イメージ写真のおかげで利益を得られるかもしれない。

私たちの上質世界からイメージ写真を取り除くためには、その欲求を妥当な線で満たすほかのイメージ写真と貼り換えるというのが唯一の方法であって、貼り換えられなければ人は厳しい痛みに耐えることになり、時には生涯惨めな暮らしを選ぶことになる。大勢の女性が結婚生活において、夫に容赦なく殴られたり屈辱を受けたりするのに耐えているが、それでもそんな夫と一緒に生活をしているのは、その夫が今もって愛する人として唯一「可能な」イメージ写真だからである。虐待された妻たちは結婚生活なんて生き地獄だ、と不平を言うかもしれない。それでも一緒にいるのは、彼女たちは自分の上質世界にある夫のイメージ写真を変えられるとは信じていないからだ。もしこのような女性たちが上質世界の概念を理解できれば、「なぜわたしは出て行かないのか？」という、いつも自分に問いかけ続けている疑問への答えを見つけるだろう。よりよいイメージ写真を積極的に捜し出そうとし、人生の舵をもっとうまく取りはじめるかもしれない。

しかし、長年欲求を満たしてきた方法を取り上げられたらどうだろうか。たとえば愛するパートナーが死んでしまったら、そのイメージ写真はどうなるのか。しばらくのあいだは何も起こらない。イメージ写真はこれまでどおり変わらない。実際に人は死者を讃美する傾向があるので、時々イメージ写真は少しよくなることもある。現実世界では愛する人を失っていても、上質世界の彼女はしっかり生きている。だからこそ人を失ったとき、私たちはあんなにも苦しむことを選ぶ。あとで説明するが、できることが何もないとき、人はほとんどつねに苦悩することを選択する。しかし、嘆きもまた分別ある行いである。親しい人々が集まってくれ、多くの人がまだ気にかけてくれていると知って、私たちは慰められる。そのうち、愛する人を生き返らせることはできないと受け入れる。友人や親戚に支えられ、現在のイメージ写真から彼女を取り除くという苦しい作業にゆっくり取りかかる。彼女のイメージ写真をそこに留めておけば、永遠に嘆き続けるだろうと実感するからである。

上質世界にあるイメージ写真を否定することはまったく不可能だが、時々上質世界から私たちはイメージ写真を締め出そうと試みる。なぜならイメージ写真を満足させるために何もできないのを認めることは苦痛だからだ。私たちはみんな、どのように結婚生活がよくなるか、またどのように仕事が価値あるものになるかというすべてのイメージ写真を上質世界にもっている。しかし、私たちはこれらのイメージ写真を否定しようとする。というのもイメージ写真の存在を認めることがむしろ閉じていたい傷を開けることになるからだ。私たちはすべてうまくいっていると私たち自身に言い聞かせようとするが、それでもまだ欲求が満たされない。

以前、ある孤独な女性がわたしのところにカウンセリングに来て、「先日、息がほとんどできなくなって、救急救命室に運ばれたのです」と言った。彼女はまだ呼吸するのが苦しそうだった。医師は、彼女が煙草を多く吸うこと以外たいした原因を見つけることができなかった。彼女は息を切らしながら、呼吸困難は精神的なものかもしれないということを激しく否定した。しかし、私たちが彼女の欲求について話しているうちに、彼女が求めていたものは良好な人間関係であるとわかった。そして彼女はわたしの助けによりそれを見つけるために、何かを学べるかもしれないと感じはじめて息を落ち着けた。彼女は助けが必要であるということを認めていなかったが、彼女の呼吸困難は助けを求める方法だったのだ。

あなたの上質世界は（そこには愛、価値、成功、楽しみ、自由があり）あなたが住みたいと思っている世界である。そこはどういうわけか、ほかのすべての願望、そして葛藤している願望さえ満たされている場所である。自分が悪いことをしているというイメージ写真は、誰も上質世界に持っていない。私たちは時々、周囲の人々が言う自己破壊的な行動を選択するかもしれないが、私たちは自分自身を破壊するためにこの選択をするのではない。私たちが満たそうと試みているイメージ写真は、意味のあるものだ。ティムは自分の人生をダメにしているとは思っていなかったが、彼の父はそう思っていた。

時として私たちは「失敗する」（誰かほかの人、たとえば父親の頭の中では失敗と見える）ことを選ぶかもしれない。というのも、この「失敗」が「成功した」とき以上に、欲しいものを私たちに与えるからである。ティムが学校で優秀な成績を収めれば、弁護士のような出世の土台は整うかもしれないが彼はそれを望まない。端的に言うなら、優等生になることによってティム自身は父親からますます多大な要求を出される立場に立たされ、その要求によってますます頭の中のイメージ写真から遠ざかることになる。失敗を望む人は誰もいないが、誰一人として同じ成功のイメージ写真を持っていないということを念頭におかなければならない。誰のでもない「あなたの」頭の中にある成功というイメージ写真こそあなたを動機づけ、行動させるのだ。

第四章　私たちの知覚カメラにある価値

「美しさは見る人が決める」と言われるが、もちろん醜さも、天分も、偉大さもこれと同様だ。私たちの価値は、良きにつけ悪しきにつけ、すべて私たち自身の内側にある。あらゆるものが存在する現実世界には、価値もレッテルも、あるいはどんな種類の名称もない。意識的にコミュニケーションをとるため、言語の発達に伴い、人は出会う多くの対象をなんと呼ぶかについて同意しはじめた。長い年月が経ち、豊富な言語のなかで木は木となり、上へは上へ、甘いは甘いとなって、ついに人の知るすべてのものが一つかそれ以上の説明的名称をもった。

男や河など特定の形状を説明するかぎり、人はたいてい同意できた。しかしその後、危害を加えるかもしれない人物について警告するためや、水晶のように透明な河について話すために、人は名称に価値を加えはじめた。「悪い」人や「良い」河について話すのだが、そのとき度々激しく意見が衝突した。そして価値に関するこの意見の衝突は、今も多くある。価値についての議論を避けることはほぼ不可能だ。人は、その感覚カメラを使って、知覚するほとんどすべての意味あるものに良い悪いという価値を付加するところまで、進化してきているからだ。意識しないかぎり、これはすぐ自然に起こり、自分がそうしていることにすら気づかない。価値は、人の見る色や形、大きさに関連しているようだ。しかし描写と異なり、価値はさらに個人的だ。たとえば、私たちはある人の肌の色についてほとんど論じない。しかし、その人の価値については語る。

以前、「善」意からわたしは友人に、あなたの息子の「馬鹿な」行為を助長してはいけないと言った。そのため友情を取り戻すのに五年も費やした。わたしはとっさに考えもしないで、そう言ってしまった。その少年は、わたしの見解では明らかに「馬鹿げた」ことをしていたからで、彼の父親が違う見解だとは想像もできなかった。選択理論で言えば、子どもがするべき価値ある行動についてのイメージ写真をわたしが持っていて、友人の息子があまりにかけ離れた行動をしているのを見て、自制できず「馬鹿だ」と言ってしまった。自制できなかった理由は、最初に彼を見て、それから「馬鹿な」という形容詞を付け加えたとは思えないことだ。感覚カメラを通してわたしが見たのは、一枚のイメージ写真、つまり馬鹿な少年のイメージ写真である。

昨日、あなたはどれだけ多くの人々に対して無意識に価値を付けただろう。車で仕事に行く途中、どこかの「馬鹿」が、食べたいだけ食べても体重を減らせるとラジオで言っているのを聞いたのではないか。何度指示を与えても、「怠け者の」秘書は郵便物を開けて分類するのを忘れていたのではないか。聴く耳をもたないあなたのボスは、部門を再組織するというあなたの「すごい」計画に五回も耳を傾けるのを拒否したのではないか？　疲れきって一日を終えたあなたは、「ろくでなしの」息子が芝生を刈らず、ごみを出さなかったのを見つけたのではないか？　それとも明らかに「善悪の区別もつかない」高校生の娘が、ほとんど知りもせぬ少年と夏のあいだヨーロッパをヒッチハイクするという「軽率な」計画であなたを驚かせたのではないか。あなたの上質世界にあるイメージ写真とはまるで違う行動をする人々に会って、「聴く耳をもたない」とか「怠け者」とか「ろくでなし」「むこう見ず」という表現が、まるで彼らの手足のように人々についているように見えたのではないか。

こうした価値は、いつもあなたの息子、娘、ボス、秘書に付いていたわけではない。長いあいだ、あなたの息子は自分探しを一生懸命にする「良い」子だった。それに突然のヒッチハイク計画が出現するまでは、あなたの娘は悪いことなど何もできない「かわいい」子だった。秘書だって「勤勉な」従業員だったが、最近、個人的な問題で時間を取られて仕事に専念できないだけだ。「横暴な」副社長に苦しめられるまでは、長いあいだ「理解ある」あなたのボスは、あなたの提案すべてに耳を傾けようと時間を割いてくれていた。

自分の人生の舵を取りたければ、あなたは自分の感覚カメラが世界をそのまま忠実に撮影する普通のカメラではないと認識することだ。それは、あなたがこうあってほしいと望む世界を撮る特異なカメラである。見たいと思う姿の世界に、頭の中のイメージ写真はできるかぎり近づく。その結果、愛の欲求を満たすため、あなたは仕事につけない息子を長いあいだ「自分探しを一生懸命している」と見ていた。それ以外の見方で彼を見ればイライラするだけだ。ヨーロッパの多くの画家は、浅黒い中東の人であるはずのキリストを描かず、彼らの頭にあるイメージ写真どおりの肌の白い北方人種として描いた。見ているものが欲しいものとほとんど関係ないとき、私たちのカメラはじつに忠実に現実を撮影する。たとえば家の中で仕事をしているとき、わたしは曇った風の強い日をあるがままに見ている。天気が重要ではないからだ。しかしテニスをしたいと思っている休日には、同じような天気が試合にもってこいの天気となる。これが、私たちの友人がしばしば現実に向き合えという理由である。今日をあるがままに見るほうが簡単だ。なぜなら現実は彼らをイライラさせることはないからだ。テニスをしないわたしの妻は、極めて正確に、「こんなひどい日にどうやってテニスをしようと思っているの？」とよく言った。しかし、わたしは天気が悪くてもテニスをしたい。それはわたしの感覚カメラが立ち入って天気を改善しようと最善を尽くすからだ。

しかしもっとも従順な感覚カメラでも、どれだけ世界を歪められるかについては限界がある。頭の中のイメージ写真のような生き方を強く望んでいるが、私たちは現実世界で生きなければならない。現実は息子が二年間も家にいて、もはや欲求を満たせない。だから、ゆっくりとではあるが、こうあってほしいと願っている彼の姿ではなく、よりあるがままの彼を見ようとしはじめる。結局、望むだけでは効果のない行動なので、バランスを取り戻そうと、「ろくでなし」とか「ぐうたら」とかのレッテルを彼に貼りはじめる。昨日秘書を「怠け者」といい、ボスを「聴く耳をもたない」と呼び、娘を「軽率」と言ったのと同じだ。

親切、忍耐、寛容が私たちの望みを叶えてくれないと知るとき、挫折感が私たちに価値を変えさせる。つねに存在する力の欲求に駆られて「彼が変わらないなら、わたしが彼を変える」と人は考えはじめる。しかし行動する前に、人は正しいこと（頭の中のイメージ写真）と間違っていること（彼の行為のありかた）の違いをできるかぎり鮮明に定義しておきたい。

「怠け者の」や「聴く耳をもたない」、また「ろくでなし」といったレッテルは、たちまちこの違いを明確にし、彼に気づいてもらうために、私たちが選ぶすべてを正当化するのに有用だ。親は「ろくでなしの」息子を正当にもほうり出すかもしれない。また、「軽率な」娘の小遣いを打ち切るとか、「怠け者の」秘書に説教するとか、「聴く耳をもたない」ボスを妨害しさえするかもしれない。どれも彼らを変えさせようとする試みだ。もし、していることとの分別に疑問をもっても、レッテルを貼ればその疑問は少なくなる。してしまったこと、またはしようと計画していることに対して支持を得るために、私たちは友人や家族にこの問題について話し、このレッテルをつねに用いて、自分が正しいことを彼らに効果的に納得してもらう。結局、腰を上げず「無為に過ごしている」息子のために、二年以上も辛抱するべきだと、説得できる人がいるだろうか。

価値は、人類の進化初期に、世界観の一部となったようだ。危険を「見る」ことのできる人々は、何が起こっていたかを立ち止まって考える人より、生き残るという点で明らかに有利だった。たとえば、鋭い牙の虎に遭遇したとき、祖先は虎を見てそれが危険であると「わかり」、即座に行動できなければならなかった。私たちは、このような状況に立ち止まって考えた人々の子孫ではない。今日私たちは、子どもたちに銃や見知らぬ人を危険と「見る」ように、即座に自分で判断を下すよう教える。多くの銃やたいていの見知らぬ人は危険ではないが、危険な場合もかなりあるので、このような見方を教えるのはよいことだと信じている。

愛する人の価値を決めるとき、この価値が大きな悩みの原因となることがある。愛らしい、勤勉、あるいは寛大のようなよい意味の価値の場合は何も問題はないが、息子を「ろくでなし」とみるような罠に落ちると、あなたが彼を見、彼のことを考えるたびに、二人の間の距離は広がる。多くの「ろくでなし」が「立ち直る」ように息子が立ち直ったとしても、彼の新しい行動を認めるには時間がかかるだろう。あなたが長いあいだ彼を「ろくでなし」と見てきたからだ。彼にレッテルを貼っていなかったら、もっとうまくいっただろう。

ある価値がカメラに入ると、私たちはそれを使う傾向がある。悩みを避けるには、私たちが貼ったのだから、私たちが剥がすことができる、とつねに意識することだ。小さな子どものように、「知らない人は危険だ」というレッテルをあなたのカメラに入れたら、長年知り合っている人でもないかぎり、人と一緒にいれば不安になるだろう。当然と思えた危険がその人たちから消えて時が経っても、あなたはまだ落ち着かないかもしれない。その価値があなたのカメラに残っているからだ。

私たちは落ち込みを自ら選んでいること、そしてそれよりよい選択ができることを学ぶことにより、大きな制御力を得ることができる。同様に、私たちは見るものに対しレッテルを貼り過ぎることを学ばなければならない。

効果的な変化を創造する努力をしている私たちにとって、習得するためのもっとも難しいレッスンの一つは、あるものが、わたしの欲しいものと違うという理由で「悪い」というレッテルを貼らないようにすることだ。

異なる世界で欲求を満たすのは、悪い世界で満たそうとするよりずっと簡単だ。見るものに悪いレッテルを貼る数が少なければ、私たちはより効果的な存在になるだろう。

たとえば、わたしと一緒に家の近所を散歩していると想像していただきたい。すぐにわたしは隣家の芝生がゴミの山で「乱雑」なのに気づく。前庭に「ゴミ捨て場」をつくっているような隣人と懇意にするのはラクではない。また、古くて「ぼろぼろの」トラックに乗って、「わたしの」近所を「徘徊している」「評判のよくない、飲んだくれ」が目に入る。彼は盗みに入れそうな家を物色している「押し込み強盗」になる、と考えると、わたしの心臓は調子を崩して高鳴りはじめる。

私たちはまるで二種類のレッテル入れを持っているようだ。一つは良いレッテル、もう一つは悪いレッテルが貼ってある。それをカメラの後ろにしまっている。望んでいるものと大幅に違うものを見るとすぐ、人は無意識にその悪いレッテル入れから「悪い」レッテルを出して貼り、それを悪いと見る。望んでいるものと一致するものを見れば、同じように良いレッテルがすぐに貼り付けられる。

良いレッテルにほとんど問題はないが、悪いレッテルには大きな問題がある。なぜならレッテルを貼るときに、人は見ているものと欲しいものとの差を大きくしているからだ。悪いレッテルがあまりにも多いと、そのために人は無駄な論争や喧嘩、拒絶、中傷、ゴシップ、道徳化、説教、陰謀などをおこない疲れ果てる。たとえば息子を「ろくでなし」と呼び、娘を「軽率」と呼ぶことは、一時的な優越感を得るかもしれない。しかしそれらは人を口論や喧嘩、あるいは落ち込みへ導きもする。子どもたちを、こうあってほしいと望む子どもにさせるには、ほとんど効果はない。人は皆それを知っているが、やめられないようだ。効果のない行動の原因が、彼らの行動そのものであることは確かであるが、親のレッテル貼りも大きく影響している。

「寛大」とは口にするだけであまり実行されない徳であるが、他者の頭の中、愛する人々の頭の中にさえ異なるイメージ写真があることを受け入れる努力のことだ。多くの人が寛大になれないのは、たぶん、一度誰かに悪い評価を下すことを選ぶと、その人が自分で受け入れられないほどの違いを増大させるからだ。寛大であるためには、人がどれほどすばやく悪評価を下すかを知り、またこれが自動的である必要がないことを認識するよう努力しなければならない。「自分の息子を〝ろくでなし〟と呼んで事態がよくなるだろうか。家に閉じ籠らずに何かしなければならないと説得するのに役立つだろうか？わたしが彼の悪口を言い、喧嘩をし、落ち込んでいて、彼は必要としている助けを得られるだろうか？」誰かを悪いと見るとき、いつも私たちは立ち止まって、「このレッテルはわたしの望みを叶えるのに役立つだろうか」と自問しなければならない。答えがノーなら、そのレッテルを剥がそう。貼ったレッテルが少なければ、私たちはそれだけ容易に人生を制御できる。

感覚カメラの後ろ、価値のラベル入れの背後に、人は皆、価値のフィルターをもっている。それを使って、知覚したものに肯定的、否定的あるいは中立的価値をつける。たとえば個人の価値システムとしてファッションを価値あるものとしている人は、世界をファッションのフィルターを通して見る。格好いいものはなんでもよいと見られる。格好の整わないものは悪いと見られる。ファッションが、彼らのすることすべてに優位を占める。テニスをするなら、着用する衣類のスタイルが、ボールをうまく打てるかどうかよりももっと大事なのだ。

多くの人がカメラにお金のフィルターをもっていて、見るものすべてを、それがいくらするかで見る。節約家であれば、安いものが良く、高価なものは悪い。地位を気にし、富を印象づけようと気を遣う人なら、高価なものが良くて、安いものは悪い。バラの花は、珍しくて高価な品種であればより美しい。日没も景勝地マルティニーク島のベランダから眺めればいっそう壮麗となる。彼らが交際する人々は、財産に比例して頭がよかったり魅力的になったりする。彼らは銀行口座というフィルターを通して生活する。ファッションや金は、人生を色付けしている多くの個人的価値システムのよい例である。

価値システムについて考えるとき、たいていの人の頭にまず浮かぶのは、宗教、政治のような、普遍的システムである。原理主義者は見るものすべてを宗教の教えというフィルターにかけて見る。神の言葉を支持するものは善。シカゴの民主党員にとって、集票組織がすることはなんでも善で、それに反することはすべて悪かもしれない。「アメリカ市民自由組合」の会員は、個人の自由が進んでいるか遅れているかによって、世界を良い、悪いと見る。多くの保守派の人々は、小さな政府は良いが、自由主義の考えは悪いと見る。

多くの組織にも価値基準がある。マイクロソフトのような会社は、会社の目を通して世界を見るよう、従業員に奨励している。チャーリー・ウィルソンの有名な言葉、「国家にとって善であるものは、ゼネラルモーターズにとっても善である。その反対も然り」は、一つの会社の価値観がいかにその重役の生活を支配できるか、を示す古典的な例である。フリーメーソンのような秘密結社の地方支部、全米自動車労働組合のような組合、法律や医学などの職業、ハーレ・クリシュナのような教団は、価値システムを提供する組織のほんの一部にすぎない。それぞれに所属する多くの人々は、このシステムのフィルターを通して物事を見ている。

人の感覚カメラの中には、このような連綿と続くフィルターがあって、その一つひとつが異なる価値システムを表している。大部分において、これらは矛盾しない。たとえばファッションはたいてい政治家を擁護する。政治家らしい服装をせず、ヘアスタイルにも気を配らない政治家はまれだ。しかし時々フィルターは互いに矛盾する。たとえば、市民的自由を強く信奉する愛国者は、時として国はいつも正しいという信念に照らし合わせると、国の決断に困難をおぼえるかもしれない。とはいえ、価値システムに矛盾が起きるのはまれである。価値システムの目的は、人がしばしば矛盾する欲求を満たそうとするとき、矛盾を減らすのに役立つからだ。

仮に価値システムを使わずに、ある重大な状況を構成している要素をそれぞれに評価しようとすれば、大きな矛盾に出会わざるをえない。たとえば親友が、酒を大量に飲んでいて多分もうアルコール依存症になっているとしよう。それぞれの要素を別々に見てみると、アルコール依存症は悪だが親友は善なのだ。二つの価値は対立し、わたしは今後も彼に会い続けるかどうか決めかねる。しかし、親友が何をしようと友人はすべて善だと評価するシステムをもっていれば、わたしは矛盾を感じない。このシステムに従って、わたしは次から次へと梯子をする友人にしっかり付き合う。ほとんど居心地も悪くない。というのも、友人のフィルターが彼の飲み方に対するわたしの関心を取り除くからである。逆に、わたしの価値システムが、アルコール依存症者は親友であろうがなかろうがよくないと断定していれば、わたしは友人が禁酒するまで二人の仲は終わりだと告げる。もちろんこの価値システムは、わたしに役立ったとしても、友人にはまったく役立たない。彼が必要としているのはわたしの友情であって、わたしの容認でもなければ、拒否でもない。

したがって、ある価値システムは矛盾を阻止しようとするわたしのために「働く」かもしれないが、それはわたしが必要とする人々にとっては不利であることが多く、結果的に人と協調していくためのわたしの能力を挫くかもしれない。わたしが完全に支持している価値システムをもつ会社が、わたしに引っ越すように命じれば、わたしは引っ越したくない子どもたちの正当な訴えに耳を貸さないだろう。宗教的ないしは政治的信念のために拷問し、歴史上よくある犯罪でさえ行動を正当化するための、より高い価値システムに準拠することにより、彼らが感じるどんな矛盾をも解決してしまう。このような人々は、権力のために義務、愛国心、宗教を用い、彼らに同調しない人々に暴虐非道なことをする。

しかし、価値システムは、他人と協調していくために役にも立つ。組織化された教会の信者たちは、その背後に神の力を感じ、同じように信心している人々との親しい関係を得る。菜食主義者は健康という力を得て、肉食を避ける他者との連帯を得る。そのシステムがどれほど個人的で漠然としていても、ほとんどつねに力をもっているという感じと所属しているという意識を信奉者に与える。しかし、どんなシステムでも信奉すればするほど、所属の意識は私たちと同じように信じる他者に制限されるだろう。親のやり方に従わなければ、自分の子どもたちさえも「悪い」と見る。だから、どんな厳格なシステムも、他者を除外する可能性があり、自らの所属の欲求を挫きかねない。

この悩みを少なくするために、人はつねに自分たちの信条のために改宗する。人々、とくに自分とは違うシステムに従って人生をうまく制御しているように見える人々に出会うと、彼らは自らの制御を失ったように感じてしまう。しかし、彼らはそれすらも受け入れるようだ。彼らは少なくとも価値観はもっている。彼らをもっとも悩ませるのは、どんなシステムももたずに自由でいて、それでいて周りとうまくやっていける人々の存在だ。

したがって、あらゆる価値システムのもっとも重大で、しばしば致命的欠陥は、それがつねに自由の欲求を破壊することだ。システムが許容するどんな自由も、その中だけに限られている。親しい友人のなかに数人、長年権威ある宗教団体の信者だった人たちがいる。彼らは結局、その団体を去った。信じるのをやめたからではなく、そのシステムによって要求される、個人の自由の束縛に耐えられなくなったからだ。私たちには自由の欲求があるので、価値システムが人生を支配すればするほど、それだけそれが生涯役立つ可能性は少なくなる。しばしば衝突する私たちの欲求を満たすためには、創造性が必要だが、それはつねに変わりやすく予測できない。非創造的な機械だけが、システムに永久に従える。

より一層努力を要するが、一つの価値システムにあまり依存しないで、そこに展開する各々の状況を評価すれば、あなたはよりうまく人生の舵取りをすることになる。もし、私たちの子どもが危険なグループに入ったら、私たちはたいてい価値システムに固執し、こうした子どもを拒否するという考えに至る。しかし、もし私たちが彼らの行動をその価値システムを通して見ないようにすれば、子どもとの距離をより引き離すような行動を取らないだろう。子どもたちは人生をより制御できるような一連の価値を探しているので、問題のある組織に入るかもしれない、という可能性を私たちは心に留めておかなければならない。もし、彼らを否定すれば、さらに制御を失い、彼らは入った組織に固く結びついて離れなくなるだろう。

もし、危険グループの価値システムに反対しなければ、子どもとの関係を保ちやすいことに気づくだろう。なぜなら、子どもが悪いのではなく、「行動」だけが悪いという見方ができるかもしれないからだ。しかしながら、グループの仲間を批判しないよう気をつけなければならない。というのも今、彼のカメラの主要なフィルターは危険グループの信条だからだ。もし子どもがあなたに理解してもらおうとするなら、彼に話をさせ、説得はしないことだ。彼はあなたを説得しようとしているが、同時に自分自身を納得させようとしている。しかし、もし論争すれば、彼は熱心になり自分自身をより一層納得させるかもしれない。私たちが誰かに悪いレッテルを貼ってしまうと、レッテルを貼らないときよりも、その人との人間関係で、よりトラブルが生じてしまう。私たちは、のろまな子、あるいは不注意な子に対してよりは、悪い子に対して一層怒る傾向がある。なぜなら、あなたがこうあって欲しいと思う子のイメージ写真と悪い子との違いのほうが、のろまな子、あるいは不注意な子との違いよりも大きいからだ。このイメージ写真の違いが大きければ大きいほど、行動を促す圧力は大きくなり、この状況では効果的な行動を見つけにくい。

カメラの中の価値システムが少なければ少ないほど、目にするレッテルを貼る回数も少なくなり、行動する際の圧力も減るだろう。圧力が少なければ、より効果的な柔軟で創造的な行動を考え出す時間をもてる。人が価値システムを大切にするのは、それが時には功を奏すように思え、またそれらが欲求を満たすために永久に働くことを約束するからだ。そう私たちは認識しなければならない。この約束に基づいて、一貫して機能するシステムはあったとしてなきに等しい。システムはいつでも機能不全になるが、うまく機能しないとき、次のように認識することは重要である。つまり、私たちが現在抱えている問題の多くは、価値システムがいかに私たちの目にするものを歪めてきたかにある。このような価値システムを通さずに見れば、世界はより対処しやすくなる。

第五章　行動を駆り立てるもの

私たちの行動メカニズムを説明するためには、サーモスタット（自動温度調節器）を観察するとわかりやすい。あまり知られていないが、サーモスタットは冷気や暖気に反応するわけではない。望む温度と実際の温度との差を感知して作動する。まったく同じように、スーザンの頭の中にあるデイブの写真（夫として一緒に暮らす写真）と、現実のデイブ（ほかの女と去ってしまった）との違いに対処する最善の努力として、スーザンは動揺することを選んだ。この厄介な状況に対処するのになぜ動揺を選んだかについては後述する。その前に、すべての人の行動、つまり人の行為、思考、あるいは感情の原因をわたしは説明しなければならない。

サーモスタットも内的な世界をもっていて、単純だということを認めよう。しかし、非常に具体的なイメージ写真を持っていて、周囲の空気が定められた温度に達するまでは決して満足しない。知覚カメラも備えていて、室内の温度が定められた温度より高いか低いかを判別できる。そして私たちのように、その違いをなくすよう行動できる。しかし、私たちとは違い、暖炉や冷房装置が作動して「欲しい」温度が得られないと、サーモスタットは動けなくなる。この死せる機械ができることはそれだけだ。生きている生物は決してそうはならない。どうしても欲しいものが手に入らなければ、私たちはもっと効果があると思える新しい行動を創造する。しかし、行動が古くても新しくても、あらゆる行動は、欲しいもの（頭の中のイメージ写真）と、持っているもの（現実の状況の見方）との違いをなくそうとする絶え間ない試みなのだ。

そのようにして新たに創り出された行動が効を奏するとはかぎらない。実行してみるとすでに知っているものと変わりないかもしれないし、劣るかもしれない。しかしつねに新しい行動がすぐれている可能性はあり、必死に願望を実現しようとするとき、人はいつも新しい行動を考え、しばしばそれを実行しようとする。車からコンピュータに至るまで、すばらしく革新的なものは、すべて現実の世界で何かを創造しようと苦闘する人々によってもたらされた。しかしそれはまず彼らの頭の中でイメージ写真として存在していた。後述するが、たとえば心臓病から精神病に至る革新的だが無残なものすべては、同じような苦闘に巻き込まれた人々のつくり出したものである。

もし夫デイブを上質世界から取り外せないなら、妻は知るかぎりの、また学べるかぎりのあらゆる手を尽くして彼を取り戻そうとするだろう。頭に浮かぶ新しい思いつきをなんでも真剣に検討するだろう。ちょっとした知り合いのわたしの妻にさえ、心を開くといったような新しい行動も実行したかもしれない。このような試みはよく失敗するが、仮に失敗しても、彼女はやめられない。欲しいと思うイメージ写真に突き動かされて彼女はさらなる努力をし、そうするうちに、ますます苦痛で無意味な行動を選ぶ。欲しいものと、持っているものとの違いがある場合、いつも私たちは行動しなければならない。その行動には、行為、思考、感情、そして生理反応がかかわっており、その一つひとつが、欲しいものを手に入れるために努力する私たちの「全行動」の構成要素である。

あなたも、自分の人生をちょっと振り返り、ひどく悩んだときのこと、頭の中のイメージ写真が実際の状況より遥かによかったときのことを思い出してみてはどうか。あなたは、あきらめきれずこのイメージ写真に執着していたのではないか。そして、執着すればするほど、求めていたものから遠ざかっていった。効果のあることを「しなく」なり、非合理なことを余計「考え」、それまではなかったさまざまな苦痛を「感じた」のではないか。そのどうにもならない状況で、あなたにある程度目新しい、さまざまな行為や思考、感情に煽られ、知り合いに近づいて自分のつらさを吐き出したりしなかったか。もしかしたらほんとうに狂った考えに憑りつかれるか、これまでになく落ち込んだのではないだろうか。ひょっとして病気になり、あるいは、無責任な行為を始めたかもしれない。以前より多量の薬とかアルコールを使いはじめたかもしれない。

落ち込みは惨めであるが、あまり長期に渡らなければ有益だとあえて言っておこう。たとえば親しい人が死んだとき、いわゆる「喪に服する」形で二、三ヵ月気を落とすのは、あなたが自らの人生を取り戻すうえで非常に有益である。喪に服することは、不適切な怒りを抑制するのに役立つし、家族や友人から心の支えを得るのにも助けとなる。あなたが彼らを支配しようとするのを怒るどころか、親しい人たちは彼らが気にかけていることを示すチャンスを歓迎する。「喪に服す」という行為が現在の関係を妨げるときにかぎり、効果がなくなり、自滅的になる。

ひどく悩んでいるとき、短い期間、数時間から数週間、そっと落ち込んでいるのは、苛立たしい怒りっぽい行動を避けるのに役立つ。怒りは、抑制のきかない状況を一層悪化させることがあるからだ。落ち込みは苦しいかもしれないが、安全でもある。制御できなくなったとき、もっと多くの人が落ち込むなら、社会の暴力もずっと減るだろう。しかしながらどんな状況であっても、何もしないことが最善というときはよくある。そして落ち込むことが、それに当てはまることが多い。

のちに心身症について考察するが、そうした自己破壊的な病にかかる人の多くが、人生の舵を取るために、つらい感情行動を用いていない。惨めではあるけれども、そのような行動が、人に統制力を与え、身体が病気にならないようにしてくれることはよくあることだ。自殺は極度に落ち込んでいる人より、落ち込んだけれど、求めているバランスを取れないとわかった人に起こりやすい。あなたの友人なり家族の人なりに、危険なほど制御できない生活を続け、何ヵ月も落ち込み、その後明白な理由もなく落ち込むのをやめた人がいれば、その人は自殺を考えているかもしれない。そういう人は要注意だ。落ち込みをやめたそのとき、事態は好転しているのではなく、悪化しているからだ。

生きているあいだ、私たちはさまざまな悩みを抱えるが、持って生まれた怒りや、その後まもなく知る落ち込みを補うほかの感情行動を多様化して学んでいく。私たちは皆、一群のこうした強力な制御行動を巧みに使う。たいていは二、三種をよく使うが、とくに効き目のある場合には一つだけのこともある。

不安になる、罪の意識をもつ、頭痛に苦しむなどの行動はそれぞれが大変違っていて、なぜこれでなくあれを選ぶかは、その人がどれを創作し学びとったとか、どれか一つの行動がどれほど効果的だったかによって決まる。たいていの人は効き目のある行動を一つ発見する。キャロルは最大級の落ち込み家で、フィリスは罪悪感を専門とする。しかしキャロルがその落ち込みを駆使して強大に支配的になれば、フィリスもキャロルの支配を逃れようと偏頭痛になることを学ぶ。しかし行動がなんであれ、それらが選ばれる理由は同じだ。

人々がこうしたつらい行動をどう使うかについて理解を深めるため、それとわかる人物を何人か検討してみよう。ランディは非常に頭のいい大学生だった。学部生時代にほとんどAを取っていた。大学院でビジネスを専攻した最初の年でも成績は優秀だったが、最終学年になって突然、恐怖心を抱き、悩み苦しんで何もできなくなった。ひどい不安発作で、授業時間中ずっと座っていられないほどだった。必死で教室にいようとすればますます不安になり、完全にパニック状態に陥った。教室からすぐ出なければ、すぐに死ぬ運命にあるかのようだ。胃はむかむかして、手は汗ばみ、動悸はする、耳鳴りはする、口は乾いてまともに話もできない。全課題でラクに「A」を取れたが、教室で最終試験を受けなければ合格できない。だから彼は困った状態に陥った。彼は自分の上質世界にビジネスで大成功した重役のイメージ写真を持っていたが、突然、現実世界では出来の悪い大学院生になった。最後に思いついたことは、自分の行動は自分の選択だということだった。

ランディは、彼自身を極度に内気で魅力のない男と見ていた。だから、どれほど学校の成績がよくても、誰も彼を雇わないだろうと信じていた。学校で成功したとしても実社会に出なければならないし、おそらく自分の上質世界に貼ってあるような成功した重役には決してなれないと気づいてしまうだろう。しかし、彼は大学院での優秀な成績を楽しんでいたから院を止めるわけにはいかなかった。そこで授業に出ることを怖れ、出れば心配することによって制御しようとした。このような行動を通じて、彼は魅力的でも社交的でもないことへの怒りを必死に制御した。彼は自分の行動が引き起こしている学校での問題に関し、助けを求めることもできた。カウンセリングを通して自分の人生の舵を取ることを学んだ彼は、優秀な成績で大学院を修了した。制御を身につけ一生懸命仕事を続けた彼は、数年である立派な会社の副社長になった。

次はメアリーの例である。メアリーは、家を離れるのを極度に怖れることによって夫の支配を試みた。心理学者はこの能力の喪失を、「恐怖症」と呼ぶ。彼女のような人は何万といて、その他さまざまな恐怖症を抱えている人はもっと多い。飛行機に乗るのが怖い人から、病原菌を怖れる人まで多種多様である。メアリーは夫のジョージか娘のジャネットが一緒でなければ家を離れられない。彼女は自分自身をはじめ、家族や牧師、かかりつけの医師に、家から出られないのは自分の責任ではないと納得させた。広場恐怖症という神経系統の「病気」にかかっているのだ。どうして彼女がこの病気にかかったかは不明だが、母親が同じような病状に苦しんだという彼女の記憶に何か手掛かりがある。

滅多にないが、どうしても家を離れなければならないとき（燻蒸消毒でもするとき）、メアリーはランディと同じように不安の兆候に苦しむ。だから家にいて、夫の仕事の日を除き、彼を事実上の囚人にしておく。夫は彼女を安心させるために頻繁に電話をかけるが、時おり彼女はしばらく鳴らしたままにしてから電話に出る。強力に支配するための策略だ。盗聴されて独りでいることを知られるかもしれないから、受話器を取るのが恐ろしい、と夫に言う。電話をかけても出ないので、夫は時々仕事の手を休めて帰宅しなければならない。

メアリーは上質世界の中に強くて献身的な夫とのすばらしい結婚生活のイメージ写真を持っている。現実世界で、彼女は素敵な結婚生活を送っていない。彼女は、「わたしが一生懸命働くよう後押ししたから成功しただけだ」と、ビジネスで成功した夫を弱い男と思っている。成功した夫は彼女の後押しに対して抵抗できるようになった。そこで彼女は恐怖症になることを選んで夫を支配することにより、ますます力の欲求を満たしている。オフィスに一日中電話をかけ、家を離れるのが恐いので夫がしなければならない用事を言いつけ、夫を自分の言いなりにしている。メアリーは娘も支配したいのだが、娘のジャネットは大学に逃げてしまい、できるだけ家に帰らないようにしている。

家を離れるのを怖れることによって、メアリーは怒りを抑制し、力の欲求を満たして「病人」として大いに注目を集めた。長年、彼女の「囚人」だった夫のジョージが、警告もせず彼女のもとを去り、自分だけの新生活を始めたのは興味深い。メアリーの支配は強大だった。娘は父親の代わりに引きずりこまれない強さをもっていた。恐怖症を武器にしても誰も支配できなくなったメアリーは、お金もなくなって気を取り戻した。仕事を得て、友人もつくり、これまでよりもよい人生を送っている。

私たちはよりよい行動が可能なら、たいてい効果のない行動を手放す。メアリーがよい例である。選択理論を理解しない人々はこれを奇跡的な治療と見るが、メアリーはこれが奇跡ではないことを知っていた。

次の例であるリチャードは、保険金精算係という仕事がどうしても好きになれなかった。しかしそれで十分な収入が得られるし、経済的な責任があるのだから仕方がないと思っていた。ある日、彼はオフィスの冷水器用の重いボトルを持ち上げて背中がボキっとなったのを聞いた。少し背中に損傷を受けたが、二、三週間すれば治るような怪我だった。ところが彼は急に何もできなくなって、四年間も寝たきりのままだ。二度の外科手術にも「生き残り」、その治療費は一五万ドルを超えた。背中は前よりさらに「痛み」、ほとんどベッドの中で過ごしている。とても仕事に復帰できそうにない。彼の痛みが身体的なものか精神的なものかを検査するため、ある医師が麻酔薬を投与した。それは穏やかな催眠状態を引き起こすが、痛みを取り去らない薬だ。その効用で、リチャードはベッドから起き、屈み、跳び、痛みを感ぜずに身体を支えられるという暗示にかかることができた。背中の痛みが身体的な原因で起こるなら、できるはずのない動作である。彼は全意識をこのつらい選択に集中させる必要があった。そして、この薬は彼の集中力を遮って、もはや背中の痛みを感じなくさせた。検査のあいだ、彼の行動をすべて記録した映像は、動けないのだと自分に立証しようとしても無駄なことを示している。その映像を見せられた彼は、「これこそわたしが何年もお伝えし続けていることです。ほんとうの薬をくだされればよくなります。そのすばらしい薬をもっといただけませんか」と言った。もちろん催眠状態で生活するわけにはいかない。実験というよい「薬」のおかげで、さらに手術をしなくてすんだものの、彼の人生のよい舵取りには役立たなかった。化学的に脳に影響を与えるどんな薬も、それ自体、役に立たない。

腰痛が、嫌いな仕事への怒りをうまく抑制していることは明白である。医師にかかる多くの人が、また病院の患者の多くがリチャードのような「プロの患者」で、痛むことを、彼らにとっては耐えられない人生の状況に対処する方法として使う。この選ばれた苦痛を「想像上のもの」と呼ぶ人もいるが、そうではない。このようなすべての痛みは本物である。リチャードの痛みを計るとすれば、それは身体的に背中が悪い場合よりも激しい痛みだろう。怪我をすると人は、大きな痛みを感じて、怪我に対してなんらかの対処をする必要がある。そのためには、限られた箇所の傷を固定するのに必要な痛みよりずっと大きい痛みが必要である。

わたしの主張から、すべての痛み、頭部、関節、背中、首、腹部、その他どこの痛みでも、すべての痛みは苦しむ人によって選ばれたもの、と読者が結論づけないことがとても重要だ。医学的に正当な理由があれば――たとえば傷害や新しい疾患の経過、先天的な欠陥など――医学的診断と休息がつねに最善の療法である。心理的痛みの診断は、決定的な原因がなく、休息をとってもよい治療を受けても効果がない場合にのみ考慮されるべきだ。

リチャードは約六週間でおそらく治ったはずだ。その後の彼は、前述の理由で痛みを感じていたのだ。背中、首、関節の慢性的な痛みは、ほとんど怪我として始まるが、多くの場合、怪我が治ったあとも、心理的痛みとして継続する。もちろん傷ついた箇所は治ったあとも弱っているかもしれないし、反対に傷跡の組織に影響され、再度傷つきやすくなっているかもしれない。背中に傷を受けた人の場合は、重いものを持つことや、バスケットボールやディスコダンスのように激しく身体をねじる運動をするときには気をつけなければいけない。

痛みが身体的なものではないかもしれない、と認めるのはとても難しいことだ。とくに医師がそう診断してないときは。ほとんどの医師は用心深いので、身体的原因を見つけられなくても、激しい痛みを訴える患者に、心理的要因がありそうだとは言わない。このことに気づかなければいけない。医師は、痛みの原因が見つからないから、痛みは存在しないとは信じない。しかし、あらゆる検査、レントゲンなど現代医学のかぎりを尽くして徹底的に調べたうえで、激しい痛みの身体的要因が有能な医師によっても発見されないことはまれだ。医師が何も原因は見つかりませんと言い、その痛みが三ヵ月以上も続いているなら、あなたの人生の満足度を考えるべきかもしれない。心理的痛みを感じているのかもしれない、と考えることは、人生の舵取りの大きな一歩である。

たとえばあなたが自分の痛みには心理的要因があると結論づけ、人生をふたたび制御しようとしたあとに、身体的原因が判明したとする。そうだとしてもなんの弊害もないどころか、たぶん本人にとってはさいわいなことだ。人生に責任をもてば、それだけ治療の効果も上がるからだ。よい治療を受けることも、数ヵ月休んで傷を治すこともせずに、このような結論を出せとわたしは言っているのではない。

しかし、医師がなんら身体的原因を見つけられず、休んでいるのに痛みが治まりもせず、むしろ痛みが増すようなら、そして幸せなときに痛みが治まり、イライラしているときに再発するようなら、あなたは痛みを選んでいるのではないかと疑うべきだ。この場合、制御不能となっている人生の舵取りを再度試みるべきである。

最後の例であるテリーは、一日に五〇回強迫されたように手を洗う。その清潔への強迫観念を「潔癖症」と呼ぶ。ジョンと結婚しておよそ二〇年、胸のときめきや性的な満足を得たことはほとんどない。彼女は魅力的で、男たちは彼女にやさしい。彼女は自分の生活で困ったことはただ一つ強迫観念だと言う。手を洗うことと、結婚生活とを結びつけはしない。しかし彼女の上質世界には、彼女の持っているイメージ写真とはかなり違う結婚生活のイメージ写真がある。

彼女のいう「潔癖症」になる少し前、テリーはフレッドに言い寄られた。彼は一般的に見ると魅力的な既婚男性である。やさしく冗談を言ってフレッドをあしらったものの、すっかり手を切ったわけではなく、今でもこのちょっとした浮気心からくる優雅な注目を楽しんでいる。彼女がフレッドのことを夫に話すと、彼は笑い、おまえそんなに正直でないほうがいいんじゃないか、と言った。テリーはこれを聞いて驚いたが、どういうつもりで彼がそう言ったのか追及はせず、二度とそのことを話題にしなかった。しかし彼女は手洗いの時間を大幅に増やし、昼も夜も清潔と個人衛生にかかりきりになって忙しい。

テリーは安全である。あれほど強迫的に洗い続けるかぎり、道を踏み外す余裕はない。いつまで彼女がその生活を「清潔な」管理のもとに置き続けるかはわからないが、何かもっと楽しくて興奮するようなことをしなければ、文字どおり自分を擦り減らしてしまうだろう。彼女の狂気は、なんの楽しみも興奮もなく、セックスもほとんどない生活に、閉じ込められている大勢の女性と共通している。ある人は彼女のように洗い、さらに多くの人は憂鬱になり、恐怖症になり、頭痛、胃痛、腰痛に悩まされ、不安になる。食べすぎ、飲みすぎる人もいるし、合法でも非合法でも習慣性のある薬物を用いる人もいる。夫たちにしても同様だ。不幸な関係に閉じ込められると、人はつらい自滅的な方法でそこから抜け出そう、あるいは関係を改善しようともがく。このような方法の多くを私たちは選ぶ。テリーが手を洗うことを選び、スーザンが落ち込みを選んだように。しかし私たちが選ばないものもたくさんある。

そのうちのいくつかは精神異常のような不合理な精神行動で、ほかは不合理な身体行動で「心身症」と言える。しかし、わたしの医学的経験からすると、どちらも人生をふたたび制御しようとする自滅的努力の一部となりうる。長いあいだ、欲求を満たせないと、人はなんでも食べてしまう飢えた人となる。かつて海の真ん中に置き去りにされた男の話を読んだことがあるが、彼はついには歯磨き粉や革靴の底を食べて飢えをしのいだ。同じように、誰一人狂いたいとか病気になりたい人はいないのに、このような行為は人生の制御力を取り戻して充足したい、という必死の努力の一部となることがある。この強迫的で不合理な選択をどうつくり出すかは、次の創造性と再整理の章で説明する。ここではっきりさせておきたいことがある。私たちはすべての惨めさを選んでいるのではない。しかしながら、この章で述べたように、私たちは心痛をもたらす行動を選択している。そして、私たちが苦しむほとんどの惨めさは、私たちの選択だと言っても間違いではなさそうだ。

第六章　創造性と再整理

時々、わたしの住んでいる地域の新聞に、中年男性の成功物語が掲載される。彼は職を辞め、三年間節約を重ねて貯金し、苦労を重ね、裏庭に巨大な帆船をほぼ建造し終え、南洋に船出する計画を立てている。彼は新聞記者に美しい創作を見せて回り、とても幸せそうだ。記事によると、長年満たされず、少し失意にさいなまれていた彼だが、突然、航海に取り憑かれた。でも海に出たことはないという。事実、カリフォルニア州ベニスの浜辺の防波堤すら超えたこともない。この創造的なアイディアはどこから出たのかと聞かれると、彼はにっこりほほえんでよくわからないという。それはある日、突然湧いて出て、どうしても消えない。そして、このように彼は船出の用意をほぼ整えたのだ。

この興味深い物語を読んだとき、わたしは彼のためにうれしくなったが、少しうらやましくもなった。わたしはあまり年をとらないうちに、似たような人生の日常性を破る何かをしたい、と密かに願っているからだ。しかし、すぐにわたしは現実的な理由から、この考えを追い払う。だが考えを頭から追い出しても、自分も創造的に見える人々のようであったら、と考えている。そうなれば、わたしも新たな方向へ大きく一歩を踏み出せる。わたしの観察によれば、ほとんどの人は自分の創造性について低い評価をしているようだ。創造性とはひと握りの幸運な人がもっている特別な才能で、自分たちにはもてないものだと考えている。これは不幸なことだ。人は皆、思っているより遥かに創造的だからだ。

　機械と違って生きているすべての生物は高度に創造的であるだけでなく、つねに新しい行動を創造する過程にいる。前章でも述べたとおり、私たちの行為、思考、感情は決して尽きることがない。自分の人生を制御していようといまいと、新しい行動は驚異的創造の過程を経て絶えず手に入る。わたしはそれを「再整理」と呼びたい。現在、行動システムから手に入れられるすべての行為、つまり人が知っている行為、思考、感情のすべてが「整理された行動」である。人は毎日それを使って、人生を制御し続けている。落ち込みというような惨めな感情行動でさえ、この見事に整理されたレパートリーの一部で、そこから人はいつも現時点のイメージ写真を充足させる、可能なかぎり最善の行動を選ぼうとしている。こうした行動は私たちが創造したもので、その多くは周囲の人から学んだものであるが、どちらにしてももう新しくない。

　行動システムは二つの部分からなる。一つには、整理された使い慣れた行動が入っている。もう一つは創造性の源で、絶えず再整理の状態にあるあらゆる行動の構築用資材をもっている。この資材はそれだけでは別個の行為、思考、あるいは感情として認識されない。わたしはそれを整理されていない行動の材料を入れてかきまぜる、一種の攪拌《かくはん》容器として頭に描いている。絶えず再整理の状態にある、ごた混ぜの感情、思考、そして使われるかもしれない活動の渦巻きである。

この過程は活発ではあるが、私たちはその進行にほとんど気づかない。再整理に気づくのは、夢を見るときぐらいだ。夢は前日の悩みに対処する創造的試みのようだ。どれほど狂った夢であってもどうやら夢は人が心を休ませて人生を制御するのに役立っているらしい。睡眠薬を飲むと、夢を見る正常な能力が麻痺する傾向があり、健康を維持するための快眠が得られない。

この活発に進行している創造的な再整理は、たいていは小さく、しかし時にはよく整理された新しい行動の、取りとめもない流れになる。もし、(一) 人がそれに注目すれば、また、(二) 注目している行動が、もう一度人生を制御するのに役立つかもしれないと判断されれば、それを使うこともできる。例の帆船を建造した人はこの創造的なシステムから、新しいアイディアの発想を得たのだ。そして彼は長年のよく整理された生き方とはまったく違う生活に至ったのだ。

しかし、新しい行動がいつも利用できるなら、どうして人は誰でもするように、たとえば落ちこみや頭痛に悩まされ続けるのか。答えは簡単で、信じ難い。つまり人が惨めであることを選び続けるのは、再整理システムが創造し提供するものが、今持っているものより効果的でないかもしれないからだ。創造システムにできるのは創造すること、すなわち新しい行動を創造することだ。その新しい行動が、私たちにとって、あるいは誰にとっても価値があるという保証はない。ひどく落ち込んで過ごしているとき、人は多くの新しい行動を創造しているかもしれない。そのどれもが効果的でないと判断するから今の落ち込みを続ける。

新しい行動はとても受け入れられないほど暴力的かもしれないし（自分をクビにした男の首を絞めるとか）受け入れられないほど狂っている（ベッドに入って、永遠に出ないとか）かもしれない。どちらにしても、落ち込むというよく整理された今の選択よりよいやり方とは思えない。人は、制御できなくなっているときのほうが早く創造するように見えるが、そう見えるだけだ。なぜならしっかり制御しているときよりも、制御していないときのほうが人は目新しいものを探しているからだ。しかし、早くても遅くても、再整理システムは今持っているものよりよいものを決して生み出さないかもしれない。

生物だけが、新たな行動を創造することができる。想像できるもっとも複雑なコンピューターですら、たんにその記憶装置に保存され整理された機能に基づいて、数えきれないバリエーションを生み出すだけだ。時間がかかるかもしれないが、持っているものを変化させる性能を使い果たしてしまえば、コンピューターの働きはそこまでだ。コンピューターは才能ある編集者のようなもので、他人の作品で驚くべき仕事をするが、自分で新しい作品を書かない。人の脳、いや、もっと正確には、人の脳の行動システムは作家のようなものだ。いつも新しい行動を創造中である。しかし創造するものの大半は、まったく価値がないかもしれない。ある意味では、行動システムの創造部分が作家で、整理された部分が編集者である。南洋への船出を夢見る例の男が整理された大工の手腕をもっていなかったら、彼がどれほど創造的でも、船を建造できなかっただろう。

人は絶えず再整理しているので、失望落胆の状況を制御するのに役立つ創造的な行動を一つ以上見つける可能性は大きくなる。創造する行動が制御するのに役立つときはいつでも、その行動は行動システムに収納され、すぐに使えるようになる。私たちが受け入れ、人生に適用している新しく創造された行動の多くはとても小さい。そして、古くてよく整理された行動の新しい小さな創造的行動となる。たとえば、仕事をするのに少しでもより効果的にする方法は、小さいが歓迎すべき少しの創造性を使うことだ。しかし、とくに人生が苦痛を選択することで支配されていると、人はより大きくて意味のある新しい行動を受け入れるときがある。

五章で述べたメアリーは、恐怖症にかかるという整理された選択によって、家に閉じ籠るかもしれない。今の人生を制御する、もっと効果的な方法をまだ見つけていないからだ。家を離れることへの恐怖で充足を得られなければ、(たいていはそうであるが）彼女は絶えず創造している再整理された代替行動を検討し続けるだろう。しかし、それは無意味な行動かもしれない。彼女の人生の悩みに関係のない、一連の狂った考えや感情に過ぎないかもしれない。たぶん、最初は、「現実を見つめなさい。このつらさから抜け出せる方法はある」という些細な考えから始まる。彼女が家から離れようとしないでいると、自殺という考えが散らつきはじめることもある。

創造システムが働く方法では、新しいアイディアはたいてい完全な形で現れない。アイディアはちょっとした考え、異なる感情、あるいはこの両方の組み合わせとして始まる。そのアイディアを温めていると、それは型破りな予想もできない形で大きくなり、そのアイディアを行動に移すことを自覚しはじめる。メアリーの場合、恐怖症になるという選択のつらさは極限に達し、家族や友人が彼女を避けるようになるとますます孤独になり、希死念慮を実際の行動に移すという創造的な考えがますます魅力的になるかもしれない。

ついに彼女は自殺という創造的行為に出て、もはや恐怖症にかかることでは支配できない人々を、ふたたび支配しようと試みるかもしれない。自殺の試みが本気なら、しばらくは支配力を取り戻すことができるかもしれないので、必要に応じて繰り返し自殺を試みるだろう。人が再整理によって創造し試みることは、まったく目新しいことでなくてよい。その人にとって新しければいいのだ。自殺というありふれた行動は、それを試みる人にとってつねに新しいものだ。車輪はこれまで何度も考案されてきたが、小さな子どもが重いおもちゃをビー玉を使って部屋の向こうに移動させることを思いついたとき、それは驚くほどの発見なのだ。

つねにある欲求に駆り立てられていて、自分自身および周囲に対処するために、私たちは行動をたくさん必要とする。たいていの人は、人生の大きな問題に対処できる行動を学んでいる。しかし、どんなに有能な人でも、数限りない小さなイライラによく悩まされる。たとえばタイヤの空気が抜けた、雨に降られた、電話に出られなかったなど、さいなイライラを経験する回数は、職を失う、足を折るなどの大きな挫折に比べれば遥かに多い。こうした日常生活の小さなとめどない悩みが原因になって、人は絶えず行動システムに要求を出し、効果を上げるのに役立つきちんと整理された新しい行動を求める。

私たちの行動システムは、このような要求によく答える。新しいアイディアは進行中の再整理から飛び出して来て、絶え間なく日常生活で用いられる。こうした

新しい行動はたいてい単純で、個としてはおよそ重要ではない。しかし、時間の経過と共に小さなものが一緒になり、人が世間とかかわる方法を形づくり、つくり直したりする。これが私たちの人格となる。

この絶え間ない再整理こそが、行為、思考、感情の新しい方法の流れを創造し、それによって一人ひとりはユニークな人間となる。人格は、一つのパターンをとりがちだが、人の行動に絶えず小さな、時には多くの創造性を加えるうちに、このパターンでさえ変わり続ける。

そこに焦点を当てれば、人がどれほど創造的であるかがわかりやすい。たとえばケーキを焼くときを例に挙げてみよう。自分がおいしいと思うケーキを焼くことはよく整理された行動で、あなたはおいしいケーキやクッキーをつくるのに、度々その行動を使ってきた。それは、あなたが頻繁に使うのでよく知っている行動だ。それはよく整理された数千もの行動の一つである。しかしそうした行動は、創造的なことを加えて改良し続ければ変化する。材料を揃えていて砂糖がなかったらどうする。この実際には起こらない極めて重要な問題に対処するために、あなたの「再整理」は砂糖の代用品があるかもしれないと、あなたにヒントを与える。あたりを見回すと、濃縮リンゴジュースがあった。「これだっていいかも」と言って、それを使ってみる。

長いあいだ人々は、航海をし、サーフィンをしてきた。二つとも海で楽しむ活動だ。そして、数年前、ある人がおそらくセーリングもしくはサーフィンをしているとき、この二つを合体させたスポーツを思いついた。この新しい意外なウィンドサーフィンというスポーツは人気が高くなり、今や世界中の海でおこなわれているマリンスポーツである。発案者は座り込んでいて思いついたとは思わない。わたしはこのアイディアは突然浮かんできたのではないかと見ている。たくさん思考を凝らした点は、サーフィンとセーリングを合体し機能させるデザインで、確かにこれには多くの創造性が必要だ。あなたの普段の行動を考え、振り返ってみると、長年追加してきた多くの創造的改良が見えてくるだろう。たとえば、ものを書くとき、今わたしはパソコンに向かうが、はじめのころに比べると、昼と夜ほど違う。しかし、パソコンを使いはじめる以前から、わたしは本を書くたびに効率よくしようと、書くことを整理する多くの方法を考え出した。何を続けるにも、同じ方法で続けるのは不可能だ。私たちはいつも無数のちょっとした独創的な方法で、再整理し、改良している。そうしながらたぶん同じ数の「改良策」を価値がないとして捨てているのだろう。

時おり新聞で、飛行機事故に遭い、孤立した不毛の地で、食べ物もなく生き残った人の話を読むことがある。生存者の整理された行動（食べるという行動）は何一つ使えないが、彼は再整理し、食べられるとは思いもしなかった昆虫などを食べて生き残った。極端な例では、創造か死か、というわけで、生きるために人肉すら食べた極限状況の人々について書かれた本もある。

しかしながら、再整理システムは創造的ではあるが、必要なときにうまく成功する行動が出てくるとはかぎらない。システムは新しい行動を創造するだけで、いくらあなたが絶望的になっていても、それが提供するものとあなたが必要とするものとはつながらないかもしれない。胃袋を満たす方法として、逆立ちして瞑想するといった考えが出たり、生きるためにおもちゃの笛を吹くなどのアイディアが出てくるかもしれない。しかし、すごく悩んでいても、その悩みが大きくなれば、人は乱暴で危険とも言える考えを、ますます受け入れるようになる。どこを向いてもそれ以外にましなものを得られないからだ。効果的であってもなくても、知っていることが尽きれば、何か新発見できそうな再整理を望むしかない。

多くの人は、創造かそれとも死かというような状況に置かれることはないので、頻発する悩みに対して、行動システムからすぐに使える、よく整理された行動を使ってうまく対処する。再整理システムが絶えず提供している創造性をすぐに必要としていると、私たちが気づくことはあまりない。創造性への要求がまったくないとき、再整理システムは止まっていると考えるのが理にかなっているが、決して止まらない。たぶんそれは、昔から、創造するという能力が、人の行動システムの何よりも重要な機能だったからだろう。創造システムを停止した生物は、創造し続けた生物には決して勝てなかった。

したがって、悩みもなく新たなものへの特別な必要もなければ、創造システムはアイドリングしている。いつも「人の仕事に首を突っ込んで」おだやかに新しいアイディアを意識させる。これらのアイディアの多くを、私たちはほとんど考慮せず拒否しているが、していることにもほとんど気づかぬまま、整理された行動を少しずつ改良している。

創造システムの存在に気づいているわたしが、目に見えて他者より創造的であるとは言えない。ただ、それが提供するものをより意識しており、知らなかったころに比べてその「提案」により心を開くようになっていることは事実である。その存在を知れば、たいていは静かなその提案に人は耳を傾けるようになり、より多くの提案に対して、順当な配慮をするだろう。

兄弟や姉妹は、そして双子であっても非常に違っており、成長して独自に再整理するにつれ、同じ家族の一員とは思えなくなることがある。一から身を起こす人がいる一方、そうでない人もいる。その理由の一つは、おそらく効果的な再整理だ。時には運がいいだけだが、チャンスをつかみ、内にある創造性を引き出そうとする意思によることが多い。性に目覚め、性的行為を満足させようとしはじめるとき、人はかなりの再整理をおこなう。人は基本的な異性愛の形になんらかの創造性を加えるが、少なくない人たちが再整理をして、同性愛や比較的普通ではない性的習慣によって性が満たされることを知る。三章で述べたように、人は性的行為を満足させる明確なイメージ写真を手に入れると、それが社会的に受け入れられなくても、私たちの上質世界に貼り続ける傾向がある。

とても幼いとき、私たちは絶えず再整理している。それが欲求を満たす行動を学び取る唯一の方法だからだ。誕生の直後から、幼いながらに意味があると思う創造性を全行動に加える。それが人の個性の始まりで、一歳に満たない赤ちゃんでさえ、訓練された目にはそれぞれ著しく異なっているとわかる個性が見える。赤ちゃんが同じようなのは、誕生後のほんのわずかなあいだだけだ。彼らは一生をかけて変化し、成るべき大人になっていく。

創造性とは、創造者の人生にいまだかつて存在したことがない、新しいものを創造することだ。すべての人にとって新しく、非常に有益なものが創造されるというまれな機会はいつだってある。たとえば最初の人間、たぶん女性だと思うが、偶然にも言語能力の分析を再整理させ、話したときがそうだ。話す力は、彼女に、そしてそれ以後話すことを学んだ相手に、進化のうえで多大の益をもたらし、おかげで今日の私たちは、皆その子孫としてここにいる。彼女の遺伝子を引き継いでいない人間は一人もいないが、生まれてはじめて話はじめるためには、いまでも最初の人間がしたときと同じように、誰もが多くの再整理をする。すべての人にとってそれは模倣であるだけでなく、成し遂げる創造的行為でもある。小さな赤ちゃんに、馬鹿みたいに話すことを教えようと時間を費やしても無駄だ。むしろ赤ちゃんがこの複雑な行動を学び取るために用いている、再整理の通常過程を妨げることになる。

創造性は個人に、人生を制御する、より大きな力を与えることが多い。しかし、仮に与えなくとも、それは創造の過程が誤っているからではない。誤りがあるとすれば、意識していてもいなくても、それはこの過程の使い方にある。再整理システム自体は、正と誤、善と悪、芸術的なものと粗野なもの、科学的なものと馬鹿げたものとを区別できない。馬鹿と利口の区別だってできない。再整理システムが知っていることは、創造することと、創造し続けることだけだ。もし私たちが創造されたものを使って、人生をより効果的に制御するなら、これは偶然であり、これが再整理の目的ではないし、決して目的にはならないだろう。再整理システムのただ一つの目的は創造だ。もしほかの目的をもったなら、再整理システムは作動しないだろう。

あなたの再整理システムが創造するある行動が、たとえば自殺のような自己破壊的行為をあなたに選ばせたとしても、このシステムが悪いのではない。創造する以外に目的をもたないので、人を生かし続けることなど気にしていないからだ。私たちを安全に守るために設計されていたら、このシステムは危険な行動を人に提供できないだろう。しかし、危険で型破りの行動が有益だと判明したものは多い。したがって仮にその人が創造性がなんらかの形で偏っていれば、真に創造的であるとは言えない。どんな創造システムも偏りをもつとすぐにある領域内の創造性を失ってしまう。つまり再整理は、つねに無作為で、予測できない。そうでなければ真に創造的ではありえない。コロンブスは、もし彼の再整理システムが地球は平らであると信じるほうへ傾いていたら、航海しなかっただろう。月光から電気をつくる企てに一〇〇〇ドル投資するよう誰かがあなたを説得したとする。ひょっとしてそれがあなたにとって最良の投資となることもある。

しかし創造性は、私たちの誰かが価値ありと決めるときだけ価値があるのだ。進歩はその決断の正しさをどれだけ他人に納得させられるかにかかっている。この過程は遅く進む傾向がある。人は古くからのよく整理された行動を、そうやすやすと手放して新しいものと取り替えたりはしないからだ。カトリック教会は四〇〇年かけて、ガリレオが創造的人物であり、異端ではなかったという総意に達した。したがって、急いではいけない。たとえあなたの発見が即座に進歩につながらなくても、創造性に耳を傾けることだ。

第七章　狂気、創造性、そして責任

数年前にある若い男性の母親が、大学在学中に挫折した息子のことをわたしに話し、息子がカウンセリングを受ける予約をした。息子は喜んで、自らわたしに会いに来ると彼女は言い、それは間違っていなかった。彼は訪れてわたしと握手をして座った。ここまでは順調に見えた。わたしは彼に自分について少し話すように促したが、彼は何も話さなかった。もう一度言ってみた。そしてわたしは、これは彼の創造的方法で、何も話さないことを決めているのだと突然気づいた。話すことがわたしの仕事だと説明し、話してくれないだろうかと尋ねたが、彼は首を横に振ることで話さないと意思表示をした。彼は首を振って「はい」か「いいえ」を答える。それだけだ。彼の行動は穏やかだが、明らかに狂っていた。彼は再整理をして、話さなければふたたび人生を制御できるという、ある意味彼にとっては理に適った創造的アイディアを受け入れていた。この新しい創造的アイディアを実際に使ったあと、整理された欲求充足行動となり、彼は誰に対してもこの行動を使うことを選択した。

沈黙は、彼の両親や医師を支配するのに強力な効果があった。そして彼はこの症状を使ってわたしを挫《くじ》き、怖気づかせることを期待していたのだ。わたしは当時、選択理論をまだ知らなかったが、彼が会話を拒むことを狂気と認識しており、もしこの症状に支配されてしまったら、わたしは彼を助けることはできなかっただろう。わたしは、話をするのが早くても遅くてもどちらでも問題はない、待っているから、と伝えた。そして付け加えた。きみが話すことを拒んでいるあいだは、わたしがきみに話をすることになる、と。普段きみのように熱心に話を聞いてくれる人はいないと伝えると彼が笑ったので、わたしは勇気づけられた。そしてもっと真剣にわたしは説明した。カウンセリングのあいだ、ずっとわたしの話を聞いているのはおそらく死ぬほど退屈だと思うが、もしきみが「はい」とうなずき、「いいえ」と首を振るなら、わたしはこの限られたやりとりの中でベストを尽くさなくてはならない、と。

こう言ったとき、彼は顔をゆがめた。わたしは、オフィスの外で話をするよう要求はしないと彼に伝えた。選択理論用語でいうと、彼が制御を失うのはわたしに対しての一時だけで、彼の沈黙によって支配していた人々を続けて支配できるのだ、と。彼は了承し、自分自身のことを話しはじめた。そして数ヵ月で彼の人生を制御するよい方法を見つけ出した。彼は現在、テレビプロデューサーとして家庭をもち、職業柄必要な創造性以外は普通である。

彼がはじめてわたしに会いに来たとき、自分が狂っているのであれば、どんな自分の行動にも責任はないと彼は思っていた。彼は、わたしと出会う前に狂った行動で多くの人々を支配していたが、同じ方法でわたしを支配するつもりだった。もしそれが成功していたら、狂った行動で再整理する多くの人々と同じように、彼の人生を整理するのにわたしと過ごした六ヵ月より、かなり長い時間を費やすことになっていたかもしれない。狂気よりもっと効果的に支配する行動はほとんどない。なぜなら、精神衛生や法律の専門家も何人か含めてほとんどの人が、最初のアイディアは創造的な再整理であるが、実際に使う決断は再整理ではないと理解しているからだ。どの再整理も実際に使うと整理された行動になる。もし、その行動が効果的に制御できなかったら、その行動は止むかもしれない。しかし使われ続ければ、それが狂った行動であっても使う人にとっては整理された行動なのだ。

挫折している状況で、欲求充足のための整理された行動が底を尽きはじめると、人は必然的に、創造のシステムが提供するものに注目しはじめる。制御を失うとますます話さないというようなアイディアを使おうと考えるだろう。そしてもしうまくいったら、それを使いはじめるだろう（このケースでは、話さないということが彼を苦しい状況から救った）。誰でも潜在的に新しい行動を創造することができる。そしてもしその行動を使いはじめたら、周りの人々によって狂っていると判断されるかもしれない。しかし、自分の人生が制御を失い、狂気によって制御されるのであれば、狂った行動は整理された行動になる。わたしが述べたケースの青年は話さないということの効果がとても大きかったので、しばらくのあいだそうし続けた。

狂った創造性は、まともな判断をする多くの人が、同じような状況ですることと非常に異なっている。幻覚や妄想も含めて、精神疾患と呼ばれるものの全領域は、創造的な行動である。もし、声というものを知っていれば、頭の中で実際に聞こえる新しい声を完璧に創造することができる。私たちはみんな夢の中でこれをおこなっているが、みんなが夢を見ており、夢を見ながら行動する人はほとんどいないので狂気とは呼ばない。私たちが創造するものに制限はないが、わけのわからない行動よりわかりやすい創造を私たちの人生に取り入れるようだ。他の人々は自分のわかりやすいことに、より一層注目する傾向があり、意味不明なことはわからないので、声が聞こえると言って、周囲の人をより一層支配することができる。もしあなたが切羽詰まっていて、少しでも制御を得られるなら、狂っていると認識している行動さえも何もないよりはましになる。

人生の舵を効果的に取るために、私たちの創造するものが狂っていようが、まともであろうが、それだけで責任をもたなくてもいいのだが、自分が創造し選択する行動には責任がある、ということを私たちは学ばなければならない。もしわたしがこの青年を、身体的もしくは化学物質による脳の錯乱により精神疾患のある者として、彼には責任がないと対応していたら、彼はまだ治療中で、沈黙により周囲の人々やわたしを支配し続けていたかもしれない。わたしの責任は、彼にわたしを支配させないことと、同時に彼の人生の舵取りを効果的にする方法を教えることだった。私たちが創造する行動が異常でも、私たちの創造性自体は正常に進行していて、実際に使っても、それは病気ではない。もし私たちが精神疾患と呼び、それをもたらした人に責任がないとすれば、その人と社会に対してひどい結果をもたらすことになる。

精神疾患によりレーガン大統領と他の人たちに発砲した、ジョン・ヒンクリー・ジュニアに無罪判決が下ったとき、人々は非難した。受け入れられている精神疾患の考えは連邦裁判で解釈され、発砲は彼が制御できない精神病のせいとされた。これは世間には間違いと見えたようだ。選択理論の観点からすると、世間が正しく、裁判所が間違っている。

ヒンクリーは多くの不満を抱えた青年だった。孤独で無力な彼は長いあいだ、欲求が満たされないでもがいていた。私たちと同じように彼は絶えず再整理していた。しかし、彼は私たちと違って、創造性に則って行動した。効果的な整理された行動を彼はほとんどもっていなかったからである。しかし、彼はまだ創造性の一部を制御しており、これを実際に行動に移した。彼が選択した行動は、他人を支配することだった。狂ったことではあるが、彼は違う方法で行動するより、大統領に発砲することで彼の人生をより制御できると思った。彼にその決断の責任はある。そのアイディアを得る段階までは責任はない。私たちは皆、狂ったアイディアをもつものだ。しかし、それを行動に移すことに対しては責任がある。

狂った、創造的な行為が他人に影響を及ぼすとき、悪事をおこなう人が相手を知っているかいないかは問題ではなく、制御が目的であると考えなければいけない。行動の目的が完全に外から見えないとき、つまり、純粋に創造的で、悪事をする人以外のいかなる人にも物にも目に見える影響を与えないときだけは、悪事をする人に責任がないと判断できる。家の中にいて座って壁を見つめ、まったく食事もせず、話もしたがらない男は、その時点では責任がない。なぜなら彼はまだ再整理という行為に没頭しているからだ。これは受け身の行動である。もし動きがあり、行動に目的があるなら、それはもはや純粋な再整理ではない。もし人が車に乗り、銃を手に取り、殺気立って車を走らせ、赤の他人に死や破壊をもたらすなら、それは完全な再整理の状態ではない。これは整理された行動で、犯罪行為として扱う方が賢明だろう。これらの犯罪行為を実行するためには、椅子に座って自分の創造的思考に完全に没頭しているだけではなく、外側にある目的をより大きく意識し行動する必要がある。

もし犯罪を犯したあと、犯罪者が完全に再整理状態に戻ったら、彼が裁判に耐えられるまで回復しなければ、公判にかけてはならない。もし彼が一生制御を取り戻せないなら、（そんな状況にはほとんどならないのだが）彼が生きているかぎり、病院で治療を受けるべきだ。犯罪ではなく、創造的などんな行為も、本人がそう望んでいるならば、心理的な問題として扱われるべきだ。もし本人が治療を望んでいないなら、このケースは適用される法律に従って解決すべきである。しかし、わたしの信条としては、他者の権利を侵害していない人は、彼らが創造性を実行することを理由に、投薬や治療を強要されるべきではない。これは、彼らに治療が必要だと説得するべきではないという意味ではない。説得はいつでもなされるし、どのすぐれたメンタルヘルスプログラムにも不可欠な要素である。

もし標準的にスリムで魅力的な若い女性が、再整理をして、いまよりもスリムになればより欲求充足ができるという狂った考えを実行に移したら、私たちは彼女を拒食症患者と呼ぶ。さらに言うと、彼女は拒食症という病気に罹っているので、食べないという彼女の選択に責任はない。彼女の創造性は自らを飢えさせるというよく整理された行動に導くかもしれない。そして、紛れもなく狂っているが、もし彼女が死んだら誰が責任を取るのだろうか？　彼女の病気に責任があり、私たちは治療できなかった、と言っても意味はない。

彼女は狂った道を進んでいると理解するのが妥当である。そして心に留めて欲しいのは、彼女にはこの道を選択した責任があるということだ。彼女が自分自身を飢えさせているのは死にたいからではない。さらに痩せる状態を保つことが自分の人生を制御する最善の方法だと決めたからだ。彼女が食べることを拒否することで体重を減らし続けていると、両親や彼女を診察する多くの医師、他の人々に対して信じられないほどの力が働くことを発見する。この絶対的な力に惑わされ、彼女は食べることを拒否し続ける。今、どれだけ自分が魅力的かを話すとき、彼女が実際に言うことは、周囲の人を支配するためにどれほどの力を自分がもっているかということだ。

私たちの仕事は、あまり狂っていない方法で彼女の欲求を満たす支援をし、彼女を生かし続けることである。このあいだに、食べないことよりもよい行動を探す必要があるので、それを探す手助けをすることだ。しかし、この宇宙の秘密を明らかにしてくれたアインシュタインが自分の創造性に責任があるように、彼女は飢えを選択したことに責任がある。創造性は創造性である。狂っていても、自滅的でも、創造性が少なくなったとは言えない。よいものがないから創造したものを行動に移しただけと言っても、私たちの責任が少なくなるわけではない。

創造性に従って行動する人の多くは犯罪者ではなく、この若い女性のような人たちである。しかし、度々、彼らの創造性が正常からかけ離れていたら、彼らを精神病院に入院させ、強力な薬を投薬し、彼らの創造性だけでなく、全行動システムも麻痺させる。歩く、話すなどの整理された行動さえ、このような薬によって難しくなる。感情はほとんど完全に消えて、思考能力は大幅に減少する。整理された行動によってのみ、制御を得られることから、狂った創造性を消すための全システムの麻痺は、過剰な治療であるというのがわたしの意見である。彼らに必要なのは薬ではなく、よりよい整理された行動をもたらすカウンセリングである。彼らが精神病院に入院する必要があるのは、自分自身や他者に危険を及ぼすときだけである。

私たちが制御を失うとき、進行中の再整理に気づきはじめるかもしれない。それを認識することはできるし、学ぶべきである。そして、この正常な過程を恐れるべきではない。ある若い女性は、しばしば制御できないほど負担のかかる仕事のストレスが積み重なったとき、自分の人格がなくなっていくようだと語った。そのとき打破しようとしていた状況に対して、完全に不適切に見えた一連の思考と感情に気づきはじめ、彼女は自分の心を見失ってしまったと思った。悪夢を見ているかのような目まぐるしく、取り止めもない思考が彼女の頭の中に溢れ込んだ。そしてそこで進行している奇妙で恐ろしい思考に対応する試みとして、パニックに陥るという選択をしはじめた。仕事をやめるという強力な衝動に駆られ、家に走り、ベッドに潜り込み、混乱している思考の存在を否定しようと試みた。彼女は自分が狂ってしまったのかとわたしに質問した。

精神病への不変の道を進んでいるという意味合いで、狂ったのではないとわたしは彼女に伝えた。この経験は数分間であったが彼女にはもっと長く思えた。このあいだ、彼女の思考や感情を制御できなかったという意味では、彼女は狂っていた。この状況のほとんどは、責任の重い緊迫した会議の途中で起こった。そこで、彼女は不公平な批判と思えるものをたくさん受けたのだった。この彼女の体験は、整理された行動が一時的にうまくいかなかったとき、創造システムにはじめて気づいた体験だということをわたしは説明した。彼女がパニックを選択した理由は、彼女のキャリアにとって破滅的となったはずの行動を、創造性に従って実行しようとしていた、と気づいたからである。しかし、このとき、非常に効果的で創造的なアイディア、すなわち同じ無作為の過程の一部であるアイディアを得た可能性があるとも指摘した。つまりこれがパニックだった。彼女は笑って同意した。何が起こっているのかに関するわたしの選択理論的説明をうまく受け入れた。

彼女は現在、選択理論の知識を生活にしっかり取り入れ、時々再整理が始まると、何が起こっているかを理解し、よく整理された簡単な行動を使えるように準備している。彼女は少しのあいだ席を立ち、部屋を出てコーヒーを飲むか、もしくはトイレに行く。この短い休憩中、一時的に制御を失っている状況に陥っているので、進行中の再整理を自覚していると自分に言い聞かせる。しかしまた、彼女は自身の創造性がもし効果的でなければ拒否する能力もあり、効果的であれば受け入れる能力もあると、自分に言い聞かせる。彼女が経験したことは正常な創造性だと理解しているので、もはや狂うことを心配してはいない。この過程が進行しているあいだ、創造性を行動に移す選択をする必要がないということも知っている。

私たちが人生の中で制御を失っているとき、創造性を消すこともできないし、創造性に気づくことを避けることもできない。もし、少しのあいだ有効な、制御を取り戻す助けとなる整理された行動を見つけられたら、私たちの創造性が提供するものを受け入れる必要はないと学ぶことができる。この才気溢れる若い女性は、会議の席を離れることを決め、少し散歩をしたり、友だちと電話をしたり、ケーキを焼いたり、一〇を数えることなどをした。短期間の使い慣れた整理された行動をとれば、進行している再整理への意識を薄くするだろう。多くの狂った創造性が私たちの思考や感情に入ってきたと気づきはじめたとき、選択理論の理解を深めていれば深めているほど、パニックにならないで笑顔になるだろう。このことがわかると、狂気の背後に狂っていないアイディアを見つけることができる。そこにアイディアはあるだろうとわかっていて、もし意識の中に飛び込んでくるのを心を開いて待てば、何が起こっているのかわからないときより、私たちの創造性をより使うことができる。

第八章　創造的過程としての心身症

ほとんどの人は病気が創造的過程から生じるとは考えない。狂気が精神的創造性から生じるように、ほとんどの慢性病は、身体的創造過程から生じるようだ。身体的原因も具体的治療法も知られていない慢性病はいずれも、私たちの身体が欲求を満たそうとして、無意識のうちに精神的創造性を発揮しているのかもしれない。わたしはそう考えている。このグループには、身体を不自由にさせる病気、たとえば、冠動脈の病気、リウマチ、湿疹、回腸炎、それに大腸炎のようなものが入る。結核や糖尿病のように、身体的原因が知られている治療可能な病気、あるいはポリオのような予防可能な病気とは違って、こうしたものは、絶えず制御を失った状況につきもので、歓迎されることはないようだ。不幸せな結婚や満足のいかない仕事に関係していることが多く、心身症と呼ぶのがふさわしい。

心身症には特効のある医学的治療がない。心身症患者に対してなされる最良の助言は、人生で制御を失っているものがあれば、効果的な制御を取り戻しなさい、ということだ。ひょっとしたら家の中に問題の人がいるのかもしれない。医師は認識しているかもしれないが、心身症の治療法は不幸なことに、現代の医療体制では支援されておらず、科学的また機械的方法により、すべての病気の治療で、精神面よりも身体面をずっと手厚く治療する傾向がある。患者がこうした深刻な心身症から回復するために必要なものは、人生の制御を取り戻すことであるが、この冷たい医療のやり方は、それを容易にするどころか困難にしている。

わたしがこの章で述べることは論争になると思うので、これらの病気がどのように発症するかを明確な選択理論的説明で裏付けたいと思う。予想される誤解を避けるため、何が病気で何が病気でないか、という説明から始めよう。

病気が存在するためには、顕微鏡、あるいは目で確認できる正常から異常へのなんらかの構造上の変化か、命を脅かす心臓への異常な電気的刺激など、化学的または電気的機能不全が不可欠となる。したがって、頭痛や腰痛などの苦痛感情行動に医療的治療を求める人がいても、こうしたものは病気とはみなせない。なぜなら、組織や器官になんの構造上の変化も見られないし、危険な化学的異常も電気的機能不全もないからだ。

偏頭痛が起こる前や最中に、脳に血液を供給する主要な血管のどれかが一時的な構造上の変化を起こし、著しく狭くなることがあるかもしれない。苦痛症状はこれらの変化に関係していると考えられている。しかし、頭痛が消えると血管は正常に戻る。そして偏頭痛もちが人生を効果的に制御するとき、頭痛も血管の変化も永遠に消える。背中の筋肉の張りの大きな変化が、腰痛に関係していることがしばしばあるが、腰痛がなくなると正常に戻る。さらに明確にするなら、頭痛は髄膜炎のような感染によって起こることがあり、腰痛は筋肉の痙攣や椎間板ヘルニアの結果起こることもある、ということだ。偏頭痛や腰痛について話すとき、わたしが問題とするのは、厳密な医学的検査の結果、組織に損傷がないと明らかになった頭痛や腰痛である。

　どんな病気も、心身症であってもなくても、身体の一部につねに視覚で確認できる構造上の異常があるか、または危険な伝導機能不全がある。心臓病では、冠動脈、つまり心臓の筋肉に血液を送る血管の狭窄がある。リウマチ関節炎では関節に浮腫《むく》みや炎症がある。湿疹では赤化、浸出液、出血があり、皮膚は爛《ただ》れる。そして大腸炎では腸管が厚くなり、弾力性の損失、潰瘍、大腸の一部、または全体で蠕動《ぜんどう》運動がなくなる。病気には、病変部分以外にも一時的な変化をもたらすものがある。たとえば、心臓病にかかって、水分が溜まって足が浮腫むかもしれない。もし患者が適切な治療を受ければ、水分は再吸収されて、足は正常に戻る。しかし、心臓は病気以前の状態に戻ることは決してない。

　創造的でない病気のわかっている原因は、連鎖状球菌のような外因や糖尿病のような内部機能不全によるものがある。しかし、外因でも内因でも、私たちが病気と見るのは、身体がこの明白な原因にどのように対処しているかである。リウマチ関節炎などの創造的な病気にはっきりした原因はない。病気の発端は正常な身体機能が、明らかな身体的理由なくして、異常に機能しはじめることにある。リウマチ関節炎のような創造的な病気では、免疫系統（この正常な機能は、私たちを外部から侵入する毒性の連鎖状球菌や、ガン細胞などの内的病因を攻撃し、無毒化して、それらが重大な害を及ぼさないように身体を守ることにある）が完全に正常な手首の関節を、身体にとって異質であるかのように攻撃し、破壊してしまうこともある。

このような創造的な病気、つまり心身症で今日の病院は溢れている。かつて恐れられたコレラやペスト、天然痘などの創造的でない疾病は、一度に何百万もの人々を死に至らしめたが、その大半は、衛生管理やペスト・コントロール、ワクチンにより、その発生は長いあいだ抑えられている。過去五〇年間、医学は淋病のような頑固なバクテリアによる病気を抗生物質で治療し、ポリオのようなウイルスによる病気を予防接種によって治療するというすばらしい進歩も遂げた。最近の恐れられている病気、エイズ（後天性免疫不全症候群）でさえ、現在ではヒト免疫不全ウイルスが原因と知られ、そのうちワクチンによってコントロールできるかもしれない。

医学がとても進歩してきたので、創造的でない外因による病気にかかっても、医師が正確に診断すれば、治療が成功する可能性はとても高い。もしウイルスが原因なら、成功したワクチンプログラムが使える可能性は高い。そうでないとしても十分な症例があれば、近い将来ワクチンが開発される可能性はある。医学がさらに取り組む領域は、わたしが創造的、あるいは心身症と呼ぶ病気を、効果的に治療する仕組みづくりである。なぜならほとんどの医学教育では、これらの病気の原因が、日々の生活の中で長く制御を失ったときに、効果的な制御を得ようとする身体反応であることを認識されていないからだ。

四四歳のアランは、過去一〇年間高収入の仕事に就いていた。彼は会社の経営者を上司として働いているが、上司は生き地獄のようにアランを働かせることに喜びを見出しているように見える。上司はアランのすべてを批判し、明らかに会社に貢献しているアランをまったく認めていない。時々、上司はアランを首にし、そして寛大にも彼を呼び戻して給料を上げるという腹立たしい儀式をする。上司がアランにその寛大さを思い出させない日はない。アランは上司の言いなりだが、上司の寛大な給料という支えを必要とする家族や生活があるため、辞めるという道が明確に見えない。

アランの上質世界に貼ってある理想のイメージ写真（尊敬され、認められる）と、上司のアランへの現実の対応との間には大きな違いがある。アランはその違いを少なくするため、絶えず何かをしなければと強く意識しているのだが、辞職できないためその何かを見つけることができない。彼の整理された行動がまったく機能していないなか、舵を取る方法を探そうとして、創造の煮汁が煮えたぎっているかのように、かなり狂ったアイディアを積極的に意識している。

負けを認めて落ち込みたいところだが、仕事を辞めないため、彼は気を引き締めて、一日中従業員と顧客にうまく対処しなければならない。機嫌のいい顔をし続けるのは難しいが、彼はそれを保った。嫌な仕事、不幸な結婚、あるいは我慢のならない子どもから逃げられない多くの人と同じだ。しかしアランがやめられないこと、また快感が得られるのでやめたくないことは、主として上司の命を奪う満足のいく方法について、創造的な思考を一日中思い巡らせることだ。繰り返し思い巡らせる気に入った空想は、慈悲を乞う上司の首をゆっくりと素手で締め上げることだ。

ある日の午後遅く、とくに大変な会議で、彼はまた上司から首を申し渡された。帰宅したアランは、一〇代の息子がクラシック車のポルシェを車庫からバックで出そうとして、車体の片側に長く深いすり傷をつけたのを見つけた。車を磨いてアランを驚かせたかった息子は今や悲嘆にくれている。アランは刻まれた深い傷を見て呆然とした。その夜、アランは激しい胸の痛みで目を覚まし、急遽病院に運ばれ、重度の心臓発作であると診断された。彼は二週間の集中治療のあいだ、生と死の間をさまよった。しかし、ついに心臓への血液循環を正常に戻すバイパス手術を受けられるまでに回復した。

心臓発作は仕事のストレスが原因だと確信していた。ポルシェの一件はとどめの一撃だった。しかし、収入が必要なので職場復帰したが、すぐさま胸の痛みが始まった。主治医は、上司が出すわずかな障害年金をもらい、退職を考えたほうがいいと彼にアドバイスした。しかし、彼の高額な生活水準を維持していくのには十分ではない。彼は選択理論を知らないけれども、彼の生活はひどく制御を失っているとわかっている。しかし、舵の取り方を彼は知らない。のちほど、彼がどのように選択理論をこのケースに適用するかを説明する。ただ、どうして彼の長期的な不満が冠動脈を閉ざしてしまったのか、このよくあるシナリオをこれから検討しよう。

人の生理つまり人体の組織は、一般に古い脳と呼ばれる古代脳の小さな組織構造の指示のもとに、よく整理され、機能しながら健康を保っている。この本のページをめくるとき、あなたの筋肉に力を与えているのは古い脳である。脈拍や血圧は、古い脳が制御している。性的な映画や恐怖映画を見ているあいだの心拍数の上昇は、じつは古い脳が引き起こしている。食べたものは古い脳の指示により消化され、さらにホルモンを調整して性的能力を大きく決定する。もしあなたが砂漠で取り残されたら、古い脳は新しい脳にメッセージを送り、喉の渇きを最終的には危機迫る苦痛な渇きとして認識するので、水を探し求めるしか選択の余地はなくなる。しかしながら、生存が脅かされたとき、あるいは長期間に渡って性的満足が得られていない場合、古い脳は苦痛なメッセージを発して機能する道を指示しようとする。

どんな意識行動にも古い脳は直接関与しない。力や自由の欲求を満たすかどうかも気にかけない。アランの新しい脳が、長いあいだ満たされていないので必死に満たそうとしている欲求にも関心がない。これらの欲求を満たすために、意識のある大きくて新しい脳の部分（大脳皮質）から古い脳は指示を受ける。よくあることではあるが、もし新しい脳が古い脳にうまく整理された機能か、もしくは日ごろ使っている機能以上のものを求めれば、古い脳は再整理をしはじめ、新しくよりよい機能の仕方を試みるかもしれない。アランの場合、それに気づいてはいなかったが、新しい脳は心だけではなく身体に対しても、長期間に渡って多大な要求をし続けてきた。その結果、古い脳を創造的にさせて、冠動脈の病気を引き起こした。どのように新しい脳がこれをおこなうのか理解するために、どう機能しているかを詳しく見てみよう。

わたしの新しい脳は意識の源である。新しい脳にはわたしのイメージ写真が入っていて、これを手に入れることでわたしの欲求のすべてを満たさなければならない。また、フィルターのついた感覚カメラも入っている。新しい脳はわたしが意識しておこなうすべての行動に指示を与えている。基本的に新しい脳はわたし自身なのだが、新しい脳だけでは直接何もすることはできない。新しい脳にできることは指示するだけで、遂行するのはわたしの古い脳だ。古い脳がなければわたしは機能できない。新しい脳だけなら、軍隊をもたない将軍である。指示することはできるが、古い脳が遂行しなければ何も起こらない。

呼吸、瞬き、食べ物の消化方法や脈拍、心拍の維持など教えてもらう必要はない。そして、わたしは歩き方や目の焦点の合わせ方を学び、正確な筋肉の動かし方を身につけたが、それを誰かに教えてもらう必要はなかった。わたしが生まれ出たときに、この知識は古い脳の中に埋め込まれていた。新しい脳が欲求を満たしながら学んだことは、よりいっそう正確で明確な指示を出して、行い、考え、感じるようにすることだ。人がかなり高齢になるまで、古い脳は非常に正確に新しい脳の指示を遂行する。新しい脳のこの完璧な指示の下、古い脳は新しい脳の指示を遂行するため身体的な必要を提供することを学ぶ。もしわたしが考えると決めれば、新しい脳がその機能を果たすために血液と栄養を確保する。もしわたしが恍惚感を味わえば、実際に恍惚状態にするため、古い脳がモルヒネのような化学物質を分泌する。

たいていの場合、古い脳は指示に対してすばやく、また効果的に従うので、私たちは古い脳がしていることに注意を払わない。しかし、マラソンを走ると決めるときのように、遂行能力を酷使するような指示をまれに新しい脳が与えることがある。古い脳にとって、走ることに問題はない。四二キロ近く走ることが問題なのだ。なぜなら、古い脳には健康を気遣う指示が組み込まれているが、新しい脳はこれら生来の指示を気に留めるなと命令しているからだ。古い脳はマラソンを走ることを拒否できない。しかし、速度を落とせ、止まれという一連のメッセージを新しい脳に送り返すことができる。それは痛みや疲れとして感じられる。しかし新しい脳はこれらのメッセージを無視することができる。そうなれば古い脳はついに正常に機能できなくなる。まだ走り続けようとすると、気分が悪くなり、意識を失い、急死さえする。

マラソンをする人は少ないが、古い脳が頑固に指示に従うことを拒むと、たいていの人は一時的に落胆する。たとえば、わたしが愛や力という新しい脳の欲求を満たそうと性行為に及ぼうとする。この決断は厳密に新しい脳のものだ。わたしは頻繁にセックスをしているので、古い脳による性的解放欲求がない。しかし性行為を成功させるためには、わたしの古い脳が進んで性器の準備をしなければならない。もし身体が疲れているときに性行為をしようとすると、古い脳が身体的理由で性器の準備をしないかもしれない。こうなればわたしは性行為をすることはできない。しかしながら、わたしの古い脳が指示どおり遂行しないのはまれである。この二つは例外的なものであって、必ずそうなるというものではない。

もし古い脳がこれらのまれな状況以外に指示に従うことを拒否する判断力があれば、心身症の病気はかなり少なくなる。新しい脳の命令だと信じていることを奴隷のように遂行しようとすることが、アランの心臓発作の原因であった可能性が高い。また、ほかのすべての心身症の原因になっていると思われる。数年前、男性がホノルルマラソンのあと、極度の疲労により倒れて亡くなった。もし、あなたがこの死因の調査を担当する検視官で、少し選択理論を知っていたら、彼の脳の各部分の働きを調べるかもしれない。彼の新しい脳を有罪とする証拠は大きい。おそらく競争に勝とう、つまり必死に力の欲求を満たそうとして、彼の脳のこの部分が、彼を追い詰めて死に至らせたのだろう。すべての長距離ランナーは証言するだろう。走っているあいだ、酷使された古い脳から電気的、化学的疲労信号が絶え間なく発せられ、古い脳からこれ以上無理をさせるなと、新しい脳に伝えようとしていた、と。

私たちは皆、これら古い脳による信号を疲労と自覚しており、信号の目的は私たちに速度を落とし、休息をとるよう説得することである。マラソンのように、過酷で厳しい場合、この信号を無視することはほぼ不可能である。もし、走者の新しい脳がもう少し分別があれば、指示を出して、止まるか、少なくとも速度を落とすようにしていただろう。しかし、その男性にはそのような分別はなかった。なぜなら、これまで苦痛があっても、古い脳は彼を失望させることなく、切り抜けさせた過去があるからだ。これまで古い脳に指令を与え、どれほど多くのマラソンを見事に走り抜かせたとしても、彼の死の責任を新しい脳に求めれば、確かにあなたの調査は外れていないと言えよう。

しかしながら、彼の古い脳にも責任があるというかなりの証拠がある。マラソンを走るという指示を受けたことだ。前にもマラソンを走ったことがあったので、走り方をもう一度理解するべきだった。結局、新しい脳はのんびりしている古い脳の泣き言に注意を払うことができず、過去に古い脳に指示を出し立派に完遂したことのある業務に対して、十分に期待する権利があった。急に倒れて死ぬということは、組織的反抗であったのだ。なぜなら、古い脳が失敗し、死を迎えると、新しい脳も一緒に死ぬことになるからだ。これは、もちろん、新しい脳がこのような極端な指示を出すときに、理解しておかなければならない危険の一つである。古い脳はこのようにすぐれた兵士であり、これは自分で自分の首を絞めることなのかもしれない。

古い脳が指示を受け、走り続ける能力の限界を超えたとき、過去に成功したマラソンの整理された行動はすべて使い尽くされたのだ。ちょうど、新しい脳が、行う、考える、感じることを使い尽くすとき、新しい整理された心理行動を受け入れはじめるように、古い脳もいくつかの再整理された生理行動を受け入れる。しかし新しい脳の場合と同様、古い脳が創造した生理行動が、古い脳がその誕生以来使ってきた、よく整理された行動よりもすぐれているという保証はない。また、新しい脳のように、もし古い脳が創造したものがこれまで使ってきたものよりすぐれてはいないと判断すれば、今あるものが不十分でも使えるかぎりはそれを使い続けようとする。しかし、最終的に今使っているものがまったく役に立たなければ、(この完全に疲労困憊した走者のケースのように)、生きて走り続けられることを願いながら、思いきって新しい生理行動を使わなければならない。

おそらく、走者の古い脳は過去に再整理をして、新しく強いランニング行動を提供していただろう。ひょっとしたら血液をもっと早く供給する方法や老廃物を無毒化する方法を考えついたかもしれないが、今回は過去に創造されたどの行動も効果がなかった。再整理をしながら、必死に新しい行動を思いつき、効果を期待して試みたこの行動が命とりになった。彼を死に至らしめた生理行動は、おそらく、心臓を刺激し、さらなる血液を送り出させようとして、古い脳が新しく創造した電気信号であろう。この信号は非常に強く、また正常なものでなかったので、心室細動を引き起こした。この新しく創造された致命的な不整脈は、心臓の鼓動を早くさせたがまったく効果がなく、血液を送り出すことができなかった。突然死を引き起こす二つのうちの一つである心室細動は（もう一つは脳出血）、治療されなければつねに数分で死に至る。そうして古い脳は新しい脳を死に至らせるわけであるが、できるかぎり創造的に新しい脳の過剰な要求に応じようとしていた。

この走者の死は心身症だったか？　わたしはそうだと断言する。新しい脳の要求は過剰だった。ここに私たちは意識的に動機付けられた突然死に遭遇しているが、これは通常心身症とは思われない。なぜなら、心身症のほとんどは慢性的で、新しい脳が古い脳を追い詰めたことに私たちが気づいていないからだ。だが、疑いもなくこのような病気のすべての条件に完全に当てはまる。そしてアランの心臓発作もゆっくりとこの同じ過程を辿っていた。

アランは長いあいだ、上司を絞め上げることを空想し続けてきたが、新しい脳のこの思考行動が古い脳に強力な影響をもたらしていることに気づいていない。もちろん、古い脳は絞め上げることなど何も知らない。実際には、古い脳は、頭の中で何が望まれているかまったく知らないのだ。しかし、頭が身体に指示を出せば、その指示があるかぎり身体は任務を遂行しなければならないことを古い脳は知っている。アランの新しい脳が、首を絞める上げることを思い巡らしたとき、彼の古い脳は即座に態勢を整えた。おそらく、新しい脳の電気的メッセージ、または化学的ホルモンを通して、生死にかかわる身体的取り組みをしようとした。新しい脳はこの強力な警報を送った。なぜなら、戦いなくして、強く狡猾な上司の首を絞める上げることはできないと知っていたからだ。

しかし、アランは実際に上司を襲うつもりはなかった。単なる空想であると彼はわかっていた。しかし、空想にふければふけるほど、大きな戦いに備えるためのホルモンが伝達信号として彼の古い脳に送り込まれた。古い脳は空想か現実かの区別を知らない。わかっていることは、新しい脳から送られたホルモンに従い、差し迫った戦いに身体を備えることだ。古い脳はすぐ任務に取りかかり、「態勢を整えよ」というホルモンがきているかぎり任務を果たし続ける。アランのケースでは、何年ものあいだ首を締める準備をしていた。そしてこのすべての身体の準備が整ったところで、ポルシェが傷けられたことを知り、これが決定的となって問題の渦中にある彼は、息子の首を締め上げるという非常に強力なメッセージを送ってしまったのだ。

ほとんどの生理学者は、人の身体は何年も続く長期の生理的緊張に対処しながらも、健康を維持できるレベルにまだ至っていないと信じている。いまだに身体的には二〇〇〇、三〇〇〇年前と同じだ。その当時は締め上げるというアイディアをもったら、すぐに実行した。勝つか負けるか、即座に決着がつき、終わればリラックスすることができた。何年も続く空想が、新しい脳から古い脳に伝達され、それがもたらした慢性の緊張は、複雑な文明の産物である。それはたいてい私たちの病気の原因となる。

アランが上司の首を締め上げようとして緊張する感情行動は怒りであるが、これに関係するもっとも一般的な病気は、おそらく心臓病であろう。長期的に大きな戦いに備えているので、彼の古い脳は血圧を上昇させ、脈拍を早くし、戦いに備えて身体に十分な血液を確保しようとした。古い脳は血液の中に化学的凝固物質を送り出し、もし彼が怪我をしても、出血で死なないようにした。これが短期間であれば害はないが、もし数年という長期に渡り、それでいて戦いが起きなければ、心臓血管系の疲弊が早まる。それは車の速度計の赤線を越えて運転をしていて、なぜエンジンが壊れてしまうのか訝《いぶか》るのと同じだ。

しかしこれ以上のことが起こる。古い脳は、身体的緊張の収束しない状況、つまり決して起こらない戦いの準備は、自動的に健康を害すると意識しているだろうとわたしは信じている。古い脳は、身体を健全な状態に保つために必死に身体を守ろうとして、長期的な終わりのない緊張を、外部からの侵略者であるかのように免疫系統に警告を発する。侵略者を捜しながら、免疫系統はまた再整理をして創造的になる。この余分の創造性はしばしば破壊的になり、アランのようなケースを引き起こす。これは自己破壊的な狂気の類だ。たとえば冠動脈疾患は、ほとんどのほかの心身症と同じで、肉体の精神病と言える。

このように心臓血管系が長期間緊張し続けていると、動脈を流れる血液は動脈の壁を侵食し、損傷箇所をつくる。すでに流れている余分な血栓がこの損傷箇所に引っかかり、その場所に小さな血栓を形成しはじめる。免疫系統は通常そこにない血栓を見つけ、どうしてか（誰にもまだ理由はわからないが）狂ったように創造的になり、まるで異質の身体であるかのように血栓を攻撃する。この攻撃はすばやく血栓に炎症を起こさせ、その炎症は広がっていく。ちょうど皮膚の傷にかさぶたができ、最初の血の血栓より大きくなるのに似ている。そのうち、血栓はこの過程を繰り返していくうちに大きくなり、動脈の血流を阻害する。アランが心臓発作になったとき、血栓は心臓につながる小さな、しかし血流度の高い動脈の一本以上を遮っていた。

急性心臓発作の一般的な二つの原因は、心臓への血流減少がある。まず、心臓の受け取る栄養が少なくなり、疲れると血液を送り出す効率性を低下させる傾向がある。そうなると、より創造的な方法で不整脈を引き起こして、この損失を効率的に補おうとする。しかし、よくあることであるが、これらの創造的な不整脈は少ない血流を生み、突然の冠動脈の血流減少が深刻なダメージを心筋にもたらし、心臓発作と呼ばれるものになる。

通常、もし患者が病院に到着したときに生存していたら、現代の治療では血流を安定させ、差し迫った命の危機を回避させることができる。

心臓発作のもう一つの原因としては、突然血栓が完璧に冠動脈を塞いでしまうことだ。この発作は突然起こり、その後心臓は再整理された電気的行動を始める。そしておそらくあのマラソン走者に起こった心室細動が起こる。心室細動は、時に治療ができる救急車もしくは病院にいないかぎり、数分で死に至る。アランは幸運なことに、不整脈からくる心臓発作だったため、バイパス手術を受けた。この手術は非常に大きな価値がある。一つには、血流供給が増えること。次に患者が、この劇的な支援により、現在では自分の人生を大いに制御していると信じることだ。

わたしは、体力と良好な健康の関係は、直接的というよりは間接的なのかもしれないと思っている。よい食習慣とエアロビクスはそれらを実践している人に人生を制御しているという非常に大きな感覚を与える。アランがこの上司のもとで働き続けるなら、彼は賢くなり、食事と運動プログラムに従っていくだろう。もし彼がこの方法を信じるようになれば、上司の異様な行動を深刻に受けとらないかもしれない。もし彼が選択理論を少し学び、リラックスする重要性を理解しはじめ、彼の必要としている休息が運動によってもたらされるとわかったら、これから起こるかもしれない心臓発作を防ぎ、胸の痛みを止められたかもしれない。

ほかの多くの心身症があるなかで、すべてではないが、そのほとんどが免疫系統の再整理にかかわっている。アランが制御を失ったように、新しい脳が送る長期的な遂行の難しい指示を、古い脳が実行するのを助けるために、免疫系統は無意識のうちに正常組織を攻撃する。これらの病気の場合、免疫系統の助けは不必要なだけでなく、破滅的でもある。この免疫系統による正常細胞への攻撃を、医学は「自己免疫疾患」と名付けた。異なる病気では、異なる組織や臓器を攻撃するかもしれないが、免疫系統はつねに狂った方法で再整理をし、そのあげくに正常組織を異質な組織であるかのように誤解し、攻撃し破壊する。

なぜ免疫系統の創造性がこのような形をとるのか、そしてなぜある組織を攻撃し、ほかは攻撃しないのかについては未だ解明されていない。この創造的な免疫が正常な関節を攻撃するとき、リウマチ関節炎と診断される。脊柱が攻撃されると脊椎炎となり、消化管が攻撃されるとその結果、回腸炎もしくは大腸炎になる。もし神経の鞘《さや》を攻撃すると、多発性硬化症、腎臓だと糸球体腎炎、皮膚だと湿疹と診断される。ほかにもまだ多くの、原因不明の自己免疫疾患があるが、これらの疾患はとりわけ一般的だ。ほぼすべての心身症に共通しているのは、アランのように人生が長期的に制御できていないことだと考えられる。

多様かつ自発的で予測不能な創造性が脳内に引き起こされれば、再整理の結果として私たちの脳は、さらに強く健康になるかもしれない。確かに、顕著に逆境と見える状況においても、健康な人生を長く送っている人は多くいる。私たちは病気にだけ細心の注意をはらう傾向があるので、これらの健康な人々はそれほど注目されないが、彼らはその逆境下でも人生を立派に制御し続けているとわたしは考える。

しかし、病気になったときでも、絶望的と見られる病状を覆すような、新しい再整理された行動を古い脳が創造する可能性はいつでもある。絶望的な末期ガン患者が奇跡的に治った多くの症例が報告されている。これらのガン患者の免疫系統は再整理のあげく、ガンをとり除き、正常な能力を遥かに超え、効果を発揮した。再整理は奇跡的だが、奇跡ではない。これはすべての生物の正常な過程なのだ。

ほとんどの医師が、患者の生活がどれほど良いか悪いかについて話し合う短い時間のなかでは、患者の人生で制御できていない部分を見つけるのは容易ではない。心臓発作の前、そしてあとでさえ、アランは高収入の仕事の愚痴を忙しい医師に言うことをはばかり、何も言わなかった。上司の首を締め上げるという彼の空想を明らかにするためには、有能なカウンセラーが必要だっただろう。カウンセラーは彼に、これらの考えの危険性を気づかせ、よりよい人生を歩む方法を提示できたかもしれない。

実際、心身症患者の特徴は、怒りやその他の悪感情を内に秘めながらも、弱みを見せない傾向がある。もしアランが不平や愚痴を表現していれば、これらの感情表現を通して、彼の心臓を守る程度の制御ができていたかもしれない。しかし、彼が愚痴を言いたくても、高収入を得ていたので、彼のことを真剣に受け止め、同情する人を見つけるのは難しかっただろう。ひどい関節炎を患っている患者と表面的な会話を交わした経験があるが、そのなかで彼らは、病気による不快感以外に人生に深刻な問題はないと主張している。彼らはすべてを医師に任せ、なすすべがないかのように、ある種の静かなあきらめの心境で、関節で起こっている破壊を受け入れているように見える。ノーマン・カズンズが『笑いと治癒力』(Anatomy of an Illness)[5]で示したのは、関節炎に関して医師にできることがいかに少なく、患者にできることがいかに多いかということであった。ノーマン・カズンズと何年か前に話したことをわたしはおぼえている。UCLAが主催した講演会で、深刻な一種の関節炎から快復したことを彼は話していた。彼は病院の退院手続きをして、快適なホテルにチェックインして、自室で面白い映画を観て、たくさん笑ったと言う。また、彼は大量のビタミンCの点滴を受け、自分の健康を取り戻し、痛みを克服した。

しかし、選択理論を理解すれば、人生の舵取りを期待できる。アランのような人々は、怒り、落ち込み、あるいは文句を言うというような、新しい脳が通常する心理的感情行動で問題に対処しない。彼らは自分でも気づいていない理由で、私たちのほとんどがするような方法で、人生の舵取りをしようとはしない。むしろ、このようなひどい病気を抱えながらも、この世への対処の仕方に明るさがあるので、深刻な問題を抱えていることを疑う人はいない。問題を無視しているように見えるが、新しい脳は古い脳に強力な「ＳＯＳ」信号を送り、助けを得て病気に対処しようとしている。しかし、古い脳の混乱に気づかずに、彼らは極めて明るくこの試練に対処している。

時に病気になったあとで、病気を利用して他の人々を支配する方法を学習することがある。病気になる以前から彼らの頭の中にこうした考えがあったとは思わないが、彼らの明るさの説明にはなり得る。彼らは苦痛と障害からなんらかの利益を得ているのだろう。この行動は医師を騙すだけではなく、選択理論を知らない人を困惑させる。医師たちはとくに、こうした一見精神的に健康に見え、明るい患者が心理的な問題を抱えていると信じられないでいる。そして、患者はいつもこの医師の姿勢に納得する。深刻で身体的な疾病の不幸な犠牲者であると考える医師に、患者は疑わずに同意する。

このような患者は、自分の欲求不満に対処する感情行動を選択していないことを忘れてはならない。なぜなら、自分にもわからない理由があって、人生が制御不能となっていることに気づかないようにしているからだ。ある意味で、医師と患者は手を携えて病気の原因を否定し、それによって、治療のためにはかなり重要な要素である「人生の舵取り」を、治療範囲から除き続けていく。わたしはよい医学的治療が不必要だと言っているのではない。しかし、欲求充足のない医学的治療は症状を抑えること以上のことをしないだろう。

ガン

私たちのほとんどにとって、ガンは神秘的で恐ろしい病気であるが、どのようにして細胞集団が再整理をして、自分たちの遺伝的プログラムを開始するかについて、すでに多くのことがわかっている。こうしたことがなぜ起きるかについて、医学的憶測がたくさんなされている。有害物質、放射線、そしてある種のウイルスのような外的要因がその原因として指摘されている。そして、ガンを誘発する内的要因（腫瘍遺伝子）が当初大きな役割を果たすこともわかっている。精神科医であるわたしにとって重要なのは、ガンになる細胞の変化は心理的に起因しているという証拠はないという確認である。

医学界の共通理解では、ガンがあると告げられると、ある人々は、生きる意欲を失い、病状がそれ以上進んだガン患者よりも早く亡くなるということだ。観察者にとって、この新しい脳の知識が免疫系統の指示を乱し、古い脳の外部からの侵入者を「撃退せよ」という指示を遂行できなくするようだ。たとえ自分にはガンがあるということを知らないとしても、古い脳は、負け戦になったとしても戦うだろう。ガンがあると告げられた患者は、「これは大変なことで手に負えない」と言って、ある人たちはあきらめてしまう。

ガン細胞が増殖して観察可能な状態になれば、免疫系統の機能不全が起こっていると私たちは信じる。まだわかっていない理由で、ガン細胞を見つけていないか、あるいは見つけてはいるが、ガン細胞を破壊できないかのどちらかだ。普通の細胞は限られた回数だけ増殖しそれ以上増殖しないが、ガン細胞は急速に無限に増殖するようプログラムされているようだ。ガン細胞は、急速に幅広く増殖して、正常な身体の組織を侵食する。阻止されなければ、ガン細胞は、栄養を圧倒的に要求して、身体を破滅させる。しかし、私たちはこの最初の段階に気づかないでいる。なぜなら、普通この成長は免疫系統の働きで迅速かつ完全に阻止されているからだ。免疫系統が正しく機能していれば、私たちが異質の細胞に気づく前に、発見され滅ぼされている。

最新のガン治療のあるものは、免疫系統が正しい機能を取り戻し、よりよく機能するようにする。この種の治療は、精神科医であるわたしにとってはとても興味深いものだ。なぜなら精神と身体の関係はまだ理解されていない領域だからだ。

人生は静的過程ではない。人生での通常のやりとりで、古い脳はつねに私たちがより健康になり、病気への対応能力がよくなるよう、創造的な新しい支援方法を模索している。ガンは、私たちが身体的創造力をすべて奮い起こす必要のある疾病である。そしてもっとも必要としているのが免疫系統の創造性だ。ガンに対しては、免疫系統はすでにするべき働きをしていない。創造力を発揮する能力を「あきらめて」ホルモンを送るのを低めたり止めたりすると、私たちがガンに打ち勝つチャンスはなくなる。私たちはあきらめないで新しい脳の抵抗をすべて必要としている。そして、免疫系統をできるだけ活発かつ創造的にするよう、古い脳にしっかり伝達する必要がある。

生きる意思は新しい脳の働きで、古い脳に免疫系統の活発なホルモンを発信する。アランは自分の古い脳に、闘争系ホルモンを活性化して発信していた。あきらめたガン患者がしていることは、アランがしたこととまったく違うように思える。活性させたホルモンを送らないかもしれないし、古い脳と免疫系統は、自分たちの抱える問題を解決する創造的な機能を果たせない。「これ以上戦って何になる。わたしは負けた！」というあきらめの行動は、あらゆる病気のなかで最も恐れられているガンが見つかった、と告知されるときによく選択される。

深刻な病気があるとわかったとき、人生の制御を維持するのはつねに困難だ。私たちはこの時点で、失いつつある制御を維持するために、周囲から得られるあらゆる手助けを必要としている。しかし、もっとも重要なことは、対応が困難な状況に自らを置く必要はない、ということだ。別の困難が加わると別の障害に直面し、しばしば疲れて、落胆する。これ以上の障害を抱えてはならない。もしわたしが深刻な病気、たとえばガンに罹っているかもしれないと訴ったとする。よい医学的治療を受ける必要があると言われるのはよいが、それ以上は何も言われたくない。よい治療法があるので、健康を取り戻すチャンスがあると言われたいと思う。なぜなら可能性はあるからだ。主治医が落胆している姿をわたしは見たくない。わたしのために最善の取り組みをしている姿をわたしは見たいと思う。その後、それ以上のことは何も知りたくない。なぜなら、できるだけ自分の人生を制御しておきたいと思うからだ。

わたしのために役立つものは、わたしの古い脳とその免疫系統だ。そしてわたしが人生の舵取りをうまくすればするほど、わたしの新しい脳と古い脳の関係がよくなることをわたしは知っている。そしてこの関係がよくなればなるほど、わたしの古い脳はわたしの人生のために、より創造的に戦ってくれる。医師がわたしのためにできることはなんでも重要であるが、この戦いは、わたしの生存にとって、あるいは少なくとも、わたしの残りの人生の質にとって重要だ。

不幸なことに、医学の慣習では、まだ機能しているガン患者に大きな恐怖を与える、冷たい病院のベッドに留まってもらうが、それは賢明な処置ではなかろう。医師と病院にとっては便利かもしれないが、ガンとの戦いの多くは内側から出てこなければならないので、私たちの古い脳をできるだけ機能するようにしておくほうが理にかなっている。おそらく、病人が自分の人生の制御を維持できるような支援はなんであっても、古い脳を支援するものであり、そしてよい治療の基本的な要素であろう。ほとんどの医師はこの考えは正しいと認めるが、科学的医学の全体的流れは、荘厳な治療を目指し、巨大な医療機器を駆使するので、実践は困難となり得る。病院での滞在を最小限にすることによって、医師たちは患者が自分の人生の制御を維持するよう励ますことになるようだ。

近代的病院で患者のために(しかしじつのところ多くは患者に対して)なされているすべては、患者から制御を取り去り、手の届かぬところに置いている。ある時点で多くの患者はあきらめはじめる。なぜなら、できるわずかなことをしても、彼らの望む制御を少ししか取り戻せないので、戦い続けることに価値がないと思ってしまうからだ。アランとは違って、「戦え」というメッセージホルモンを、新しい脳から古い脳に送らなければならない。彼らがあきらめれば、この命を救うメッセージを送らなくなるようだ。あらゆるよい医学治療の基礎は、病人が自分たちの障害が許す範囲内で、できるだけ制御を取り戻し、維持できるよう支援することだろう。

第九章　依存薬物：化学的に制御する誘惑

依存症は心理的なのか、病気の結果なのかについて、たくさんの論争がある。この区別はとても重要で、依存症の原因について決定的な答えを提供するかもしれないが、依存症という問題に対して、選択理論はじつに効果的な対処法を提供している。選択理論の観点から言えば、依存症とは依存症者の信条を基盤にした行動である。その信条とは、人生を制御するためにある種の薬物を使わなければならないというものだ。選択理論の観点から依存症がどのように働くかを理解するために、少しのあいだ、最近あなたがとても気分がよかったときのことを思い出してほしい。たった今その同じ気分を経験できたらすばらしいと思わないだろうか？　残念ながら、それは叶わない。そのような気分を思い出すために、あなたは何かを制御しているという強力な感覚を得なければならない。たとえば、恋に落ちる、大抜擢される、大きな試合に勝つ、あるいは暴君的抑圧からの脱出などの類だ。愛、力、楽しみ、あるいは自由が突然増せば、つねに鋭い爆発的快感に襲われる。これはたいてい一定期間の楽しい活動のあとでやってくる。食べる行為、あるいは脳に作用する物質を飲む行為は、そのような制御の感覚をあなたに与えてくれる。

感情は二手に分かれるとわたしは説明している。私たちが求めているものと、手にしているものとの差が急速に拡大したとき、あるいは縮小したとき、それに気づいて極度に強力な感情が瞬時に引き起こされる。たとえば、よい仕事に就いているのに、それを失う危険があると聞いたとき、鋭い苦痛を感じる。一方で、その情報は間違いだったとわかったときに鋭い快感が得られる。しかしながら、私たちの感情の源は、良いものでも悪いものでも、長期に渡る行動の構成要素のひとつだ。たとえば、よい仕事を失うことに対処する最善の方法として、私たちは何ヵ月もの落ち込みを選択することもあり、面白い充実した仕事に就いているときに、絶えない喜びを選択することもある。

よい感情は、瞬時でも長期に渡るものでも、つねに効果的で、欲求充足する行動の一部だ。ちょうど楽しいブリッジのゲームやおいしい食事をしている行動についてくる。こうして、私たちは気分がよいときに、人生の舵を握っていると考える。ただ例外がひとつある。それは私たちが依存薬物を吸い、嗅ぎ、注射するときだ。ヘロイン、アルコール、コカイン、そして時にマリワナのような薬物が私たちの脳に届くと、私たちは短いあいだ恍惚感を味わう。私たちの経験するすばやい強烈な快感は、突然私たちが自分の人生の舵取りができたと感じたときに味わうものとまったく同じものだ。薬物がもたらすこの爆発的快感を私たちが感じるときに、私たちはほとんどつねに次のことを意識していない。つまり、私たちが最高の気分を味わったとしても、私たちの人生はつねに深刻な制御不能状態だということだ。気分がいかによかろうとも、依存薬物を使い続ければ、私たちはつねに人生の制御をより一層失っていくことになる。

よい感情は制御が効果的であることと関係しているが、制御が先だと思う。植物のような単純な組織体が、貧弱な土壌や適さない環境のなかで、懸命に生きよう、あるいは制御しようとしているのを観察するかもしれないが、感情をもっているとは思わない。より高等な動物は欲求を満たそうと努力するとき、そのうち感情が伴うようになった。努力が報われていることに対して良い感情、そして欲求は満たされていないと警告する悪い感情だ。そしてもちろん良い感情は悪い感情と均衡を保たなければならない。さもなければ、二つの感情の違いを認識しないだろう。悪い感情は良い感情にとって変わると知ることはまた、制御を取り戻す方法を捜す強力な動機付けとなる。正しい方向に向い続けるためには、虹の下には黄金の壺があるという情緒的な約束が私たちには必要だ。私たちがその壺を見たり、手にしたりするとき、人生の舵をしっかり握っていると信じる十分な根拠がある。

私たちとほかのすべての生物とのもう一つの違いは、私たちは時間の経過に気づく傾向があり、この気づきを人生の舵取りがうまくいっているかどうかに関連付ける傾向があるということだ。私たちが満足しているとき時間は早く経ち、満足していないときには停滞気味だ。退屈しているとき、たとえば、あなたの乗る飛行機が遅れて、空港でダラダラと六時間過ごさなければならないとき、あなたは自分の人生を制御できていない。空港の時計の針は動いていないように見える。あなたが制御していて、素敵な休暇を楽しんでいるとき、日々は飛ぶように過ぎて行く。あなたはその経験をできるだけ長引かせようとする。ひょっとしたら、新しく出会った友人と寝ないで朝まで騒ぐかもしれない。しかし、それでも時計は激しく進む。まるで、個人的な恨みでも晴らすように、あなたの楽しい休暇を取り上げようとしているかのようだ。

私たちが知的に深く関わっているとき、時間は飛ぶように進む。わたしが本書を書くような取り組みをしているとき、午後の早い時間に椅子に座ったのに、気づいたら外は暗くなっている。わたしは特別なものを感じてはいない。わたしのしていることはほとんど考えるだけだ。それでもわたしの仕事が進めば、時間はすばやく過ぎる。わたしの知るかぎり、この経験を提供してくれる薬物は存在しない。次にわたしが紹介するおもな依存薬物はすべて、種々の快感を提供することによって、制御しているという感覚をもたらす。そして私たちがとてもよい気分になるので、私たちは時間に気づかない傾向がある。このためには、薬物は次のように頭脳に作用する。

作用の仕方1　アヘンの作用に類似した薬物――コデイン、パーコダン、モルヒネ、そ

してヘロイン

アヘン剤はすべて脳に直接作用して、私たちの気分をよくする。こうした薬物は、私たちの古い脳から分泌されることが発見された、天然のアヘンのような化学物質の真似をする。これはすべてではないとしても、ほとんどの場合、鋭い快感をもたらす。これは私たちが現実世界で突然制御しているとわかったときに感じるものと同じだ。ゴルフをしている人が勝利のパットを入れて、飛び上がって喜んでいる。これは天然のアヘンのような物質が体内で分泌されたときの振る舞いと同じだ。

これと同じ感情、いやおそらくもっと強力な快感が、とくに大量のヘロインを注射器で注入したときに生じる。定期的にこのような薬物を使っている人は誰でも、依存するようになり、ハイになっているときには時間に関心は払わない。しかし、依存している人の薬物が切れると時間は止まる。ヘロイン依存症者が薬物を入手できないときほど人生を制御できないときはない。

作用の仕方2　マリワナとＬＳＤに例証される薬物

マリワナは、感覚カメラに作用して、現実世界を対処しやすく、より快適に思わせる。この薬物は、感覚カメラの背後で軽い快感フィルターとして作用し、私たちがよりよく知覚し、聞こえもよりよく、味もよりよく、気分もよりよく感じられるようにするようだ。そして、こうなるということは、依存性があるということだ。ＬＳＤはまた私たちのカメラに作用するが、より強力で、予測がつかず、つねに快感をもたらすものではないので、人生の制御を求めている人はＬＳＤをいつも使うわけではない。ＬＳＤのような薬物は、新しい幻覚体験、おそらく新世界への幻覚体験を求めている人々が使うものだ。ＬＳＤを使う人は、体験の究極の限界を求める一方、現実世界を知覚するときに、変化し変形したものという幻覚をもつ。これが起こると、薬物を使った人は恐怖に襲われ、完全に制御できなくなったと正しい結論に至る。このような理由で、ＬＳＤに依存する人はまれだが、その行動は予測できない。

作用の仕方３　アルコールに例証される薬物

アルコールはほかのどんな薬物よりも、飲用者にすばやく働きかけ、強力な制御感覚を得させるようにする。アルコール飲用に伴うよい気分は、薬物がもたらした制御感覚の増大によるものだ。ヘロイン、マリワナは使用者を受け身にする傾向があるが、それと違ってアルコールの場合は、薬物がもたらした制御感覚を増大させるために、しばしば何かをするように促す。アルコールの影響下で、実際には制御できなくなっているのに、依存症者は自分が制御していると誤って信じ込んで、自分のすることはなんであっても制御を増大させるかのように行動する。この行動はユニークだ。ほかの薬物は、じつのところ制御できなくなっているのに、制御感を増大させるようには作用しない。ブラッドリー・スミス（Bradley Smith）とほかの共同研究者は、大学構内でのアルコール消費が自己制御にどのように関係しているか、それに対して選択理論的な介入がもたらす効果について調査した。彼らの調査研究論文は次のように述べている。「選択理論の情報提供は大学生と共鳴し、大人になる過程で典型的な自律、自己への興味、個人的主張を否定するものではない」[6]

作用の仕方4　カフェイン、ニコチン、そしてコカインで例証される薬物

コカインそして類似した弱い薬物（たとえばカフェイン、ニコチン、デキシドリン、そしてメタアンフェタミン）はまた、制御感を与えるが、違う作用の仕方をする。これら

の薬物の主たる作用は、行動システムを活性化し、あたかもできないことがないかのように、コカイン使用者がしばらく行動できるようにする。アルコールと違って、こうした薬物は短時間実際に、人生を制御する能力を使用者に提供する。明らかにニコチンとカフェインはコカインやメタアンフェタミンに比べると弱いが、それでも活力を与えるもので、一緒に作用して効き目を発揮するようだ。確認のために、両方を使っている人に、タバコを吸わないでいるか、あるいはカフェイン抜きのコーヒーで一日を始めるよう言ってみるとよい。

作用の仕方5 バルビツールとバリアムで例証される薬物

これまで触れてきた薬物と違って、これらの薬物は主として精神科医が、緊張した患者をリラックスさせるため、そして、睡眠障害をもつ患者を支援するために処方する。これらの薬物はすべて、行動のシステムを鎮静させる働きをする。そして適切な分量で睡眠と同じ状態をもたらすが、正常な睡眠のように休息をもたらすものではない。しかしながら、これらの薬物は、不安のような感情行動を減らしながら、行動せずにいられないという緊迫感を減らし、快感を伴う休息感をもたらす。これらの薬物はすべて、しばしば使えば、依存性が出てくる。

依存薬物を定期的に使う人はすべて、心理的にも身体的にも依存するようになると言われている。彼らが心理的に依存する理由は、彼らが薬物の提供する快感に十分気づき、できるだけ長く何度も経験したいと思うからだ。しかし、彼らはまた身体的にも依存する。古い脳が薬物を受け入れ、それを通常の身体が分泌する化学物質と統合するからだ。私たちはこれには気づいていない。なぜなら、古い脳の働きを直接気づくことがなく、古い脳は、こうした薬物が脳の働きに有益だと学ぶからだ。これに気づくのは、薬物を止めようとするときだ。このとき、古い脳は新しい脳に苦痛のメッセージを送り、これを私たちは意識し、薬物を求める渇きと理解する。これはまさに、水を求める渇き、あるいは食物を求める飢えと同じだ。

心理的かつ身体的という二重の恩恵ゆえに、こうした薬物は依存するようになる。しかし、使用者が快感を増やそうとして、使う量を多くすれば、古い脳はそれほど多い薬物を使えないので、もはや満足に機能できなくなる。そして、実際にはこの薬物は苦痛をもたらす毒となる。不幸なことに、使用者が薬物によって毒されると、気分をよくしようと必死になって、もっと多くの量を使う傾向がある。こうして、無能力状態の悪循環が起こり、時にこの種の薬物で死に至ることさえある。

私たちがモルヒネ、コカイン、あるいはバリアムの使用を止めても、古い脳が元の正常な薬物を使う前の状態に戻り、薬物を忘れるようになるのに、数年というとても長い時間がかかる。このあいだ薬物なしでよい気分になる能力はなくしている。なぜなら、古い脳は、効果的な制御ができているとき天然の快感物質を分泌するが、それができなくなるからだ。これは天然の薬物や化学物質が豊富に、規則的に外部から提供されるときにいつでも起こる通常の生理反応だ。しだいに古い脳は正常な機能を取り戻していくが、薬物を使用していて、それを止めた人は長いあいだ天然の快感を感じる能力を失っている。彼らは喜びの感じられない惨めな期間を乗り越えなければならない。気分をよくするためには天然の快感物質を誰でも必要としているが、彼らは古い脳が分泌しはじめるのを待たねばならない。

薬物が手に入らないことで依存症者が大きな不満を訴える理由はここにある。彼らはまだ、薬物を使わない人が当然とする正常な生活をしていないので、そこからくる快感を経験する能力をもっていない。アルコールはもちろん例外だ。なぜなら、天然の快感薬物ではないからだ。その作用の仕方は、化学的に制御感を提供するもので、飲用者は効果的な欲求充足と区別できないからだ。アルコールの経験がもたらす強力な快感は、天然の快感物質、たとえばエンドルフィンの働きの結果だ。エンドルフィンは、私たちが突然制御している感覚をもつときにつねに分泌されるものだ。したがって、アルコール依存症者が飲酒を止めて、アルコールなしに自分の欲求を満たすことができれば、よい気分を味わうことは困難ではない。アルコール依存症者はこの自然の過程を阻害されることはない。

しかしながら、新しい脳は、依存する薬物に対して忘れることのない記憶をもっている。たとえば、ニコチンは私たちの上質世界にいつまでも留まるかもしれない。薬物を身体的に必要としない時がくるかもしれないが、新しい効果的な行動と入れ替えがおこなわれないかぎり、精神的にそれを求める気持ちは決してなくならないかもしれない。その薬物をふたたび使いはじめると、その化学物質の存在が、すぐに古い脳の記憶を蘇らせ、身体的かつ精神的な渇望に突き動かされて、私たちはすぐにまた依存するようになり、私たちの天然の快感物質を分泌する能力を再度失うことになる。

アルコール、コカイン、そしてバリアムのようにより強力な薬物はまた、古い脳の機能に容易に統合されて、少量でもとても役立つものと知覚される。こうした薬物がしばしば大量に使用されると、古い脳には毒となり、私たちの身体は具合が悪くなる。しかし、私たちがその薬物を使うのをやめると、私たちの使用した分量が有害でも、古い脳は長いあいだ、ひょっとして何年も、新しい脳にその薬物を使うようにというメッセージを送る。大量に使うとその薬物は有害だということを学ぶ方法はないようだ。唯一少量使ったときの恩恵のみを記憶しているので、どれほど有害であっても、古い脳が完全に忘れてしまうまでは、古い脳は薬物を入手せよというメッセージを、新しい脳に送り続ける。したがって、なんらかの依存薬物をやめたいと思うなら、新しい脳が効果的な欲求充足の方法、たとえば、仕事で成功するとか、古い家族の絆を再構築するとかの方法を考え出すことに期待しなければならない。古い脳は、これまで繰り返し毒されてきたとしても、その薬物を是が非でも求め続ける。そして、薬物が強ければ強いほど、薬物への渇望は続くだろう。

マリワナは、ほとんどの使用者は少量しか使わないが、古い脳の機能に非常に容易に統合される薬物だ。しかしながら、ほかのほとんどの依存性のある薬物と違って、その使用をやめれば、古い脳は容易に渇望しなくなる。ほかの薬物は、古い脳が強く渇望するが、マリワナの場合は、それほど強い渇望はないようだ。したがって、少量の使用は、身体的な依存よりも、心理的な依存のほうが問題となる。しかしながら大量に使うと、古い脳は、ほかの薬物に依存するのと同様、しだいに依存するようになり、身体的にも依存してしまう。大量に使用すると、これまた古い脳には毒となり、ＬＳＤによって引き起こされる知覚異常に類似した機能障害が起こる。大量にマリワナを使用する多くの人々は、アルコールやより強いほかの薬物に乗り換える。なぜなら、マリワナはたとえ大量に使っても、人々が求めている制御感覚をもたらさないからだ。

選択理論を理解する人々にとって明白なことがある。依存性のある薬物は、古い脳にも新しい脳にも悪い影響を与えるので、少量で、よく制御された分量でないかぎり、人生の舵取りには深刻な障害となりうる。アヘンを飢えた子どもの空腹感を和らげるために与えることは、作家ディキンズの時代にイギリスでよくなされていたようであるが、まったく健康なことではなかった。最初の軽い感染が広まったとき、貧困の犠牲者にとってたいてい命取りとなった。いまの時代に飢えはないが、薬物はより多く使用されている。なぜなら豊かさと共に、快感が得られることにより気づいたからだ。依存症者は絶え間なく求め、快感をほかの方法で簡単に得られないなら、薬物を躊躇なく使う。度を越すほどの薬物使用をしていないとしても、薬物の使用が拡散しているので、薬物があなたの周囲の人々にどのように影響するかを知っておくことは価値があることだ。これから述べる情報は、薬物のリハビリに関する専門書に代わるものではない。しかしながら、薬物依存症者が薬物の影響下にあって対処が求められているとか、薬物をやめる支援をしてくれと頼まれたとき、以下の情報は大きな価値があるだろう。

第十章　よくある依存薬物（合法、非合法）

アルコール

もっとも危険で人を弱体化させる薬物はアルコールである。その理由の一部はアルコールが私たちに与える影響であるが、大量に飲酒しても社会的に受け入れられているというのが主な理由だ。アルコールの大量摂取はほとんどいつも悲劇的結末を迎える、という事実を私たちは無視する傾向がある。

アルコールは極めて単純な物質であるが、どのように体内で作用するかわかっていない。また、飲用者が自分の人生を制御していないときですら、制御していると感じさせるメカニズムもわかっていない。この制御している感じはしだいに強くなる。飲む分量が多くなればなるほど、自分が制御しているという感覚は大きくなる。わたしにはＡＡに属している友人や仲間がたくさんいるが、長いあいだ飲酒を続けてきた彼らは、これがアルコールを求める理由であると確認している。彼らが思い描き追い求めている姿は、完全な制御をものにするまで飲み続けることだ。これは酔い潰れることを意味している。しかし、アルコールを飲めば飲むほど、彼らは制御を失うことになる。すべての酔い潰れたアルコール依存症者の共通した特徴は、彼らが今手にしている制御（ほとんどゼロ）

と自分が手にしていると信じている（完全な）制御との間にある大きな差異である。

基本的欲求のどれが満たされていないかは問題にならないようだ。アルコールは飲用者に誤った感覚を与える。孤独でも友好的、無力でも力に満ちている、陰気でも楽しみに満ちている、幽閉されているのに解放されていると感じさせる。私たちの社会は、自分たちの選択している生き方に不満足な人々で満ちている。そこで、多くの人が大量にアルコールを飲用する。先に述べたように、ヘロインやコカインと違って、直接快感を与えてくれないが、制御しているという満足した感覚から、飲用者の体内で快感を与える化学物質（体内の麻薬）が同時に放出されるのだろう。

飲用者にとって、快感が直接的でも間接的でも、かまわない。体験する快感が強力でその場で得られるものならそれでよいのだ。しかしながら、リハビリの過程では、この技術的な点は重要である。なぜなら、アルコールは自然の麻薬を放出する能力を決して失わないからだ。一度飲酒を止めて制御を回復すれば、ほとんどすぐに気分はよくなる。したがって、アルコールなしに制御することができれば、飲酒を止めやすくなる。その人自身の体内に放出される快感物質が再開されるまで、通常より長いあいだ快感なしの生活をする必要はない。ヘロインやバリアムのように直接快感を与える薬物を止めるときはいつでも起きる禁断症状の期間はある。

飲み続けると、もっとも鈍い常用者でも、飲酒したときに感じる制御の感覚は実体がないことに気づきはじめる。彼の人生は、酔うことと、酔いが冷めることの繰り返しであり、気分の悪さと無力感から逃れることはできない。周囲の人々が背を向け、一人取り残されているときに、自分の欲求が満たされているなどと自分をごまかすことはできない。それでも止められなくて、ひょっとして飲酒量も増えるかもしれない。なぜなら、上質世界からアルコール以外のものを排除したからだ。こうして彼は独りで飲み、全面的に薬物に依存する。そして、アルコールが全能感を与えていたときに、これまで不完全ながらも従事してきたことからも手を引き、あきらめてしまう。このようなアルコールの常用は、どこのドヤ街の住民のあいだにもよくあることで、快感は得られなくなり、意識の鈍った行為となる。飲んでも制御が得られていないという苦痛から逃れるためには、意識を鈍らせる必要がある。

アルコールの問題点は、アルコールの効力がなくなるまで、飲酒者には制御を失ったという知覚がないことだ。アルコールの効力がなくなると、大きな苦痛に見舞われ、すぐに制御を失ったという感覚に襲われる。そこで、できるだけ早くふたたび飲酒する。そのたびごとに自らを欺き、ついに制御を取り戻したと信じ込む。彼はまたアルコールが効いているあいだ、自分がすることはなんであれ、制御を強化すると信じている。自分がすることは自分のためであり、不幸なことに彼の周りにいる人々のためでもあるという、この狂った信条は、アルコールのもっとも破壊的な要素、すなわち暴力に行き着く。記憶しておかなければならないことは、自分は制御していると考え、自分は酔っているという意識がないことだ。多くの暴力的犯罪、とくに配偶者と子どもへの暴力、それに近親相姦は、私たちの文化の一部となり頻発しており、飲酒の直接の結果である。飲酒の絡んだ自動車、ボート、飛行機の操縦で引き起こされる悲劇は、たくさんあるが、計画的なものではないとしても、飲酒していない操縦時の悲劇と比べると群を抜く。私たちの社会では、アルコール摂取が（意図的であれ、偶発的であれ）暴力の主要原因のひとつである。そしてよくあることであるが、女性と子どもに対する性的虐待の要因でもある。

酔った人のよく言うセリフがある。彼の名をマックとしよう。マックの結婚は急速に悪化している。日々の生活でアルコールが効果を生じると、彼は自分が制御している、自分はなんでもしたいことをすることができると信じている。彼の妻をケイという名前にしよう。彼はこう信じている。ケイは、彼を受け入れてくれただけではなく、そのような状態の彼のことが好きなのだ、と。彼はひょっとして簡単な要求をするかもしれない。外に行ってもっとビールを買って来いとか、もっと複雑な要求〈彼女の好きでないやり方で、あるいは少なくとも飲酒していなかったら求めないようなやり方で〉セックスを要求する。彼女はビールを買いに行くことも、情熱的なセックスも拒否するかもしれない。酔って自分は制御しているという誤った彼の感覚に対しては、彼女には嫌悪感しかない。彼女はいつものことながら、あまり飲まないようにと言っているかもしれない。彼はこれを極度に嫌う。一日中彼は、夜の晩酌を楽しみにしており、飲んで制御を取り戻すことを期待していた。

マックにとって、飲まないでいることは惨めそのもの、人生を制御していないという苦痛でもある。ケイががみがみ言うことは、彼が制御できていないことを表しており、アルコールは彼が求めているものすべてを叶えてくれる。アルコールが最大の合理化であるので、マックは飲んでいるときは、自分のすることはなんでも正しいと考える。自分がしていることについて、正確に判断する能力を失っているにも拘らず、自分は制御を失っていないと主張する。すなわち、彼の権威に楯つくことは誰にもできない。もし、誰かが楯つけば、自分のすることがどれほど恐ろしく暴力的であるかを考えずに、自分が必要だと思う行動をとろうとする。ケイがビールを買いに行くのを拒否すれば、彼は彼女に暴力を振るう。なぜなら、男が制御しているときに、男に挑戦する権利は女にはないからだ。酔っているとき、彼は家族船の船長であり、いかなる抵抗も抑える権利をもっているとし、それを実践する。

選択理論を知らないケイは、何が起こっているかわからない。夫は自分は制御していると信じているが、ケイには理解できない。彼が制御していないことは彼女には明白だ。彼女はビールを買いに行かないことで、彼に対してよいことをしていると考える。彼もそのことを理解する能力を少しはもっているだろうと期待しているが、もちろん彼にはそのような分別はない。アルコールは、彼に自分のしていることは効果的だという確信を与えている。そして彼は夫が妻の間違いを正すのは夫の義務だと信じて、彼女に暴力を振るうかもしれない。

こうしたことはすべてゆっくり進展する。最初のころ、マックがほろ酔い加減でいるときは、一緒にいることは楽しいことだった。なぜなら、彼は自分自身に確信をもったからだ。よりよいユーモアの感覚と、アルコールが与える少しの力を付与されたという感覚を使って、彼はケイによりよい関わりをしていた。適度な飲酒をする人のように、彼がそのレベルを超えないでいれば、アルコールが与える制御しているという感覚は、彼をもっと魅力的にし、付き合いやすくしていただろう。自信をもてば人はよりよくなる。これがアルコールを使う理由として納得がいくように思える。

飲酒するすべての人が直面する問題は、適度な飲み方と飲みすぎのあいだにある微妙なバランスを維持できなくなることだ。しかし、飲酒で自信がつくと、人はこの少しの自信が魅力的かつ有用だというところで飲酒をやめられなくなる。とくに1日が大変な日であった場合とか、妻や子どもとひと騒動あった場合には、人はもう一杯飲むという誘惑を感じる。マックは最初にそのレベルを少し超えた。そして何度も超えるようになった。そして、とうとう、問題を解決しようとしないで、アルコールで解決しようとした。こうして、この飲酒という悪習慣が確立した。彼は、飲んでいるときだけ、自分が制御していると感じる。なぜなら、彼が酔っていないときには、妻のケイは好機を逃さず、彼がどれほど危険人物であるかを何度も話すからだ。典型的なアルコール依存症の夫婦だ。夫が飲んでいないとき、妻が制御していて、酔っ払うと夫が制御する。こうなると外部からの援助なしに、二人の問題は解決しない。

妻のケイが夫と別れないのは、ありきたりの理由からだ。つまり、愛、忠誠、安定、子ども、など。しかし、アルコール依存症の妻のほとんどに共通したものがある。時間の経過と共に、夫が酔っていないときに、妻の制御が増大していくことだ。これがあるので、夫が酔って暴力的になることがあっても、少しは見返りが得られている。何が起こっているかを理解しなければ、妻がこの先予測できるのは、暴力がより頻繁になり、酔っていないときが少なくなることだ。酔えば夫は酒で制御の感覚を得ると妻が認識しなければ、妻は効果的に夫に対処することはできない。夫が酔っていないときに、妻はいつも夫を悩ませる。すると夫はもっと飲んで、制御を奪回しようとする。しかし、妻がなんとか生きながらえることができれば、妻の勝利だ。アルコールの毒性は、やがて夫を弱らせ、夫は妻の世話になる。夫は体力を失い、大量の飲酒もできなくなる。妻が気づけば、夫は抜け殻となって、燃え尽きた病人となっている。

妻のケイが自分の人生と結婚で効果的に舵を取りたいと思えば、彼女にできることはたくさんある。本書に書かれていることを実践することだ。まず第一にマックが飲むのは失った制御を得るためだと、妻は理解しなければならない。彼は自分が飲んでいるときは、失った制御を得るためであれば、暴力を含めすべてが正当なことだ、と考える。彼が飲みはじめたら、妻は家から離れるという計画を立てなければならない。もし子どもがいれば、子どもを連れて出ることだ。酔いが冷めるまで帰ってはいけない。万が一、家を離れられないときには、自分と子どもを守るために、彼に手向かってはならない。彼は赤子の小さな泣き声すら、自分が酔っ払って得ている制御を脅かすものと見るかもしれない。

また、妻は自分だけで夫のアルコール依存症を治せないことを学ぶべきである。酔ったときに夫がどれほどの恐怖と混乱を引き起こしたかについて彼女が話せば、酔っていないときには聴いてくれるかもしれない。しかしその結果は、彼が制御を失うことになり、より一層アルコールを求めるようになることだ。彼女の善意、そして酔っていないときの彼の善意、この二つが不幸なことに問題を複雑にする。マックは人生を制御できなくなったが、ケイもこの状態に深くかかわっているので、彼を助けることはできない。助けるのは不可能だ。飲むのを彼は止めなければならない。しかし、わたしの知るかぎりでは、ＡＡに参加しなければ彼は酒を止めない。そして、ＡＡに所属すれば、アルコールなしの人生も可能になる。難しいことではあるが、ケイが辿り着くべき答えは、制御できるのは自分自身の人生だけであるということだ。彼女はマックの人生を制御することはできないし、制御しようとすれば、彼女は殺されるかもしれない。

ケイが自分の人生を制御したいなら、酔って暴力を振るわれ、惨事のあと、二度としないという懺悔に耳を傾け続けるかどうか、決めなければならない。これは自分が求めている人生ではないと思うなら、彼が酔っていないときに、いまのような人生を続けることはできないし、そのつもりもないと彼に告げなければならない。わたしが述べたことを彼女が理解するとしたら、今後二人の人生は、悪くなる一方であることは想像できるであろう。彼女が彼と生活する条件は〈ＡＡまたは、類似の人間関係を基盤とした治療プログラムに参加することだ〉と告げることだ。彼女は自分にも問題があると認めて、それを解決するために、〈アルコール依存症の家族のためのプログラム、アラノンに参加するつもりだ〉と彼に告げる。実際、彼がＡＡに参加するしないにかかわらず、〈自分はアラノンに参加する〉と告げるとよい。

アラノンはＡＡに類似した選択理論的なプログラムであり、二人が自分たちの人生と結婚を制御していると感じるように生きるには、どのようにしたらよいかを学ぶことができる。彼女がこれを学べなければ、残された道は離婚しかない。彼自身と彼の飲酒を責めないで、飲み続けているかぎり一緒に生活することはできないと言いきる強さを彼女がもっており、結婚に少しの価値でも残っていれば、彼はＡＡに参加するだろう。そこで彼が学ぶことは、人生の制御を失ったものの、アルコールなしで人生の制御をもう一度取り戻すことができるということだ。彼は上質世界にあるアルコールから、ＡＡに切り替える。彼女は彼を支配しないでケアするというイメージ写真に貼り換える。こうなれば二人には希望がある。これ以外の方法はない。アルコールは極めて強力で、ほかに方法はない。わたしが知るかぎりＡＡは経費をかけずに一貫してアルコール依存症を支援する唯一のプログラムである。しかし、ＡＡでさえも完全な答えではない。ＡＡは飲まないでいるための第一歩だ。飲まないでいるあいだに、アルコール症者は自分の人生を制御して、欲求を満たす方法を身につけなければならない。ＡＡだけで彼の欲求のすべてを満たすことはできない。しかし、始めるための一つの方法であり、おそらくAAは私たちが知るかぎりでもっとも有効な方法であろう。

アルコールは私たちの文化の大きな一部であるので、飲まない人が社会的に受け入れられるのは時に困難である。飲まない人は強い意志をもち、飲まなくてもよしとする友人を見つけなければならない。成功している大人にとってはさほど難しいことではないが、ティーンは成人への移行期にあり受け入れられることを強く求めているので、飲まないことで除け者にされる危険があれば難しい。加えて、多くは家庭で飲酒行動を見たり体験したりしているので、ちょっと酔っ払っていることを家族がおもしろがり、将来深刻な問題になるとは考えていないことも問題である。

私たちの文化で、アルコールはつねに不可欠で、受け入れられ、讃えられてきている。一方ほかの薬物はそうではないが、アルコールは、〈人生を制御する〉という文化の理想に対しては適っている。私たちの文化でアルコールは人々の制御を失わせる、唯一もっとも破壊的ものだ。この事実は、認識されていない。また、アルコールの作用の仕方ゆえに、これからも認識されることはないだろう。少なくともマスメディアによって提示されている文化は、アルコールを肯定的な効果をもたらすと見ている。これは、適量という難しさを解決すれば言えることかもしれない。メディアに支持されて、私たちの文化は、まともな男女は機能増進と制御喪失の間にある薄い境界を越えることはない、と間違って考えている。アルコールは、勢いを与え、制御感覚を増大させる薬物で、適量の飲酒は、力があることと成熟さのしるしであるとされている。アルコールは制御の感覚を増大するので、私たちはアルコールを恐るべきものと考えないで歓迎している。

ビールの広告のイメージは、勤勉とやりがいのある仕事やスポーツでの達成とつながっている。テレビに登場する人々で、人生の舵取りをしっかりしている人々は、ビールをたくさん飲んでも制御を失うことはない。あなたが広告を信じれば、仕事はいつも完成し、飲酒は仕事場に登場しないし、ゲームの最中にも現れない。パーティーはいつも楽しく、誰一人酔って車を運転して家に帰る者はいない。アルコールの広告では、幸せな、成功している人々が使う飲み物であり、飲んで制御不能になることは決してない。こういう状況で、若者が飲みはじめるときに、適量と泥酔の違いを意識することはない。多すぎる一杯が修復のできない破滅を引き起こし、命すら失う羽目になる。そして、若者は制御を失っているとは感じない。飲めば飲むほど自分は制御していると感じるからだ。彼がアルコール依存症だと診断されたあとも長いあいだ、自分は広告に登場する人と同じだと信じ続ける。

この知らずに進行する危険な薬物にどのように対処するかを子どもは学ばなければな

らないが、親が支援する方法は、子どもとよい人間関係を維持し続けることだ。親がもし飲む人なら、アルコールへの対処の仕方、そしてモデルを示すことだ。息子や娘にアルコールの影響、そして適量と飲みすぎの違いを判断することは難しいと説明するのも賢明である。息子や娘にＡＡに参加するように説得することは、子どもに飲酒問題があるとわかっている親にとって、絶対に必要である。わたしはそう考えている。子どもがアルコール依存症になるには早すぎるなどと間違っても考えないことだ。アルコール依存症の子の親は、アラノンに参加すべきである。その若きアルコール依存症の兄弟、姉妹もアラティーンに参加するべきだ。これはＡＡに参加している家族のための、ティーン対象の特別なプログラムだ。しかし、私たちにできるもっとも効果のある方法は、子どもが自分たちの人生の舵取りをしっかりできて、薬物を使って制御感を得る必要がないように育てることだ。のちの章で、親が選択理論の知識を使って、より効果的な子育てをいかにするかについて述べるつもりだ。

必死に支援を求めている親や家族は、アルコール依存症を治し、ほかの薬物、とくにコカインや処方薬の依存を治すのは大きなビジネスに発展することを自覚すべきである。日々の新聞広告には、希望を提供するもので満ちているが、そのようなものが現実の解決にはなっていない。こうした（しばしば効果のない）プログラムは、信じられないほど高額である。そしてあるものは医療保険の適用があるので、使えば使うほど私たちの加入している保険料が一層高くなる。誰でも利益を目的とした薬物治療プログラムに関わろうとしているなら、払ったお金に対して何が提供されるかを注意深く調査してみることだ。多くは単なる保護だけで、職員は訓練されておらず、医師は名前だけで積極的にかかわってはいない。そして、彼らが治療しているはずの依存薬物は、お金を払えば入手できる。家族にとっては依存症者が家からいなくなることで一時的に安堵はするが、これをしていると、問題を悪化させ、治療にはならない。

また、多くの道理に適った低価格のプログラムもあり、インターネットでたとえば、アルコール依存症協議会などを探すことができる(http://www.alcoholismcouncil.org)。費用がいくらかかるかにかかわらず、誰かをその入所プログラムに入れる前に、そのプログラムを修了し、少なくとも一年は薬物を使っていない人を三人ほど紹介してもらうべきである。こうした人々と話してみると、進んで話してくれるだけではなく、彼らは話したいと願うだろう。どのプログラムでも、このようにすれば、知りたいことを知ることができる。プログラムを運営している人が、修了者の名前を提供してくれない、あるいはできないなら、そのプログラムとはかかわらないことだ。

マリワナ

マリワナについてわたしが何を書いても多くの人は反論するだろう。わたしがそれは危険な薬物だと言えば、多くの使用者は長いあいだ吸っても害は起きていないというだろう。彼らはどのように知るのか？　吸うことと吸わないことを同時に体験できない。したがって薬物を使わないでいればどれほど良くなるか、悪くなるかを知る方法はない。わたしがマリワナは軽い快感薬物と言えば、マリワナを吸わない多くの人と、マリワナ反対論者は、わたしを批判し、研究論文を示し、精神病から奇形出産の原因だと主張する。さいわいなことにわたしの目的はこの論争に終止符を打つものではなく、この薬物の作用を明らかにし、この特別な薬物がいかに人々を惑わし、マリワナを使えば人生をよりよく制御していると信じ込ませるかを説明する。

どんな薬物でも快感をもたらすもの、あるいは時間を忘れさせるものは、危険であり、マリワナはこの範疇に入るものだ。マリワナはまた、依存性をもたらす可能性はあるが、アルコールやほとんどの他の快感物質より依存性が低いことが欠点とされる。マリワナは制御している感覚をあまり与えない。また、人を活性化させることも、落ち着かせることも、多くの鋭い快感を与えることもない。アルコールやカフェインを別とすれば、マリワナはすべての薬物よりもより広く用いられているが、依存性は少ない。なぜなら、カフェインやニコチンのように増量しても効果が増大しないからだ。

マリワナの効果は、対処するものがなんであれ、より快適に感じられ、周囲をコントロールしやすいと感じさせることにある。アルコールの常用者と違って、マリワナの常用者は周囲に対して忍耐があるようだ。彼らは行動してでも制御しようという気概はなく、受け身になって、自分たちの周りの問題を当惑しながら観察するだけだ。私たちの精神論は行動を賞賛し、受け身的な観察者や受け身的な快楽に対しては顔をしかめるので、競争に満ちた文化で力をもつ者は、マリワナはアルコールよりもより危険だと考える。なぜならマリワナを使う人は、競争心を捨てて引き籠る傾向があるからだ。アルコール依存症者は、酔っ払って、病気になり、何もできなくなるが、長いあいだ競争心を失ってはいない。そうであるので私たちの文化は、彼らの努力を支持する。マリワナが反社会的な薬物であるのは、マリワナを使う人を受け身にさせ、現状を受け入れさせるからだ。マリワナ常用者は、私たちの文化のもつ職業倫理を追い求めようとする気概がない。

退屈極まりない仕事をしなければならない人は、マリワナを使えば仕事はそれほどつまらないものにならず、単調な仕事も耐えやすくなると主張する。しかしながら、しばしば使っていると、従業員の能力は損なわれ、よい仕事をしようという気持ちもなくなる。自分の人生をまったく制御できない人々は、マリワナから満足を得ることはない。マリワナを使っても、ひどい配偶者はひどいままだし、嫌いな仕事を好きにはなれない。これがわかるとマリワナ常用者は、より強く、制御感を大きくする薬物に、とくにアルコールに手を出す。アルコールは違法ではないし、受け入れられているからだ。比較的人生を制御している人々は、マリワナを使い続けるかもしれないし、人によってはアルコールよりもよいと思うかもしれない。そして社交上のお付き合いで酒を飲む人に似て、マリワナを使いすぎない傾向もある。

マリワナはほんの少量でも、主体的な意欲を低減させる傾向があり、使った人は能力以下の取り組みに甘んじてしまう。この効果を知っても、マリワナの影響下では、どうでもよくなり何かをしようという気持ちがなくなる。マリワナを吸う子どもについて親が心配するのはまさにこの点であり、それも当然の心配だ。しかし、親はどのようにして子どもにマリワナを止めさせるか、あるいはもっとよいことははじめから手を出さないようにすることができるか?　おそらく子どもとのよい関係こそ、親の最善の武器だと言えよう。どんな親も子どもの行動を完全にコントロールすることはできないが、少なくとも家の中でマリワナを吸わないように親が主張することは理に適っている。ほとんどの子どもは自分が愛し、尊敬している親の願いを尊重して、この規則を守ろうとする。マリワナは家で子どもが吸いたい薬物なので、使う頻度は減少するかもしれない。

親は子どもとのよい関係を使って、危険なマリワナを止めて安全なアルコールにするよう説得すべきではない。薬物を使わない人生を送るのが目的であって、さらに危険の増す薬物に向かわせることをしてはならない。しかし、とはいえわたしは知恵の言葉を持ち合わせてはいない。自分の人生の舵取りをうまくしていると感じている子どもは、どんな薬物でも過剰に摂取することはない。もし親が子どもとよい関係をもち、子どもが自分のしていることに成功していて、勤勉な取り組みをすれば成功するということを学んでいるなら、子どもがマリワナやアルコールを少量使ったとしても心配する必要はない。適量とは、子どもが自分の人生をどれほどうまく制御しているかで判断できる。子どもが制御を失い、不幸で、友人にも恵まれず、興味のあることが少なく、学校での成績もよくない状態にいるなら、快感をもたらす薬物、たいていアルコールやマリワナを使いはじめる。これらは、二一世紀の不幸な症例だ。

ヘロインとほかのアヘン系薬物

何百年ものあいだ、アヘンとより強力な同系薬物、たとえばモルヒネやヘロインの使用者は、こうした強い快感物質には特別に上質なものがあるのではないかと考えてきた。そのうち一九七五年、科学者たちは、この特別に上質と思われるものがなんであるかを発見した。こうした薬物は、私たちが快感を感じたときにいつでも私たちの体内に放出される、自然なヘロイン様の化学物質と類似した効果を産み出すのだ。私たちの体内でヘロインが出てくるという考えに多くの人が困惑し、受け入れがたいと考えるが、事実私たちの身体は明らかにそうしている。

好む、好まざるにかかわらず、私たちがどんな状況でも制御できたときには、気分はよくなる、それは私たちの身体から自然なヘロインが放出され、わずかながら純粋な化学的快感を与えるからだ。薬物依存症の人が使うヘロインの分量は、おそらく私たちの身体が最高の状況で自然に放出するものを遥かに超えたもので、自然な反応を真似る程度ではなく、比較にならないほど大きな快感を得るためのものだ。

依存症者は自分の人生を制御するために何かをすることには関心がなく、関心があるのはただヘロインを注射することだ。理由は、ヘロインを使っていると制御、それも最高の制御感が得られ、強い快感を体験できるからだ。ヘロイン依存になると、妻がビールを買いに行かない、自分とセックスをしない、あるいは自分を捨ててしまって帰って来ないことなど気にならなくなる。彼が気にすることはただヘロインを感じることだけ、ヘロインを打ってその影響下にあるときは、引き籠っているが、敵意はない。

ヘロインに手を染めるほとんどの人は、自分の人生がまったく制御されていないからで、一旦手を染めると依存状態になるのは早い。ヘロイン依存症者に役立つ知恵はわたしにはないし、おそらく誰にもない。彼らはすべての人が探し続けているものをついに見つけたと信じ、満足している。禁断症状で苦しむときにヘロインがなければ、制御の喪失感は人の経験できる最大級のものとなる。しかし、彼らのほとんどは薬物が切れることと禁断症状の恐怖によって、ヘロインをどのようにして入手するかにあくせくする。依存症者の必要があまりにも大きいので、多くの刑務所の中ですら、お金の融通できる人はヘロインの入手は可能だ。不純な薬物を使って命を落とす人も多いし、長期に渡って常用して病気になって死ぬ人もいる。

人によっては、強力なグループ・プログラムに参加して止めることもあるが、ほとんどの人は長期に渡って常用する。多くの人は最終的には自分で止めると信じる理由がある。依存症者の回復に取り組んでいる人のレポートによると、四五歳以上の依存症者を対象にすることはまずないからだ。彼らが皆死んでいるとは考えられないので、彼らはどこに行き、何をしているかという謎の解明は、彼らが薬を入手するのに金がかかり、日々の努力をしなければならないことに疲れてしまって、薬物を止めるのではないかと考えられる。可能性としては、彼らの多くはいつでも入手できるアルコールに転向したのかもしれない。克服の見通しは明るくない。ヘロインは人生を破滅に向かわせる薬物だ。ヘロイン依存症者が自力で、あるいは他の人の支援を受けて薬物なしの普通の生活を送るようになることはあまりいない。

興奮剤：カフェイン、ニコチン、ベンゼドリン、メアンフェタミン、コカイン、その他の合成覚醒剤

一九四〇年ドイツ陸軍がフランスとローランドに奇襲戦を仕掛けたときに、連合軍には彼らのスタミナと残忍性に匹敵するものがなかった。ドイツ軍は、憑かれたように戦い、実際憑かれていた。彼らの薬剤師たちは、メタアンフェタインを合成していた。これは安価であるが強力で、睡眠や食料がわずかでも一度に何週間も激しく戦えるエネルギーを与える薬物だ。高地アンデスのインディアンは、コカの葉（コカの葉はコカインやエネルギーを供給するほかの薬剤の原材料）を噛みながら、力と忍耐のかぎりを尽くして大きな成果を出すことができる。同様にドイツ軍は安価で入手しやすいメアンフェタミンを使って激しく戦った。薬剤を与えられた競争馬のように、ドイツ軍は卑怯な戦い方をした。しかし現代の戦争に公正という概念は無関係だ。イギリス軍は第二次大戦で広くメアンフェタミンを使った。そしてアメリカ軍はヨーロッパの劇場でパイロットにベンゼドリンを配り、数年後朝鮮戦争でメアンフェタミンを使った。使った人が疲弊する前の短期間の使用なら、こうした薬物は巨大なエネルギーを提供してくれる。

興奮剤は軽いもの（カフェインやニコチン）から、強力なもの（コカイン）まであるが、すべての薬物のなかでももっとも依存性が高い。こうした薬物は行動のシステムにエネルギーを与え、よりよい行動を取らせる。少しよくするならカフェインやニコチンで、もっとよくするにはベンゼドリン、メアンフェタミン、そしてコカインを使う。しかしニコチンのように軽い興奮剤でも、一度使えばすぐに身体の中から放出される通常の化学物質の一部となり、身体は機能するためにそれを必要とする。ほとんどの人は禁煙しようと思う前に長いあいだ喫煙しているが、ニコチンを摂らないでいると身体の調子がおかしくなることを誰でも知っている。軽いものではあっても、ニコチンはほかの薬物と同じく依存性があると考えられている。なぜなら長期に渡って使うと古い脳がその存在を忘れられなくなるからだ。カフェインは似ているが、効果はもっと軽い。そして古い脳はより容易に、そしてニコチンよりも早くその存在を忘れてくれるようだ。

カフェインの場合、身体的害は少ないようであるが、ニコチンは直接的にも間接的にも有害である。直接的には心臓疾患につながっているようで、間接的には喫煙で吸い込むタールが肺ガンにつながっているようだ。しかしながら、ガンを誘発させるのはタールであってニコチンではない。ニコチンと心臓疾患には心理的な関係もあるようだ。喫煙しない人は人生をうまく制御しており、心因的疾患にはかかりにくいと考えられる。

強力なエネルギーを供給する薬剤はコカイン、そして、合成薬剤であるメアンフェタミン、ベンゼドリン、デキセドリンなどがある。十分な量であればこうした薬剤は信じられないほどのエネルギーを供給し、大量に使った人は、望みさえすれば世界を征服することができると感じるほどだ。このように感じるので、喧嘩やセックスのような単純な身体的取り組みでは一時的によりよい成果を楽しむことができる。複雑な取り組みにはエネルギー以上のものが要求されるので、彼らはおそらくたいした成果を上げられない。成果のほどは別としても、すべてのケースで彼らがすることは、行動のシステムを休みなしに稼働させ、通常の能力を超えた働きをする。

すべての生物は、休むこと、消費した化学物質を刷新すること、老廃物を排出することを必要としている。しかし、コカインやメアンフェタミンを使う人は休まない。行動のシステムは決して休むことなく、より高い成果を必死に求めて、創造的になっていく。最終的には再整理のシステムに完全に身を任せ、狂った思考や行動が出てくる。再整理のシステムですらこうした薬物に幾分影響されて、より混沌として、事実誤認があり、皮膚から虫が出てくるというような奇妙な恐ろしい幻覚が生じる。

ごく最近までこうした薬物に依存性があるとは思われていなかった。狂気に導くものの、狂気だけで薬物は必ずしも使用禁止とされないからだ。薬の影響下にある人は、狂ってしまうと自分が薬物を使ったかどうかもわからなくなる。しかし、それを理由に依存性がないと考えるのは間違っている。コカインは現在ある薬物のなかでももっとも依存性が高い。通常自分の人生をうまく制御できている人、たとえば成功している運動選手、演奏家、仕事で成功している人は、コカインに影響されやすい。彼らは皆、自分の行動のシステムからよりエネルギーの高い成果を求める。そしてそのためにコカインを求める。こういうタイプの人は、ヘロインを使ってより受身的により強い快感を求める人たちとは違う。流れに身を任せるマリワナ常用者とも違う。成果を出していないのに成果を出していると考えるアルコール依存症者とも違う。コカイン常用者は違ったタイプの人たちだ。

こうした薬物を適量使って高揚感を得ることは可能であるが、依存性が強いので、実行は難しい。薬物はすぐに使う人の人生を乗っ取り、使う人は適切な制御どころか、すべての制御を失ってしまう。休みない活動によって疲弊し、不眠による消耗感が出てくると、ヘロインやアルコールを使って、化学的休息を必死に得ようとする。しかし、こうした薬物は休息を提供してくれないが、無駄な努力をしているうちに、こうした薬物に依存するかもしれない。こうして彼らの問題はひどく複雑になる。

ふたたびわたしは〈治療プログラムに気をつけるように〉という言葉しか持ち合わせていない。治療プログラムの中には治癒を提供するというものがあるが、巨額の金が必要となる。叶えられないかもしれない約束のために家を抵当に入れる前に、成功してプログラムを卒業した人とまず話してみることだ。むろんこうした薬物は身体から洗い流される必要がある。もし依存症者がプログラムに参加して、薬物がお金で買えない状況であれば効果はある。困難なのは、古い脳から取り去り、新しい脳の記憶を洗い流すことだ。依存症者が忘れて、薬なしの人生を送れるようになるためには、プログラムは長期に渡るもので、何ヵ月もあるいは一年ものあいだ、薬物のない環境で過ごさなければならない。このあとに外来でカウンセリングをしっかり受け、血液と尿の薬物検査を規則的におこなう必要があるが、その期間は入居プログラムの倍かそれ以上が望ましい。治療は簡単で早いと主張するプログラムを巧妙に宣伝しているものには注意するのが賢明だ。そのような治療は存在しない。

医師の処方する依存薬物

依存性のある薬物にも正当な医学的使用方法があり、病気を効果的に制御する助けとなり得るが、使うときには注意することが重要だ。私たちは、私たちを悩ますものは私たちの外側に原因があると考えている。したがって治療も外側からくると考える傾向がある。つまり、病気になれば、薬物が私たちを治してくれる、と。しかし、ほとんどの痛みや病気は私たちが自分の人生で効果的に制御できなくなっていることにつながっていることを、これまで学んできた。医師は助けることはできるが、医師の助けを補って、失った制御を取り戻すことは私たちの責任である。これを知れば、医師のもっとも重要な責任は、私たちが制御を取り戻すこと、あるいは私たちが依然として保持している限られた制御を維持することをより困難にするような治療を避けることだ。医師が快感を与える薬物を処方し、その薬物は私たちが体調を取り戻し、制御できるようになるまでのごく限られた期間だけの使用であることを告げないなら、私たちのためにならず、有害となる可能性が大きい。

自分の人生が制御不能であるがゆえに、苦しみを選んでいる患者に、医師が化学的な安心を与えることに意味があり、慈悲すら感じる。しかし、同時に、薬物が与える安心は一時的であって、制御できるようになるために必要なカウンセリングを受けるまでなければならない。依存性の薬物を処方するときに、患者がよいカウンセリングを受けられるように支援し、患者が忠告に従っているかを見届けなければ、この種の薬物は最悪である。医師は人々の制御をさらに失わせる必要はない。制御を失うことは独りで上手にできる。

睡眠薬は処方薬のなかでもっとも誤用されている。自分の人生を制御できていない人に睡眠薬は処方されている。眠れないことは不快かもしれないが、健康を脅かすものではない。私たちは誰でも必要な眠りをそのうち得るものだ。しかし睡眠薬を飲んでも、正常な眠り方にならない。健康であるためには、正常な眠りが必要だ。異常な眠り方は正常な眠りが十分得られていないよりも有害だ。

正常な眠りは十分な夢のサイクルが必要だと通常言われている。睡眠薬は私たちの意識をなくさせるが、正常で必要な夢見る再整理の行為（ノンレム睡眠）を妨げる。１日の小さな、しかし絶えざるフラストレーションを制御し解決するために夢は必要なのだ。創造的な夢がなければ、私たちは二日酔い状態で、夢が解決していたはずの問題に依然として格闘している。そして私たちは休息していないので、問題解決は一層難しくなることに気づく。私たちは正常な〈夢を見る睡眠〉がもっと必要であるが、眠るために必要なくつろいだ状態になることは一層難しくなる。このときさらに睡眠薬を使えば、私たちは依存して、恒常的な疲労状態に落ちていく。多くの人がこのような状態になっている。こうなると目覚めたとき、あるいは目覚めた状態で、よりよく機能するためには、多くのカフェイン、ニコチン、あるいはさらに強力な薬物（合法、非合法を問わず）を取りすぎて、眠ることも、そして目覚めているときに機能することも、より一層困難となる。

私たちが休息するためには、正常な睡眠が必要であり、この休息が私たちにエネルギーを与え、私たちは自分の人生を制御し続けるのだが、そのような薬物は存在しない。じつのところ、

依存性のある薬物は、合法、非合法を問わず、いかに作用するとしても、長期的な恩恵は得られない。

しかし、合法的薬物も非合法的薬物も莫大な収益をもたらすので痛み、惨めさ、疲労困憊、そして体重超過に効果があると言われ、あらゆる方面から押しつけられるであろう。依存性のある薬物は短期間以外には使わないと決めて、自分たちの身を守る必要がある。自分の身は、自分で守るしかない。

法的に許容されている抗精神病薬や抗うつ剤の多くは、現在広く使われている。糖尿病が膵臓機能低下により十分なインシュリンをつくれなくなったように、精神病やうつ病は脳の化学的不均衡や混乱が引き起こす病気だという医学的理論が広く受け入れられている。確かにすべての精神病やうつ病患者を注意深く調べれば、苦しんでいる何百万人もの人々のなかに脳の化学的異常が原因と言える人も少数ながらいるであろう。こうしたまれなケースでは、彼らの人生は制御されている。うまくいっていないのは、彼らの古い脳の化学物質だ。この考えは次の事実によって支持されている。すなわち、躁とうつが交互に起こる人々の多くは（双極性）、炭酸リチウムと呼ばれる薬物で劇的に改善する。このような人々は、気分の揺れの間の正常なレベルにいるときには、人生の制御がうまくなされている。しかしながら、リチウムが治療効果を出すかもしれないと望みながら無駄に投与される人の数は、遥かに大きい。

正確な数はわたしにも誰にもわからないが、わたしの長い経験によると、主として化学的不均衡でうつになっている人が一人いれば、一万人から二万人もの人が人生で制御を失ってうつになっているのではないかと思われる。それにしても、莫大な量の抗うつ剤や抗精神病薬が、存在しない病を癒すのではないかとの無駄な望みを持ちながら、処方されている。患者が人生の制御を取り戻すためのカウンセリングを受けるまで、短期的に少量が処方されるのなら、有用であり得るが〔訳注：グラッサーは晩年には、少量の使用も推奨しなくなった〕、果たすことができない望みを約束して、治療薬として使うことは患者とその家族にとって残酷な幻想を与えることになる。

抗精神病薬は行動のシステム全体を麻痺させるので、創造的になり得ない。すなわちこの場合は、狂気は見られないが、不幸なことに行動のシステム全体も動かない。このような強い薬物の影響下では、患者はゾンビ状態だ。自発性はなくなり、大量投与なら、話すことも歩くこともできない。こうした薬物のもっとも深刻な影響のしるしは、人生のすべての喜びがなくなることだ。こうした薬物を使用している患者は、笑うことすらできない。確かにこのような患者はもはや狂ってはいないが、真に生きているのでもない。正常な存在になるために必要な制御を得る取り組みもできない。

抗うつ薬は、長期に渡って使われると、問題がある。その薬物の働きは、内部の自然な原動力を活発にさせることにあるが、そうするためにこうした強力な薬物は基本的な化学物質を混乱させて障害となる。たとえば、こうした薬は視力、消化力、そして正常な睡眠に障害をもたらす。そしてしばらくすると、カウンセリングを受けないでいて、自分の最善の選択としてそのまま落ち込み続ける患者は、ふたたび強く落ち込み、こうした薬物の分量がさらに増大する。この時点で薬物の効果はまったくなくなるか、あるいはあまりにも問題が多くなり、患者は耐えられなくなる。

薬物は私たちの欲求を満たすことはできない。欲求を満たすためには自分の人生を制御できるようにならなければならない。よいカウンセリングが必要なら、受けるべきであるが、カウンセリングを受けなくても、もし選択理論を理解し、自分の人生で活かせば、私たちにできることはたくさんある。私たちは、他の人に依存して代わりに選択してもらうわけにはいかない。さらに薬物を長期間使いながら何かをすることは絶対にできない。ただできることは、欲求充足をして制御を取り戻すこと。これこそ私たちの問題の唯一の解決方法だ。

第十一章　葛藤

月曜日に仕事へ行ったら、新しい上司に仕事を辞めたくなかったら土曜日も出勤しなければならない、と言われたということを想像してみよう。その日は息子の野球チームが決勝に臨む日で、息子はピッチャーだ。あなたは長いあいだこの日を待ち望んでいて、息子は父親は応援に来てくれるものと考えており、野球の話しかしない。あなたは息子の興奮したおしゃべりを聞きながら、試合の応援には行けないかもしれないと、勇気をもって息子に話すことはできない。あなたの内側はあたかも自分の身が引き裂かれるように感じている。あなたが体験しているのは、ほとんど完全に制御を失っている状態だ。これは、葛藤が破壊的な影響をあなた自身のシステムに及ぼしているからだ。あなたは何かをしなければならないと強く感じているが、どうすべきかわからない。どんなことをしても、同時に二つの場所に身を置くことはできない。そこで、試合を見逃すとしたら受ける打撃を和らげようとして、あなたは一週間ずっと落ち込む。

これはまるで家は二一度を維持するように設計されているのに、サーモスタットは一つではなく二つあるのと同じだ。一つのサーモスタットは一六度にセットされており、もうひとつは二七度にセットされている。二つのサーモスタットが一日中動いていれば、家の温度は二一度あたりになっている。しかしそのうち一つが、あるいは二つが、動きすぎて壊れてしまう。まともな技術者はこのようなシステムを設計しない。無意味だからだ。しかしあなたが葛藤を抱えているときは、そのような不出来な設計で苦しむ生きた実例となる。二つの完全にぶつかり合うイメージ写真を、不可能だと気づきながらも、同時に満たしたいと願うことを止めることはできない。

もう一つ例を挙げよう。ジェフは大陸を横断してボストン支店を開設するという条件で、特段の昇進を提供された。しかし彼の妻ケリーは、一人っ子のため、老いた両親を西海岸に残して引っ越しはできないと言う。ジェフが状況を上司に話すと、最終決断まで三ヵ月を与えると言われた。もし彼がこの申し出を断れば、このようなよい話が二度と自分に提供されることはないと考え、彼はなんとしても引っ越したいと思っている。

この葛藤を選択理論の用語を使って説明すると、ジェフはボストンに引っ越し、支店長として取り仕切るイメージ写真を頭に描いている。一方、彼はまた愛する妻のイメージ写真がある。彼女はこのような時期に引っ越しを考えたくはない。彼女は彼に、結婚したとき〈親が生きているあいだは、サンフランシスコから離れない〉と言ったという。彼女は彼の稼ぎに完全に満足しており、動かないでいても、今後まだよいことが起こると信じている。

ジェフは、力と自由の欲求を満たすか、愛の欲求を満たすか、二つの間で揺れている。ジェフは自分が二つの間で引き裂かれるような状態であることをケリーに話すことができない。なぜなら、自分の葛藤を話さないでいても、彼女は同情してくれるとは思えないからだ。彼は、彼の上司は、逆に自分たちがこれまで何度も異動したからこそ、今の地位につけていることを話して聞かせるのだった。もしジェフが行かないとしても早く決めるように、そうすればほかの誰かを探せると。

別の葛藤、ヘレンのことを考えて見よう。ジェフとは違って、彼女の葛藤は欲求のぶつかり合いではなく、同じ欲求の二つの要素の狭間にあることだ。彼女は、数ヵ月共に住んだ男性のビルと、二人の子どもへの愛との狭間にいる。ビルは、彼女の子どもたちと共に生活することを望まず、彼女に最終通告を突きつけた。つまり、子どもたちを彼らの父親のところに送るか、彼が家を出るかのどちらかだという。彼女は両方を欲しいと思っている。彼女に何ができるだろうか。彼女の親しい友人は両方を手にしており、彼女は自分が求めているものがいけないことではないと感じている。

もっとも深刻な葛藤は、制御を受けたくないと思っている人を制御しようとするときに生じる。なぜなら、私たちの求めていることが彼らを満足させられないからだ。ケリーがボストンに行く気になれば、ジェフはできることはなんでもする気がある。彼女が両親と共に過ごせる時間をつくるとか、あるいは、ボストンに彼女の両親を呼ぶこともできる。彼女の人生が少しも妨げられないようにするために、彼は喜んで話し合うつもりであるが、彼女は引っ越しの話し合いをしようともしない。彼女は高額な生命保険の受取人なので、八十数歳の父親が亡くなれば、彼女たちは経済的に自立できるとも彼女は言う。彼は彼女の父親のお金を欲しくはない、むしろ新しい仕事から得られる力と自尊心が欲しいということを彼女は理解しようとしない。

ビルがヘレンと過ごした短いあいだ、ヘレンはできるだけ子どもたちからビルを隔離してきたが、彼は依然として頑として譲らない。彼は彼女を求めているが、自分たちのものでない子どもは要らない。子どもたちはよい子たちだと彼は認め、一年に数週間ならよいというが、一緒にずっと過ごすのは嫌だという。自分は利己的ではなく、ただ自分の限界を知っていると彼は主張する。ヘレンは、もう少し長く試して欲しいと懇願するが、彼は無理だと拒否する。彼は公平な判断をしようとして〈子どもを受け入れることができないのに、できる振りをしろと言うのは公正ではない〉と彼女に告げる。

壁に二つの相反するサーモスタットが付いているように、ジェフとヘレンは、二人が欲しいものと得ることができるものとの差が巨大であることを体験している。二人は真の葛藤と定義される状態にいる。なぜなら、どちらも二つのイメージ写真を満たす行動を考えつくことができないからだ。結果として、暖房用ボイラーやエアコンのように、彼らの行動のシステムはいつも全開で動いている。二人が何をしようとも、彼らの持っているものと彼らが欲しているものとの間にはいつも違いがある。

しかし、記憶しておこう。私たちが行動のシステムを動かしているかぎり、行動をつくり出し続けている。そして私たちが葛藤を抱えているときに、何をしても、私たちの欲しているものと得ているものとの間にいつも違いがある。この違いを小さくしようとして、行動のシステムは満足できる行動を産み出そうとする。しかし、この試みは不可能であることを認める能力は持ち合わせていない。こういう理由で、私たちが葛藤を抱えているときに、できることは何もないとわかっていても、何かをしなければならないという感じをもち続ける。満足の行く行動を必死に探していると、行動のシステムはより一層創造的になる。ジェフは身体的によくある（と言っても彼にとっては新しい経験であるが）胸の痛みをおぼえるようになった。彼は医師の診察を受けたが、胸にはなんの問題もなかった。ヘレンは家の掃除を強迫的にするようになった。そして問題がないことをビルに証明しようとし、無駄なことながら子どものしつけを取り憑かれたようにしはじめる。一日中働いたあとで、彼女は真夜中過ぎまで掃除をする。この行動を可能にするために、一日二〇杯のコーヒーを飲み、少し眠るために朝早く精神安定剤バリアムを飲む。葛藤する願いから逃げられず、ヘレンもジェフも二人とも人生を制御できなくなっている。

葛藤は長期に渡る深刻な苦しみのもっともよくある原因の一つだ。なぜなら私たちが真の葛藤を抱えているとき以上に制御を失う場所はないからだ。ジェフは胸の痛みからほんとうの心臓病に至るかもしれない。ヘレンは、カフェインやバリアムよりも遥かに強い薬物に向かうかもしれない。しかしケリーもビルも変わらなければ、葛藤はそのまま継続する。このような真の葛藤はよくあることではない。私たちは真の葛藤に見えてもそうではない状況によく身を置く傾向がある。

こうしたよくある状況は、見かけの葛藤と呼べて、一つの行動をとればいつでも葛藤が解決するのであるが、この行動は葛藤について苦情を言う人が滅多にとらないものだ。たとえばガートはサイズ一〇を着られるよう求めているが、腹八分目で食事を終わらせたくはない。彼女は朝食を抜き、軽い昼食ですませることはするが、夜は仕事を一生懸命にしたあとでもあるので、しっかり夕食をとりたいと思う。彼女の体重は、理想体重よりも一〇キログラム超過しており、洋服を買うたびに、そして夕食のたびに、この葛藤に触れ文句をいう。彼女は自分が相反する葛藤を抱えていると信じているが、じつのところ少し努力をすると、二つの願いを叶えることができる。

これは見かけの葛藤だ。なぜならガートが一日七キロ程度走る気があれば、彼女の体型はサイズ一〇となり、かなりの夕食も食べることができるからだ。カロリーを燃焼させるだけでなく、走るとお腹はあまり空かなくなり、食べることはそれほど重要ではなくなる。この完全な解決方法の問題点は、一日七キロ走ることは難しく、たくさんの時間を必要とすることだ。多くの人は、難しい取り組みをすれば、食べたい食べ物はほとんどなんでも食べられるようになるのにそれをしようとしないで、彼らの葛藤である体重増加を責める。

見かけの葛藤はたくさんある。大学に是が非でも行きたいと思っていたのに、働かなければならなくて悔しがっている人を、私たちは誰でも知っている。あるいは、家から出て外で働きたいのに、子どもがいるので働きに出られないという人がいることも知っている。こうした状況は困難ではあるが、どれも真の葛藤ではない。どの場合でも、葛藤を抱えている人が解決策を考えて、それを行動に移せば、求めているものの全部でないとしても、ほとんどを手にすることができるであろう。

見かけの葛藤はどの場合でも、葛藤を抱えている人が直面したくない明白で困難な選択がある。フルタイムで働きながら、大学に行くのは容易ではないが、何百万人もの人がそれをしている。そしてもっと多くの人々が、家事と家族を大事にしながら、フルタイムで仕事をしている。懸命な取り組みが必要だとわかると、体力がないことを理由にする人もいる。しかし、やってみなければ、わからない。自分がやりたいことをしていれば、できると思う以上の力が与えられることもある。

経済的安定や、子どもは父や母あるいは誰かを必要としていることを理由にして、愛のない結婚を続けるのも、別のよくある見かけの葛藤だ。変化を必要とする熱心な取り組みをする気があれば、ほとんどいつも解決策はある。あなたが結婚生活に愛を見つけるためにすべてのことをしたとしても、意見を変えようとしない選択は、ほとんどつねに災いを自らに招く人生を選択するに等しい。あなたと結婚しようとしない人と共に生活し、相手が固くあなたと結ばれていると自らを説得することは無理がある。あなたと結婚したいと願う人を探す努力をしないのとなんら変わりはない。

忘れてならないことは、人はよく葛藤について愚痴をこぼし、私たちを支配しようとすることだ。たとえば、ジャックはグエンに愚痴をこぼす。そして時に妻にも愚痴をこぼす。自分は妻と家族に忠実であろうとするが、別の女性グエンを狂ったように情熱的に求めており、二つの間で引き裂かれる思いだ、と。しかしながらジャックは葛藤を抱えている状態ではない。彼は葛藤を隠れ蓑としてグエンを、そしておそらく妻を制御しようとしている。こうして彼はおいしいケーキを手放さずに食べ続けることができる。もしグエンもしくは妻が選択理論の基本を学べば、この葛藤に巻き込まれないですむ。そうすればジャックは真の葛藤に直面することになるかもしれない。ほかの人が彼の苦しい物語を受け入れるかぎり、ジャックは彼らを立派に制御していることになる。
真の葛藤と見せかけの葛藤の違いを私たちのほとんどが理解していないので、こうした状況にまずい対応をする傾向がある。私たちのすることは、まさに効果のあるやり方の正反対だ。私たちはまるで熱心に取り組めば解決するかのように葛藤に対処するが、そうはならない。そして、見せかけの葛藤に対しては、まるで私たちにできることがないかのように取り組むが、つねにできることがある。たとえば、真の葛藤を抱えているジェフは、自分が熱心に説得プログラムに取り組めば、ケリーは自分と一緒にボストンに引っ越しをしてくれると信じている。しかし、彼女が行こうとしなければ、彼にはなすすべがない。彼女のサンフランシスコに住むというイメージ写真を彼は無理に変えることはできない。

真の葛藤が惨事になるのは、解決策がないというだけでなく、解決策を見出そうとする試みに小休止がないからだ。

ジェフもヘレンも不可能なものを可能にしようとして取り組み続ける。なぜなら、二人の行動のシステムは強いシグナルによって稼働し続けるからだ。ジェフの場合は、ケリーと引っ越しの両方が欲しい。そしてヘレンの場合は、ビルと自分の子どもの両方が欲しい。彼らが得たいイメージ写真と、今得ているイメージ写真の間には、つねに大きな違いがある。自らを惨めさ、そしてすでに選択している自己破壊から救い出す唯一最善の行動は、真の葛藤の場合、意識的にそして完全な気づきをもちながら受身になって、葛藤を解決しようとしないことだ。

何も行動しないということは、忠告としては簡単だが、実践は非常に難しい。確かに理に適った行動は、もっとも受身的なものであるが、何かをしたいという思いが強いときには、何もしないことは難しい選択だ。葛藤を抱えている人が何もしない状態でいられる唯一の方法は、わたしが説明したように葛藤についての選択理論的理解をすることだ。この理解があれば、何もしないことは理論的な行動だ。じつのところ、私たちが真の葛藤を抱えているときに、これだけが納得の行く唯一の行動だ。ジェフは同時にサンフランシスコとボストンにいることはできない。ヘレンもビルと子どもたちを得ることはできない。そうであるなら、なぜ得ようとするのか？ 私たちは石の壁に突き当たっているのかもしれないが、あえて選ばなければ、石の壁に頭をぶつけて血を流す必要はない。

何もしないことが最善の選択であることをもっとよく理解するために、自分が大きな部屋の真ん中にいると想像してほしい。左右の壁にはドアが付いている。一つのドアの向こうには大きな黄金の壺が、もう一つのドアの向こうには理想の愛する人がいる。両方がしばらくのあいだあなたを待っている。時間はあなたが考える以上に十分にある。緊迫感は状況よりも、あなたの頭の中にある。無理に決めようとして、どちらかのドアに向かって動くと、もう一つのドア向こうにあるものを失いたくないという見えない紐に引きつけられて部屋の中央に引き戻される。あなたは最初にある方向に向かい、それから別の方向に向かう。多くのエネルギーを使うが、どこにも行かない。すぐに選択する必要がないので、できるだけ居心地よく真ん中に座って待つほうがもっと賢明ではないだろうか。どんな状況でも時間と共に変わるものなので、あなたが忍耐深く待っているうちに状況が変わり、選択できる状況になるかもしれない。待てば一つの選択が浮き上がってきて、疲れも遥かに少なく、選んだものに対処することが容易になる。

最終的にケリー、もしくはビルが折れるなら、忍耐深く待ち続けたジェフとヘレンは、よりよい対処の仕方ができるだろう。これは、惨めになり、病気になり、疲れて、アルコール依存になり、あるいは狂ってしまって、疲労困憊するよりも遥かによい解決策だ。待つことが可能である場合、決断の前に待てば待つほど、制御できない時間と出来事が、より一層あなたの決断を助けてくれるようだ。世界は静かに静止しているのではない。誰も予測できないような事柄が起きるものだ。そして葛藤はバランスを失わせる。ジェフが待つあいだに、熱心に仕事をし、関わる人全員に感謝を表していれば、ケリーの老いた両親がケリーにジェフと一緒に引っ越しをしなさいと言うかもしれない。あるいは、会社が何か別のもの、家の近くでできることを提供するかもしれない。上司が移動するかもしれない、あるいは病気になるかもしれない。そうなれば上司の仕事を任せられるかもしれない。サンフランシスコの別の会社が彼が有能な人であることを知って、もっとよい話をもってくるかもしれない。こうしたことはジェフがコントロールできないことであるが、葛藤の解決にはなるだろう。彼が制御できることは、待つという決断と、待つあいだによい仕事をすることだ。

ヘレンの子どもとビルに対する静かな断固とした愛は、ビルの考えを変えるかもしれない。あるいは、前夫が考えを変えて、子どもは要らないと言うかもしれない。彼女の状況がとても長いあいだ変わらないということはありそうにない。ビルが脅すだけで、最後通告をしていないなら、子どもが一緒でも彼にはこれまでの表現以上に、彼女を必要としていると考えられる。彼女がこれまでどおり彼を愛し、子どもを手放さないでいると、彼女の願いどおりに事が運ぶ可能性はある。彼女は自分の人生を制御して、待つという方法がある。

私たちは、真の葛藤を抱えているときに、できるだけ効果的に何もしないでいることが、どれほど価値あることかを理解できていない。

待つことの問題点は、たいてい何かをさせようとする外部からの圧力が多いことにある。私たちのほとんどがしていることであるが、自分たちの抱えているジレンマをほかの人と話し合えば、ほかの人はたいていなんらかの動きをするよう勧める。記憶しておかなければならないことは、私たちの持つぶつかり合う二つのイメージ写真は、私たちにとってのみ同じ重さであって、友人がある行動を私たちに促すプレッシャーは、問題意識をあまりもたない彼らの観点からくるのであり、私たちの観点からではない。私たちはこうしたプレッシャーに抵抗する傾向があるが、貴重なエネルギーを消費することになる。彼らの忠告がないほうが私たちにとってはよいのであるが、この忠告を止めるためには、私たちが彼らにどうしたらよいかと聞くことを止めなければならない。もし私たちが求めているものが同情や安心であるなら、私たちの困難な状況について話すことは役に立つ。しかし、解決をほかの人に求めるのは阿保らしい。彼らには解決策などありはしない。

待つことはとても困難だ。人は何かをしたい気持ちがとても強いので、上手に待つためには、葛藤のない領域でエネルギーを費やして満足を得ることだ。誰でも一度に一つのことしかできないので、ヘレンは何かをしなければという思いを、仕事を一生懸命するという方法で満たすこともできる。あるいは、子どもと一緒にもっと楽しむ、ジムで身体を動かして体型を整える、いつも日ごろからしたいと思っていたグルメ料理をして満たすのも一案だ。葛藤とは関係のない方向の取り組みで満足を得ることだ。そうすれば、自分の人生をもっと制御できるようになる。そしてより制御できるようになれば、葛藤の解決に長い時間がかかったとしても、より落ち着いた生活ができるようになる。

何かをしなければという思いがとても強く、何もしないでいるのは不可能だと感じたら、いまはそれなりの効果を得られているように、時間の使い方を自分にマイナスになるのではなく、プラスになるようにすることができる。ある期間のあいだ、どちらかの取り組みをして、問題がどう展開するかを見るという方法もある。こうすれば、待っているだけで何もしないでいるときには得られていない制御を少しは得ることができる。たとえば、ジェフはボストンに自分一人で出かけ、どうなるか様子を見る。彼が妻ケリーに六ヵ月という期間のことを話すかどうかは、彼女が知ったら彼女はどうするかという彼の判断によって決まる。しかしながら彼の頭の中では、六ヵ月のお試し期間だ。この期間に、たくさんのことが起こって葛藤が解決することもある。

ヘレンは、ビルに子どもは手放さないと決めたと話すこともできる。彼女は愚痴をこぼさず、彼にたくさんの愛情を注ぎ続けるが、彼の条件は受け入れられない。彼が最後通告をするのを待つのではなく、彼女のほうから最後通告をする。彼女は、彼の決断に要する期間は六ヵ月と決める。しかし、期間を決めて彼に話すかどうかは彼女が決めることだ。彼が去って行く可能性はあるが、こうすれば状況に対して少しコントロールを得ることになる。

あなたが一定期間どちらかの動きをすると決めても、どちらの方向を選ぶか決めなければならない。紙をとって半分にして、左右二つの欄に名前をつけるのもよい。ジェフの場合は、片方にボストン、もう片方にサンフランシスコとなるだろう。ボストンに移動する理由、サンフランシスコに留まる理由をそれぞれ書く。これ以上は書けないというところまで、考えつくかぎりの理由を行ったり来たりしながら書いていく。どちらの側であれ、自分の選んだ期間、その方向に行ってみる。まさに両方とも同じというような葛藤はあまりない。このようにしてみると、どちらのイメージ写真が自分に合っているかわかってくるかもしれない。しかしながら、この決断をしたことが別の葛藤を生じさせたら、この解決策はあなたのものではない。何もしないで待つのが懸命であろう。

真の葛藤を抱えたときに、何もしないのは困難であるが、見せかけの葛藤の場合には、この反対である。この場合、愚痴をこぼす以外にほとんど何もしないでいるのは容易だ。一日六キロを走ればホット・ファッジ・サンデーのドカ食いも可能になるが、走るよりもドカ食いしながら、意志の弱さを嘆くほうが容易だ。子どもがあなたを必要としているので、あなたは大学に戻ることができないと話して同情を得ようとすることは、自分の得たいものについて話したいのであって、いかに得るかの話ではない。時間が経てば、ほとんどの真の葛藤は解決する。もしくは解決に向かって動いていくが、見せかけの葛藤は悪化するようだ。体重が5キログラム超過しているときに走りはじめるほうが、20キログラム超過しているときより遥かに容易だ。

自分が葛藤を抱えていると思ったら、その葛藤が真の葛藤か見せかけの葛藤かを見極めることが重要だ。そのためには、自分が欲しいと思っている葛藤するイメージ写真をよく吟味して、たとえ困難なことでも両方のイメージ写真を満足させる行動があるかどうかを見極め、最善の努力をすることだ。落ち着いてしっかり吟味して、そのような行動が見つからなければ、あなたは真の葛藤を抱えていることになる。この場合自分を破滅させる選択をしないで、本章で提案された、何もしないで待つという方法をとるとよい。しかしながら、あなたが見せかけの葛藤を抱えているなら、求めているものは困難な取り組みを通してのみ得られるという事実を認め、動きはじめることだ。望むだけで動かないで愚痴をこぼすことは、効果のない行動の範疇に入る。

すべての生き物のなかで、私たちだけが大きな葛藤を抱えて苦しむので、この葛藤を解決する方法の一部として、道徳の仕組みをつくり出した。ハマグリやカタツムリのような単純な生き物は、葛藤を経験しない。彼らが求めているのは、生きることと子孫を残すことだ。猿のような高等な動物も葛藤をあまり経験しない。私たちのように力の欲求に突き動かされることはないし、私たちのような長期に渡る献身的な愛の欲求もないからだ。しかしながら、私たちは葛藤を抱えて苦しみ、つねに逃れる道を探しているので、私たちはほとんどつねに道徳と責任に大きな関心があり、別の言い方をすれば、他の人の欲求を満たす機会を奪わないで、自分たちの欲求を満たす方法に関心を寄せている。実践面で私たちが直面し続ける問題は、責任をとること、道徳的で責任ある選択をすることはとても困難であるということだ。しかし、サンフランシスコに留まること、あるいはボストンに行くことのどちらがより責任ある選択だと誰が言うのか？　ヘレンが子どもたちを前夫の元に送り、ビルと生活することにしたら、彼女は無責任になるのか？

あなたが意見を求めるときに、葛藤を抱えていないほかの人が道徳や責任を説くのは容易であるが、彼らに明白であることでも、あなたにとっては明白と言うにはほど遠い。

ケリーは夫よりも自分の両親に対してより責任があるのか？　ジェフは自分が強く求めている昇格をあきらめれば、自分自身に対して責任があることになるのか？　もし私たちが自分の人生の舵を取りたいなら、〈真の葛藤の渦中にいる人を導くようなありきたりの道徳規範は存在しない〉という事実を受け入れなければならない。じつのところ、真の葛藤のテストは、どちら側を支持しても、よい道徳論争をすることができるということだ。したがって私たちが真の葛藤を抱えているとき、裁判官や牧師のような道徳の権威者の意見をどれほど求めたところで、結果はコインを投げて表裏で決めるのとあまり変わらない。

人によっては次のような議論が展開されるかもしれない。葛藤が力と愛の欲求の間にあるときには、愛の欲求を優先するのがより道徳的であると。しかし葛藤が愛の欲求の中で起こっている場合、この議論はどうなるのか。ヘレンの場合、子どもへの愛と、婚約者への愛のどちらを優先するかで迷っている。彼女は子どもが欲しいという前夫に子どもを委ね、（これが結婚の条件であった）ビルと結婚すべきなのか、あるいは子どもを手放さずビルをあきらめるべきなのか？　この状況では、ヘレンがほぼ確実に受ける忠告は、ビルを捨てなさい、彼女の主たる責任は彼女の子どもだ、というものだ。これは道徳的に健全な忠告のように見える。しかし、ヘレンはこれに従い、ビルを失い寂しくなり、怒りを子どもにぶつけるかもしれない。あるいは、酒に手を出し、子どもの世話をしなくなるかもしれない。どちらの場合でも、子どもたちは父親のところで生活するのがよいかもしれない。このほかにも、一般的なよい道徳基準がある。それは忠誠である。すべてほぼ平等であれば、古いものを新しいものより優先することだ。

同様にジェフは多くの人から次のように忠告されるだろう。ケリーは昔から両親を大切にしたいと思っていたので、彼は提示された昇格よりもケリーを優先すべきである、と。この議論に対する反論がある。ジェフはケリーと出会う前から成功願望があったという事実を無視してはならない。しかしできるだけ古いものを優先するというのは、道徳的であるだけではなく、効果的である。こうすればほとんどつねにもっと時間稼ぎとなる。わたしがすでに説明したように、時間が経てば、ほとんどの葛藤は解決する傾向がある。そういうわけで、忠誠を選択するのは、たいてい周囲の人によって支持され、少し容易であるだけでなく、実際的でもある。

もう一つ例を挙げよう。ジャドは二〇年も前にポールに最初の仕事を与えたが、いまやポールはジャドを追い越し、会社の社長になった。ジャドには深刻な飲酒問題があり、いまだ中間管理職の立場だ。五年以上昔、ポールが副社長のとき、ジャドを守ってあげた。自分を採用してくれた人への忠誠の表れだった。ジャドはいまや完全に無能力で、ポールの保護がなければ解雇されるだろう。彼の飲酒問題は、取締役会の会長が注目するところとなった。そしてポールは新しい社長であり、長いあいだ会社の負担になっている男を、あとどのくらい長く守れるかという迷いがある。古い忠誠が試されていることは間違いない。ポールがジャドを呼び出して、ジャドがしなければならないこと、つまり禁酒であるが、実行が伴わない状態で、ジャドはポールの慈悲にすがるばかりである。

あなたは反論するかもしれない。私たちは無能な酔っ払いに忠誠を尽くす必要はないと。しかし、忠誠の倫理は、無垢な現在能力のある人に対してのみ忠誠であるというようなものなのだろうか？　私たちの友人を裁く基準としては高すぎるのではないか。

葛藤がない場合、深刻な道徳的問題は滅多に起こらない。忠誠はほとんどの道徳的決断の基礎としてうまくいく。しかし、葛藤が出てくると、一つの欲求の中でも、複数の欲求の間でも、葛藤を抱えている人に役立つ標準的な道徳的立ち位置は存在しない。あなたが真の葛藤を抱えていて決められないでいるときに、しばらくあなたの道徳観は効力を発揮しないということを認めなければならない。このように認めれば、自分の人生を少しは制御するのに役立つ。また〈自分が道徳的な取り組みをしていないので、制御を失った〉と感じなくてすむ。罪悪感を抱いたり落ち込んだりして、どちらかの方向に自分を無理やり押し進めることによって、制御を取り戻そうとする試みは、役に立たない。忘れてならないことがある。簡潔な道徳的解決策があれば、最初からあなたは葛藤を抱えることはなかっただろう。自分を道徳的で誠実であると考える人は、ジャドには次のように言いなさいとポールに忠告するかもしれない。「わたしは五年ものあいだ、あなたのためにできることはすべてやった。これからは沈むのも泳ぐのも自分で決めてください」と。こうした人々は、我慢にも限度があると考える。しかしポールはジャドに関して、そのような限界をもっていない、あるいはまだそこに至っていないと思っている。

あなたが忠誠を実践してよい結果が出たら、あなたは幸運だ。しかし、あなたに効果があったという理由でそれを説くことには慎重であるべきだ。あなたに効果があったのは、主としてあなたが時間をかけたか、あるいは真の葛藤ではないのに、自分で真の葛藤だと考えただけかもしれない。実際には葛藤に遭遇せず、難しい問題を一つも解決していないのに、〈ちょうどあなたのように真の葛藤を抱えていて悩んだが、道徳的意思の力で解決した〉という人の話は不快極まりない。

私たちは次の事実に直面しなければならない。私たちの欲求がぶつかり合っているかぎり、あるいは個人の欲求を満たそうとして、葛藤が生じているかぎり、私たちはつねに真の葛藤に直面している。道徳はそのうち私たちの助けになるかもしれないが、葛藤のさなかに安心はほとんど得られない。誰も私たちの靴を履いて歩くことはできない、それができるのは私たちだけだ。それを私たちは受け入れなければならない。そして、私たちだけが何をするのが最善かを決めることができる。このもっとも困難な状況で、もっとも価値ある選択理論の原理は、待つという選択をし、できるだけ決定を遅らせることだ。毎日決断を先延ばしにすることは、時間を与えることとなり、状況が進展する。そして、自然の進展の過程で、正しい、あるいは道徳的な選択が明らかになるかもしれない。しかし、それは状況が変化したときだけだ。変化が起こらなければ、簡単な解決も困難な解決もない。土曜日が来て、あなたの雇用主が折れて試合を見に行ってよいと言わなければ、あなたが選択するものがなんであれ、苦痛の選択となる。苦痛を避ける方法はない。それは人間の条件だ。進化のはしごの頂点にまで至らせた複雑な遺伝子の指示のために私たちが支払う代償だ。

私たちの上質世界にあるイメージ写真は、お互いにぶつかり合ってはいけないという規則はない。私たちはこのことを意識しなければならない。イメージ写真はしょっちゅうぶつかり合う。しかし、ぶつかり合うイメージ写真を同時に満たさなければならないという規則もない。これらのイメージ写真は私たちのものだということを忘れてはならない。私たちがそれらを上質世界に入れたのだ。そしてある時点でどのイメージ写真が欲しいかを選択できる。ヘレンはビルを愛さなければならないということはない。彼が子どもを拒否していることを知りながら、彼女が彼を愛することを選んでいるのだ。ジェフはボストンの仕事を引き受ける必要はない。この時点で彼は自分の力の欲求を満たす選択をしているのだ。私たちは上質世界からどのイメージ写真が欲しいかについてある程度制御できる。そして、選択理論から何かを学ぶとしたら、私たちが求めているものが、ほかのものと直接ぶつかり合っていることに注意を払うべきである。

葛藤は人生で避けられない一部であり、解決することはつねに困難である。役に立つかもしれないことは、次のことを心に留めて置くことかもしれない。

もし私たちが苦痛や障害を抱えて動けなくなれば、葛藤を抱えている人を支援できないだろう。

本章で触れたあらゆる行動の理論的根拠は、行動することは困難かもしれないが、こうした行動は、惨めでいるよりもより効果があるということだ。

第十二章 批判

夫婦、親子、教師と生徒、雇用主と従業者のような人間関係で、うまくいっているものをよく注意してみると、人間関係をよいものにしているのは、気遣い、尊敬、そして共通の目標があることがわかる。こうしたものは重要であるが、人間関係の成功にもっと重要なことは、共通しているものがあることだ。すなわちよい人間関係には批判が見られない。長続きする人間関係は、それが対等な夫と妻の関係であれ、対等ではない教師と生徒との関係であれ、たくさんの共通点があることに加え、批判がなければより一層長続きする。

自分の人生を制御するためには、近くにいる人々との間に良好な人間関係が必要であることを、読者はこれまでに気づいていると思う。関係がよければ私たちの人生は喜びで溢れている。しかしながら私たちのほとんどは、もっとも近い人々との人間関係（家族関係など）で困難を経験している。これは私たちが家族をもっとも批判し、家族も私たちを批判するからだ。ほとんどの家族は、批判が人間関係に破壊的であることに気づかず、批判にどっぷり浸っている。結婚関係はもっとも親密な関係であるが、人間関係が親密であればあるほど、幸せを破壊する力は大きくなる。

批判的な言葉は、皮肉、からかい、誇張表現の形をとる。長い年月をかけて私たちは、お互いを蔑む無数の策を考えてきた。自分に向けられていなければ安心して、批判は笑いの種にさえなる。一九三〇年代には、ビカソン（The Bickersons）は夫婦で完膚《かんぷ》無き批判の応酬をして、ラジオ番組で長く人気を博した。ダン・リックルズ（Don Rickles）は当時人気のお笑い芸人であるが、防衛できない有名人たちを批判して大金を稼いだ。有名人は功を遂げたので、からかっても悪いことではないと彼は考えた。私たちの笑いは彼と同じ意見であることを示している。

しかし、批判は私たちが口にする以上のものだ。お互いに不快感、侮蔑、あるいは憎悪すらもって見ることだ。批判はまた私たちが口にし、あるいは何かをすること以上に、努めて何もしないことから成り立っている。私たちが人に背を向け、話さない、耳を傾けないなどとするときに、その人は私たちにとって無価値な存在であると告げているのだ。たとえば、誰かが話しているときに、努めて耳を傾けないようにするとか、まるでその人がそこにいないかのように振る舞うことなどだ。言語の批判も非言語の批判も無礼で苦痛をもたらすものだ。

私たちはお互いをあまりにも批判するだけでなく、多くの人はこの批判という行動を讃えて、建設的な批判と呼ぶ。わたしが建設的な批判と思うことも、人はほとんどつねにこき下ろされたと取る。わたしがあなたより賢いとあなたが認めれば、あなたは力を失い、わたしに反感を抱き、わたしの支援を拒否しようとして、わたしが提供するものに真剣に耳を傾けようとしないだろう。わたしのすぐれた知恵を受け入れることによってあなたの欲求が満たされる状況に限れば、そして、あなたがわたしを尊敬し、わたしに好感をもっていれば、わたしが批判してもわたしの言うことに耳を傾けてくれるだろう。若い子ども、生徒、新入社員は、言われ方によっては、建設的な批判を受け入れてくれるかもしれない。しかし、彼らがより平等を求めて、力の欲求を満たそうとするようになると、求められないのに多くの助けを与えようとすると、彼らですら反感を抱くようになる。現代のマネジャーがセミナーやワークショップを開いて、新しい技術を教える理由はここにある。人々は、自分の知っている人から教えられるよりも、そのとき招かれて来た外部の専門家が教えるほうが受け入れやすい。「預言者は自分の故郷では敬われない」という理由は、同じ組織に所属するセミナー講師は教師と見られないで、競争相手と見られるからだ。

私たちは力の欲求に駆り立てられているので、平等な立場の人や上質を追求する人からの思慮深く、やさしい批判ですら問題となる。建設的でもそうでなくても、私たちが必要とする人々を改善しようとすると、私たちも相手も人生をより一層制御できなくなる。それでもこれが破壊的であるので、私たちが批判するときには、自分がしていることに十分気づいている。あなたが選択理論をあなたの人生の一部とするまでは、〈自分がたとえば落ち込みや頭痛を選択している〉ということを受け入れるのは困難かもしれない。しかし、〈自分と生活を共にしている人や職場の人を批判する選択をするな〉と言っても誰も納得しない。私たちのほとんどすべては、人間関係を損ね大きな代償を払っている。なぜなら、私たちは周囲の人々に、私たちが上質世界に入れているイメージ写真のとおりにすることがよいことだと、つねに知らしめているからだ。

デイブが別の女性に走りスーザンを捨てたことで、彼女は彼に対して非常に批判的だったことを記憶しているかもしれない。おそらく彼女が彼に批判的だったことは、これがはじめてということはありそうにない。多くの結婚が壊れているのを見てきたわたしが想像するに、デイブだけではなくスーザンも彼が家を出るずっと前に自分たちの結婚に大変不満足であったと思う。両者は結婚が破局に至るずっと前に、互いを鋭く批判することにかなりの時間を費やしていたと思われる。スーザンは批判的であったが、デイブがスーザンを捨てて別の女性に走り、その女性が初期の関わり合いで彼を受け入れていたことは確実だ。結婚関係に入った今もこの女性がまだ批判をしていないということは疑わしい。じつのところ、わたしの推測では、もしデイブがスーザンに復縁したいとの申し出をするとすれば、この新しい結婚でデイブの受ける批判が、スーザンから受けたレベルを超えるようになったのだろう。

デイブを批判するスーザンが悪いというつもりはわたしにはない。選択理論を知らない人なら誰でもすることを彼女はしただけだ。彼女は自分の結婚でこれはよくないと思ったことを正そうとして自分の最善を尽くそうとしただけだ。デイブは完全ではない（完全な人は誰もいない）が、もし彼女が彼の欠点を批判するのではなく、もっと有効な方法で対応していたら、彼はもっとましな夫になっていたのではなかろうか。より効果的な選択になっていたであろうということにわたしが触れる前に、批判がどうしてそれほど破壊的であるかについて説明させてもらいたい。

選択理論はどんな人間関係でも、たとえばデイブとスーザンの結婚でも、実際二つの関係だと説く。デイブの結婚は彼の頭の中にあるイメージ写真、そして、スーザンの結婚は彼女の頭の中にあるイメージ写真だ。彼らの結婚の成功は、現実世界にある結婚と彼らの頭の中にあるイメージ写真がどれほど接近しているかにかかっている。デイブでもスーザンでも、自分の求めている結婚と、手にしている結婚との間に大きな違いがあることに気づいたとき、この差を縮めようとする以外に選択の余地はない。これをするためにほとんどの既婚者が知っている唯一の行動を選択する。それが批判することだ。相手が自分のイメージ写真に達していないと批判する。私たちは力の欲求に駆られて、批判することを選択し、人間関係についての自分の見方を相手に強制しようとする。

もしデイブがスーザンの批判を、自分のやり方を変える気持ちで受け取れば、問題はなかっただろう。しかし、彼はそうしなかった。なぜなら、彼女が求めていたのは、彼が求めていたものと違っていたからだ。夫と妻がそれぞれの上質世界にまったく同じ結婚をイメージしていることはない。彼女の批判が彼を変えることに失敗したとき、彼女は怒り、落ち込み、距離を置き、二人の結婚は一層悪くなった。こうした苦痛に満ちた彼女の感情行動がデイブを制御することに失敗すると、彼女は夫が離れていくと感じさらに批判した。これがおそらくすでに壊れそうになっていた結婚に最後の一撃となったのであろう。

これほどまでに批判が破壊的になるのは、批判された人があまりにも突然に苦痛をおぼえ、二人の間に大きな違いがあることに気づくからだ。

この違いに直面して、生き残れる結婚はあまりない。すべてが離婚に終わるわけではなく、多くの夫婦が生活を共に続けるが、結婚は基本的には終わっている。

批判がこの突然の巨大な違いをいかに引き起こすかを説明する最善の方法は、この例をさらに先に進めて、わかりやすくするために、少し誇張してみよう。この巨大な違いを意識すると、人はほとんどつねに破壊的感情行動に至る。デイブがスーザンを冬期週末スキーに連れ出したと仮定しよう。まだ二人には結婚の外観は残っている。彼はスキーが好きだ。彼女も状況が完全ならスキーは嫌いではない。しかし、完全な状況は滅多にない。彼は注意深く調べてすべては最高になると約束した。時期としては天候もよく、宿も最高のはず。到着した初日は最高だったが、吹雪が一週間続いた。スキーのための宿泊としてはまずまずでも、吹雪いて閉じ込められると話は違う。二人は少しイライラしてきた。一つ悪くなるとほかにも影響した。そして彼女はこう言ったかもしれない。「いつもこうだわ。あなたの計画したものでうまくいったものはこれまであった？あなたにすべてを任せたわたしは馬鹿だったわ。唯一あなたの計画したものでうまくいくのはわたしのお葬式ぐらいね」

この仮定の怒りのシナリオを書いているだけでわたしの心は痛む。しかし、わたしの専門領域では、わたしがよく聞くものと比較すれば、これでもよいほうだ。批判を受ける側でも言う側でも、あなた自身が経験したことを考えれば、この例のもたらす不快感と一致するもの、あるいはそれよりも酷いものがきっとあったことだろう。

デイブも一週間動けない状態でうんざりしていたが、そのうえスーザンがすべての領域で彼の能力を疑う発言をするに至っては、二人が爆発を避けるのは困難だ。一週間そしてその後も二人は口をきかなかった。デイブがほかの女性にスーザンがしたことを話したとき、その女性は自分だったら吹雪で閉じ込められたことをとても喜んでしまうと彼に告げた。二人で一週間愛し合って、最高の時にすることができるだろう。崖っぷちにいる結婚が下に転げ落ちるのに、このような事件を多く必要としない。

人々が私たちにとって重要であれば、自分の上質世界にあるイメージ写真と彼らをつねに比較してしまう。通常よい関係であるときは、私たちが求めているイメージ写真は手にしている写真と大きな違いはない。時にフラストレーションを感じても、批判をしなければたくさんの惨めな出来事を避けることができる。たとえば、スーザンがデイブに〈家に帰る途中にお店に寄って買い物をしてちょうだい〉と依頼したのに忘れてしまったとする。デイブにはよくあることだ。彼女が彼に今夜のパスタ料理のためにトマトソースが必要なので、もう一度お店に行って欲しいとお願いするかもしれない。彼は疲れていて、いまさら店に行きたくはないし、よく忘れると言われたくはない。しかし、彼女のもっともな依頼に批判がないので、彼はウーンと唸りながら、どうしても必要かと彼女に質問する。彼女は必要だと答え、彼は店に行く。もし、どちらかが批判的なことを言えば、二人は喧嘩をしたかもしれない。

したがって批判は、自分が求めている世界が違うことに気づくだけのことではない。批判は私たちの世界に対抗して、私たちの求めているものは意味のないもので、馬鹿げていて、価値のないものだと告げるようなものだ。たとえば、わたしがあなたに何かをお願いしたとする。拒否されればわたしは不幸であることを選択するかもしれない。しかし、それを頼むわたしは間抜けで、求めているものも馬鹿げていると指摘されれば、おそらくわたしはすべての制御を失ってしまう。制御を取り戻そうとして必死にわたしがすることは、ほとんどつねに怒ることだ。なぜなら、突然、たいてい予期せぬときに世界が制御できない状態だと感じると、私たち誰もが怒る傾向があるからだ。批判ほど大きく、早く制御の喪失感に至るものはほかにない。批判されたときに制御を取り戻すことはどんな状態よりも困難だ。

わたしの意見では、私たちが自分の人生の舵を握ろうとしているときに、私たちの行動のなかで、批判は唯一もっとも破壊的な行動だ。

デイブは疲れているが、店に戻って買い物をするようにスーザンに言われてもなんら問題はない。なぜなら、このもっともな依頼には彼を蔑むようなものが何もないからだ。この状況はスキー・ロッジで起こったことと大きく違っている。スキーのときには、吹雪も含めすべてが彼のせいだと責められた。選択理論を深く学んだ人は、ほとんどすべてのシナプス（神経細胞の連接部で億単位の数）が私たちの上質世界のイメージ写真と現実世界で見ているものとを比較することにかかわっていると信じている。私たちが批判されると、こうしたすべての場所で起こっている写真の間にある巨大な相違に突然気づいて、まるで脳全体が破裂して鋭い痛みを感じるかのようになる。同時に私たちはすぐに圧倒的な衝動を感じて行動する。この衝動はとても強いので、通常の怒りでさえしばしば不十分に思え、すぐに創造のシステムに新しい行動を求めるが、これがこれまで私たちが通常選択してきた行動よりも、より暴力的、あるいはより大きな痛みをもたらすものとなる。批判された人がアルコールの影響下にあれば（十章を参照）、暴力の可能性は一層増大する。

ある種の個人的侮辱はもっとも暴力的な行動の原因となっていて、この暴力は家族間と友人間の関係者、あるいは自分自身に向けられている。私たちの路上がいかに安全でないかにかかわらず、すべての殺人の八〇パーセントはお互いをよく知っている人々によって犯されている。厳しい批判が起こると、脳内で苦痛をもたらす爆発と行動を促すシグナルが同時に起こり、どんな犠牲を払っても制御を取り戻そうとして、あまりにも多くの人々を非合理的怒りに駆り立てる。シーザーの愛する友人であったブルータスに刺されるまでは、シーザーは英雄的に戦った。その後、剣だけでなく批判に突き刺されてシーザーはあきらめた。批判が深刻な制御の喪失につねに関係していることに気づくことができれば、私たちの人間関係で体験するフラストレーションに対して、もっと効果的に対処する方法を努力して学ぶだろう。

批判は、危険な代償をはらむ贅沢品である。

結婚前はうまくいっていた、あるいは、ひょっとして何年も円満に生活をしていたのに、結婚後は不可解なことに関係が悪化した夫婦を誰でも少なくても一組は知っている。多くの夫と妻が結婚許可証を批判許可証と見なすと考えればこの謎は解けてくる。この同じ許可証は、まるで長い人間関係があるので、批判的な矯正を生き延びられるかのように、もっとも長い親密な人間関係の不幸な一部のように思える。これはまさに私たちの批判するべきことの反対である。批判が効果的であるとするなら、人間関係のはじめで、批判される人が批判する人と同等の関係でなく、建設的な矯正を受け入れるときだ。どんな人間関係でも成熟してくると、関わりのある人々は平等の感覚をもつようになり、批判はより一層うんざりさせられるようになる。私たちに近い人々を批判するという習慣は長いあいだに培われてきたが、ここから、「なれなれしさは軽蔑を生む」という諺が私たちの文化に定着したと思う。不幸なことに親しくなればなるほど、自分に親しい人々に、もちろん建設的にではあるが、〈彼らのしていることはよくない〉、そして〈自分たちの言うとおりにするほうが遥かによい〉と告げることは、自分たちの権利であるだけでなく義務でもあると私たちは信じている。

おそらく批判の中でも、もっとも油断のならないものは、自己批判だろう。あなたがわたしを批判すれば、わたしはあなたからたいてい逃げられる。しかし、わたしが自分を批判すれば、どこにわたしは逃げることができるだろう？ わたしの上質世界には、わたしが何をしたとしても、有能な自分のイメージ写真を入れている。あなたがわたしの行動を無能と考えたとしても、わたしにとっては重要なことではない。サボテンの上を転げ回る決断ですら、わたしの欲求を満たそうとするわたしの最善の努力なのだ。わたしがこうした欲求を満たすために現実世界にどのように対処するかを見てみると、自分のために得たいと思っているものをしばしば得られていないことを認識している。スーザンは、デイブが去って行って別の女性と結婚して以来、結婚を守るために自分にはもっとすべきことがあったのではないかと、自己嫌悪に時間を費やしているとわたしは推測している。彼女がしていることは、自分がしてしまった悪いことで、自分を罰していることになるが、こうすればするほど彼女が必要としている新しい人間関係を築く能力を失うことになる。彼女は結婚生活でたくさんのよくないことをしてきたかもしれない（デイブも同様であり、彼女以上かもしれない）が、彼女の自己批判はどのような効果をもたらしているのだろう。それが次の人間関係で役立つものを教えてくれるなら、目的を果たすことになるが、怒りや落ち込みは役立たず、彼女の力を奪うだけである。

私たちが残酷な自己批判で自らを鞭打つことをすればするほど、自分たちが得たいと思っているものと、自分が得ているものとの差が一層増大する。この差の増大に対処するために、私たちは通常落ち込みか、アルコールを飲むことを選択するようになり、さらには創造的行動を選択する方向に向かえば自殺することすら考える。もし私たちが自分の人生を制御したいと願うなら、他の人を批判しない生き方を学ぶだけではなく、自分自身を批判することを同様に避けなければならない。わたしは有益なモットーによって生きている。「わたしは自分自身を批判しない。なぜなら、わたしのために批判してくれる人が十分すぎるほどいるからだ」

しかしながら、もしわたしの配偶者や子どもが何か悪いことをしたときに、側にいて何も言ってはいけないのか？　悪いことを誰も指摘しないで、正さなかったら、彼らは、とくに子どもたちは、どのようにして学ぶのか？　もちろん、わたしは何かを言わなければならないが、一二歳か一三歳になるまでの子どもに何を言うかは、わたしがそれ以上の年齢の子どもや成人した子どもに言うのとは違ってくるだろう。小さい子どもたちは、親に指示を仰ぐだろう。彼らはガイダンスが必要であることを知っており、権力争いは時間の問題であるが、まだ権力争いの段階ではない。わたしがする必要のあることは、よりよい方法を話したり、見せたりすることだ。そして、彼らのしているよくないことには触れないことだ。もし、彼らがわたしを教師と見るか、あるいは競合関係にあると見なければ、この建設的なやり方を大人にも使える。

もしわたしがこの同じ建設的なやり方を、競合関係にあると考えている人（ティーンと大人のほとんどがそうであるが）に使えば、その人は小さな矯正ですら批判と解釈するだろう。たとえば、わたしの意図がどれほど善意に満ちていても、成人した息子に、車を運転してサンフランシスコに行くよりは、飛行機を使ったほうがよいと言えば、息子は軽く見られていると感じるであろう。彼は彼の無能さやまずい判断についてわたしが責めていると感じ、すぐさま不快感をおぼえ、わたしの意見に建設的な理由があるとは考えないであろう。大人になると私たちはとても競合的となり、自分の力の維持に忙しくなって、しばしば健全な忠告ですら滅多に耳を傾けなくなる。したがって、批判の基本的欠陥は、善意でなかったということではなく、善意がほとんど通じないことにある。

批判は人がより効果的に機能する支援にならず、ほとんどつねに両者の間に楔《くさび》を打ち込むことになる。

私たちに身近な人を正しても双方の距離を拡大しない方法を提示しよう。じつのところ、これを正しくおこなえば、双方の距離が近くなるかもしれない。たとえば、スーザンが吹雪で閉じ込められたとき、彼女は少しでも制御を維持するために、責めることができる人を見回した。可能性のある人は二人しかいない。彼女かデイブの二人だ。彼女はデイブを責めることを選択した。そして、圧倒的な批判を浴びせ、二人の結婚を入れる棺桶に次から次に釘を打ち込んでいった。選択理論は彼女がデイブに次のように言うことを提示するだろう。「このまま吹雪が続いて閉じ込められたらうんざりするような一週間になりそうだわ。あなたも嫌だろうし、わたしも嫌よ。そこで、こうした時間を楽しくするには何ができるかしら?」

このやり方なら、彼女は彼を責めてはいないし、彼が制御を失うようなことはない。しかし、彼女は依然として不満足であるので、次のように言うこともできる。「あなたのせいでないことはわかっているけど、依然としてわたしはあなたのことで怒っているみたい。話し合えばわたしがしたいことがわかり、あなたのしたいことがわかるかもしれないわ。それは必ずしも同じことではないかもしれない。あなたはわたし以上に雪が好きみたい。あなたがスキーをしたいときには、話し合って、あなたが出かけているあいだにわたしができることを見つけるのはどう？　あなたは一人でスキーをもっと楽しめると思うわ」

彼女は吹雪で部屋に閉じ込められたときに、二人の結婚を破滅に至らせることに時間を使うのではなく、この時間を使って将来の計画を考えることができる。

わたしが提示している一般的な規則は、誰かを正したいと思ったら次のように言うほうがよいということだ。「振り返りをしてみよう。わたしにとって、またあなたにとって、そして二人にとって、うまくいっていることは何で、そうでないことは何か。これは、わたしの望むこと、あなたの望むこと、そして状況にしっかり目を向けるということだ」実際の状況を正確に同意できないかもしれないが、あなたのためにうまくいっているかどうかはわかるし、相手も同じことがわかる。そうすれば、今よりも両者にとってうまくいくプランを立てることができる。

たとえば、あなたの従業員は仕事をしていない、そしてもっと効率的に仕事をしてもらいたいと考えている。上記のやり方に従うと、あなたは批判をしない。そしてあなたは彼を呼んで言う。「私たち二人がこの状況でしていることを点検したいと思う。そして、何がうまくいっており、何がうまくいっていないかを見つけたい。もちろん、彼は緊張するが、状況に的を絞り、最近（昨日のほうがもっとよい）二人がしたことを一つひとつ話し合う。あなたがしたと思うことを話し、彼がしたことを話してもらう。意見が違えば、どこについて意見が違うかを話し合う。意見が違うことが良いか悪いかについての話はしないようにする。もっとも重要なことは、よりよくするための取り組みについてなんらかの同意に至るまで話し合いをすることだ。次にそのプランを実行する。点検の日程表をつくり、必要があれば、プランを改善する。彼の話すことに耳を傾ける。価値ある新しいやり方を学べるかもしれない。彼は自分のしていることがすべてよいなどとは言わないはずだ。むしろ、自分が改善する必要がある領域を口にするだろう。もし自分には改善の必要な領域はないと言えば、ただ一つの領域を取り上げて、彼が改善できるとあなたが思っている領域はここだと説明する。そして、二人でこの領域で働けば効果がある可能性があると指摘する。

最後の提案は、建設的批判に近いが、違いはこのシナリオでは最初から弱点を指摘していないことだ。従業員が自分で弱点を見つけるまでは、あなたは彼の弱点を指摘しない。あなたはたくさんの改善点が見えているのに、問題点を意識していない従業員は、このようなやり方を始めても十分に耐えられる強さをもっている。あなたの関心のあることはよりよい方法を見つけることで、批判することではないと彼がわかればすぐに、自らほかの欠点を見つけるだろう。なぜなら、あなたが彼をダメにするのではなく、大きく成長させようとしていることがわかるからだ。ほんとうに大切なことは、状況を共に評価し、協力して改善しようとすることだ。こうすれば両者にとってよりよい結果が得られる。あなたが家庭でも職場でも、こうしたやり方で対処すれば、あなたの人生は遥かによいものとなるだろう。このやり方で取り組めば、誰も制御を失うことなく、両者はより一層の利益を得ることになる。この方法に従えば、批判する必要はほとんどない。

褒美と罰は、私たちの文化が大切にする外的動機付けであるが、とても密接に批判と関係しているので、ここで取り上げる意味がある。批判と同じように、褒美と罰は外的コントロール心理学の産物で、選択理論に従っている世界では使い道がないだろう。選択理論の世界では、私たちの唯一の動機付けは上質世界のイメージ写真で、〈私たちの外側で起きるものが、私たちの行動の原因ではない〉、としっかり気づいている。褒美と罰は、人がやりたくなくても外側から強制することも説得することもできる、という間違ったアイディアを基盤にしている。私たちの社会のほとんどの組織は、褒美と罰で動機付けようとしている。これが、多くの組織、とくに学校、重工業企業、そして家族が機能しなくなる重要な理由である。

一方、賞賛は、私たちの所属の欲求を満たし、状況に適していれば、よい動機付けになり得るものであるが、もし、自発的要素に欠け、成果によって違いがなければ、褒美に当たるもので、価値は低くなる。

褒美と罰の間違いは、制御しているという個人の知覚を損なわせるからだ。

もしわたしがあなたを罰して、わたしの求めていることをやらせれば、わたしはあなたを制御する存在となり、あなたは制御を失い、わたしのすることに抵抗するだろう。しかし、あなたがどれほど褒美好きであっても、もしわたしが褒美を与えれば、わたしの求めていることをさせるために褒美がもらえたとわかり、わたしの制御をあなたは快く思わないかもしれない。私たちが罰よりも褒美のほうが好きなことは確かであるが、受け取った褒美にはあなたを操作する意図があったと考えれば、あなたは恨みを抱く選択をするだろう。手元にある褒美によって、あなたは少しばかりわたしに支配されることになり、それはあなたの好きなことではない。この制御への抵抗は、たとえば、炭鉱業での労使交渉のやりとりを説明するのに役立たせることができる。この業界では、基本給の問題は解決できないことではないのに、ストライキはほとんどいつも長い。炭鉱労働者は困難で危険な仕事をする。ストライキをするときは、お金だけではなく注目されることからくる制御の感覚に彼らは関心がある。

私たちは皆、基本的欲求によって動機付けられており、満たされたときには気分がよくなる。わたしが想像できる最善の賞賛は、あなたがわたしと共に喜んでくれることだ。しかし、あなたが自分のして欲しいことをわたしにさせようとするためには、それがわたしをどのように満足させるかを示さなければならない。私たちのほとんどは、お金のためによく働く。なぜなら、お金が買う制御を私たちが求めているからだ。しかし、お金のイメージ写真は、私たちが働きに出かけるときに、すでに頭の中にある。一生懸命働くためのほかの報酬があるとわたしを説得することができれば、お金のために働くだけではなくそうしたほかの報酬のために働くかもしれない。しかし、まずはその報酬をわたしの上質世界に入れなければならない。あなたはわたしに代わってそれをわたしの上質世界に入れることはできない。よい仕事に対して思わず自発的に賞賛の言葉が出る上司は、給与はしっかり出しても賞賛を与えない上司に比べ、自分の従業員からよい成果を得られるかもしれない。

外的コントロール心理学は、報酬を与える人、あるいは罰を与える人が、応答する人の求めがどれほど強いかを知っているという前提に立っている。しかし、人の頭の中にあるイメージ写真を十分に知って、それらを一貫して正しく推測できる人はいない。刺激を与えるほとんどの人が、最終的には罰を与えるようになる理由はここにある。マゾキストは別としても、罰を与える人は、傷つけられることに欲求充足を見出している人は誰もいないことを知っている。したがって、苦痛は簡単な体力作業をしばらくさせるには、役に立つ。しかしながら、もし任務が複雑になると、罰で脅された人は、仕事を混乱させ、それでも責められない方法を考え出す。奴隷は穴を掘る。彼らはコンピュータを組み立てない。しかしながら、そのうち痛みがどれほど大きなものであっても、ほとんどの人が私たちを満足させない仕事を意識的に（死ぬほうがよいと）あるいは無意識に（病気になったり狂ったりして）拒否するようになる。まともな考えをする人なら誰でも、複雑で創造的な仕事をしてもらうのに、鎖につながれた囚人が適しているとは考えない。

　生産性を高めようとして使われる、刺激 - 反応手法のアメリカのマネジメントは、大きく日本に差をつけられている。日本人は、従業員との話し合いをたくさんしながら、できるだけ欲求充足できるようにつねに仕事をアップグレードし、選択理論的マネジメントを使っている。彼らは硬直した報酬も、解雇という脅しも使わずに、現代技術が求める複雑な仕事をするよう人々を動機付けている。最終的には、外的動機付けに過度に依存しているどんなシステムも壊されていく。このような破壊をもっとも明白に見る場所は、どこよりも公立学校の教育制度だ。学校には批判、失敗、硬直した褒美、罰が成績という形ではびこっている。

これまでのところ、学校改革はほとんど独占的に刺激 - 反応心理学に基盤を置いている。すなわち、長時間の学校生活、より難しい取り組み、さらに厳しい成績基準、成果を出さない生徒をより多く落第させる、などがそれだ。私たちは〈学ぶことは欲求充足することだ〉と生徒を説得する必要があるが、そんな声をほとんど聞かない。教育、そして学びに必要な勤勉さを生徒たちの上質世界に入れる取り組みはなされていない。しかし、選択理論的教育は可能だ。いくつかの学校でうまく実践されており、産業領域ではかなり広まっている。しかし、私たちの文化の一部になってはいない。逆説的であるが、日本人は仕事のマネジメントでは選択理論をかなり実践していても、学校では米国以上に刺激 - 反応心理学が大変に幅をきかせている。学校では成功するための激しい競争があり、成功していないことに対して懲罰的に辱めることがあまりにも多いので、生徒が頭に描く高い基準を達成できなくて、自殺が若者に蔓延することを日本人は皆、心配している。

第十三章　人生の舵を握る

結婚問題に直面しているスーザンを例にして、私たちが制御できなくなっている状況に遭遇したとき、どのようにして選択理論を実生活に適用したらいいかを説明しよう。もし、スーザンが選択理論を知っていたら、結婚生活に満足しなくなったときすぐに、問題に対応する方法として、彼女が選んでいる行動をじっくりと点検していたことだろう。彼女はデイブと自分自身に対してたくさんの批判をしていることに気づいたであろう。彼女はデイブからの愛と注目を必死に得ようとして、怒りの発散のとき以外は、ほとんどつねに落ち込んでいた。彼女が惨めになる選択をしていると気づいたらすぐに、重要な選択理論の質問を自らに投げかけたことだろう。「わたしが今選んでいる批判することや惨めになることは、わたしが得たいと思っているものを手に入れる助けになっているだろうか？」

この基本的な質問は人生を制御したいと思う人なら誰でもしなければならないが、これに対する答えはいつでも「ノー。助けになっていない」である。長期にわたる苦痛や批判を選択することは、私たちが今もこれからも得たいと思っているものを得させてはくれない。選択理論は、私たちが行動を選択し、しかもよくない選択をしていることを意識させる能力を付与するだけではなく、相手に変わって欲しいとどれほど願っても、私たちにできることは自分の人生をよりよく制御することだけだ、と述べている。欲求を満たさないことを他の人にさせ、考えやらせ、感じさせる力を私たちは持ち合わせていない。

そういうわけでスーザンが選択理論を知っていたら、デイブを変えたいとどれほど思っていても、彼女ができることは自分の人生の生き方の選択方法を変えることだけだとわかっていただろう。もし彼女の選択する行動が、これまでの行動よりも、デイブにとってより満足のいくものであれば、彼がより愛情を注ぐようになる可能性はある。もし彼女のしたことが彼女にとって満足のいくもので、デイブはこれまでどおり距離を置くようであれば、彼女はもう彼を必要としない、と離婚手続きをするという決断に至るかもしれない。しかし、彼女がどんな決断をしたとしても、彼女の努力はデイブやほかの人に向けたものではなく、自分自身の制御の仕方に向けられると気づいているはずだ。

惨めになることはよくない選択だと意識するやいなや、彼女はよりよい選択はいつでもできるということに気づく。この気づきはつねに励ましとなるが、彼女がよりよい行動を見つけようとする前に、自分の頭の中にある結婚のイメージ写真をまず注視する。主として彼女のイメージ写真には、デイブが今よりも遥かによい振る舞いをしていて、おそらくもっと親切に彼女に接し、二人が楽しくできることにもっと時間を割いている。こうしたイメージ写真を彼女が求めているので、このようなイメージ写真にデイブが近づいて欲しいと願いながら、スーザンは落ち込みや批判にすべてのエネルギーを費やしてきた。しかし、努力は報われていない。彼女が彼を見ると、彼女の頭の中にいる夫と今の夫との間に、大きな較差があることを意識したことだろう。

人生の舵を握るためには、達成できないこうしたイメージ写真に焦点を当てないで、今のデイブと何かをすることで満足するイメージ写真を少しでも見つけることだ。どの時点でも、不幸な結婚でさえ、夫と妻が分かち合える満足する活動がどんな場合でも少しはあるものだ。スーザンがすべきことは、上質世界の中に残存している満足した結婚のイメージ写真を探し出すことだ。たとえば、過去何年ものあいだに二人の間に困難があったとしても、彼女が家庭を開放し親しい友人を数人招いて簡単な社交の夜を計画したときに、たいてい成功していた。どれほどの緊張があったとしても、パーティーの数日前に彼女が批判や文句を言わなかったら、ほとんどいつも楽しくゆったりとした時を過ごすことができた。

しかしながら、過去六ヵ月のあいだ、彼女はこのイメージ写真にはほとんど注目してこなかった。パーティーは楽しいかもしれないという考えが頭をよぎったとき、彼女はいつでも言い訳を用意していた。自分は落ち込みすぎている、デイブは助けてはくれない、全部自分でしなければならない、招待した人はいつでも楽しい時を過ごしたが、お返しに招いてくれることはない。彼女は、達成可能なもっとも欲求充足する結婚のイメージ写真をまだ頭の中に残しているのに、それに注意を払わない正当な理由をたくさんもっていた。過去には、数週間もデイブとの間に緊張が張り詰めていても、こうしたリラックスした社交の夜を過ごせば、デイブは愛情を示し、注目してくれたものだった。彼女にはこうしたことはわかっていたが、選択理論を知らない人が抱える結婚問題と同じように、彼女はそのような夜の計画を立てることをしないで、批判をし、落ち込んでいた。

ここで学ぶべき重要なレッスンは、あなたが重要な人間関係で悩んでいるときに、確実に達成できると思うイメージ写真にエネルギーを注ぎ込むほうがよいということだ。スーザンは、楽しみの欲求を満たす、古くからあるイメージ写真をとくに探すべきだった。たとえば、彼に面白い挨拶カードを送ることもできる。彼はこれまでこうしたカードをとても楽しんでくれた。このようなイメージ写真は、彼女が落ち込みを選択しているので不合理に見えたが、まだ上質世界にあるのであれば、これらを探して見るべきである。このような悪い状況でも満足させてくれる可能性のある何か新しいものを、彼女はつくる努力をすることもできる。強く落ち込んでいる人にとってこれをすることは困難だとはわかっているが、思考行動としては悪くない。スーザンが制御できるものだ。こうしたことを選択することもできる。彼女が落ち込みを選択していると自覚すればするほど、これはよりよい選択であることがより一層明らかになるだろう。

私たち各々が自分だけの上質世界をもっていることをおぼえていなければならない。上質世界の隅々まで探せば、何年も前に貼り付け、その後長いあいだ放っておいたイメージ写真がたくさんあることに私たちは気づく。しかし、そこにあるなら、まだ欲求充足をするものだ。欲求充足しないものなら、そこにはあるはずがない。

しかしながら、スーザンはデイブとよい結婚生活をしていたころの数枚のイメージ写真に決める必要はない。彼女はもっといくつも創造することができる。達成できないイメージ写真のことで落ち込みを選択しないで、彼女は自分の創造性を活性化させて、自分にもデイブにも欲求充足となる新しい状況を考えつくこともできる。彼女のしていることは、砂の中で車輪を空転させている運転手と変わらない。車輪の空転を止めて、車を降り、別の方法を考える必要がある。

頭の中のイメージ写真を追い求めることをやめることはできないが、欲求充足になりそうなイメージ写真を選択することはできる。スーザンは、誰でも言いやすい次のような言葉を避けなければならない。「この特別なイメージ写真が得られないなら、ほかのものは欲しくないわ」彼女の結婚がふたたびよい方向に向かうためには、満足の低いイメージ写真でも、達成できないイメージ写真よりも遥かによい。彼女は、自分に次のように言い聞かせることができただろう。自分は上質世界にたくさんの満足いく結婚のイメージ写真を入れる能力をもっている、と。それらのあるものは、近い将来に、あるいはひょっとしたらいつまで経っても、実現することはないかもしれない。しかしながら、いくつかのイメージ写真は、どれほど結婚が悪くなったとしても、彼女が達成できるものだ。彼女は自らにこう言えたはずだ。「これをすると、気分がいい。デイブも気分がよくなるだろう。そして私たちの結婚はよくなっていく」と。

スーザンが選択理論を知っていたら、自分が満たすことのできないイメージ写真に六ヵ月ものあいだ頑固に執着しなかっただろう。彼女が満足しなかったらすぐに、たとえばよきホームパーティーを企画して、その企画を実践できたであろう。それがうまくいかないとしても、時間とエネルギーを少しばかり消費したことになるが、うまくいけば、彼女の結婚の制御が少しできたことになり、小さな始まりとなる。その夜の終わりに、デイブがやさしくなり、よい雰囲気になっていることに彼女が気づく可能性はある。彼女はこの企画をどれほど楽しんだか表現できるだろう。そして、彼に何か楽しく一緒にできそうなことがあるかを尋ねることもできる。彼が何かを口にすれば、曖昧な返事をしないで次のように言う。「それは素敵だわ」あるいはさらに「私たちそれをしばらくしていなかったわね」。彼の言うことが彼女にとって受け入れられることなら（そのような親密な瞬間ではとてもあり得ることなので）、彼女が言うことは「いいわね。やりましょう」となるだろう。そして、その場で、いつ、どこで、どのようにして彼女がお手伝いできるかを話し合うとよい。

よい結婚では時に予想しなかったときに、愛情と慈しみを表現することはよくあることだ。これに加え、目に見える形の分かち合った体験、そして分かち合わない独りの体験も定期的に企画されなければならない。さもなければ関係は悪化するだろう。最善な結婚ですら、互いの企画は不可欠だ。しかしながら、何もしないで起こることではない。互いの重要なイメージ写真を満たす方法と時期について計画するためには、怒りや緊張があるときではなく、愛と親密感があるときがよい。この例のように、より満足していないパートナーが、それまでの関係に欠落していた愛と親密さを少しでも取り戻すために何かをしたときがチャンスだ。この結婚では、六ヵ月ものあいだ、効果のある満足する計画はなかった。そして、このあいだにデイブは欠落していたものを得るために別の女性との関係をもったのだ。じつのところ、罪悪感を止めるために彼が自分に与えた言い訳の一つは、スーザンはもう一緒にいても楽しくなくなったというものだった。

読者に理解して欲しい重要なことがある。〈一つや二つの楽しいパーティーが、崩落している結婚を救うことができるとわたしは考えていない。もっとたくさんのことをする必要がある〉ということだ。うまく機能していない結婚を刷新するために、パートナーの一方、あるいは両方が試みることができる多くの満足できる活動があるはずで、わたしはほんの一例としてこれに触れているだけである。二人が時間とエネルギーを無駄にして、砂にはまって動けなくなっている車輪を空転させ続けるなら、達成できるものは何もない。

この時点でこの選択理論的忠告を読んだ女性は、スーザンにだけ責任があるとわたしが言っていると思うかもしれない。状況を改善するために、男性には何もする義務はないの？ どうして女性にすべての重荷を押し付けるの？ このような考え方は公正ではあるが問題がある。デイブに重荷の一部を移そうとすることであるが、彼がもともと不満足であるかどうかはわからない。スーザンは不満足なので、結婚を救うことができるかもしれない。もちろん、彼が不満足であれば、彼の責任である。この場合確かなことは、結婚をよくするためにデイブはできることをすべておこなうべきである。しかし、彼は自分を満足させることだけをするだろう。もし不満を抱いていなかったら、何もしないだろう。しかし、スーザンが批判をし、落ち込んでいるあいだ、デイブは自分の殻に閉じ籠ってしまう。それも彼自身の選択だ。

選択理論によると、スーザンでも誰でも彼に無理やり別の選択をさせることはできない。彼はやがてはよりよい選択をするかもしれないが、彼がそれを望むときだけで、スーザンがどんなにお願いしても、また惨めになることで無理矢理にやらせようとしても無駄だ。公正でないとか「デイブがするまでわたしはしない」ということは理論的ではあるが、スーザン自身が制御できない足に、合わない靴を履かせようとするのと同じだ。公正であろうがなかろうが、スーザン（誰でも）にできることは、自分の人生を制御することだけだ。スーザンがこれをデイブが喜びそうなやり方ですれば、彼はこれまでよりも少しその気になって、彼女にとって満足できることをしてくれるかもしれない。

スーザンにとって正当なほかの選択肢は、自分から先に何かをしなければならないなら、結婚はこれ以上望まないと決断することだ。彼女はこのことをデイブに明白に知らせることができる。彼女は自分がすること、しないことを彼に告げて、彼女が望むことを彼がしないなら、結婚を終わらせることができる。この直接対決の問題点は、デイブが「では終わりにしよう」と言うかもしれないことだ。たとえ彼がまだ結婚生活を続けたいと願っていても、彼はこの直接の対立を、自分を無理矢理支配しようとするものと解釈するかもしれない。もしスーザンが結婚を終わらせたいと願っていれば、直接の対決姿勢はするべき確実な方法であるだろう。しかしながら、この方法をとる男女のほとんどは、本気ではない。望む効果が得られなくても、彼らは結婚を終わらせる準備はできていない。彼らが準備できていることは、落ち込み、頭痛、あるいは病気になることで、両者の頭に残っている互いにとって満足のいくイメージ写真を探すことでも、実践することでもない。

スーザンは自分が惨めになることで、依然としてデイブ（そして彼女自身）を制御しようとしていることをおぼえておいてほしい。もちろん、彼女は自分の惨めな行動は自分の選択であること、あるいは、そのとき彼女にとってこれがもっとも満足のいく選択であるとは思っていない。しかし、彼女が選択理論を知っていて、惨めな行動を自分が選択していることだと受け入れたとしても、自分が自己否定的、あるいは博愛的な行動を選択するのは、他の人のためではなく自分のためだということを受け入れるのはまだ難しい。彼女がデイブのためにどれほど自身を捧げても、彼女の行動はつねに彼女自身のためなのだ。誰かのために何かをして、ほかの人が大きな恩恵を受けることはある。しかし、ほかの人が何もしない、あるいはほんの少ししかしないで、私たちがすべてをする、あるいはほかの人はしてもらったことに感謝をしない、あるいは返礼しない可能性もある。スーザンはデイブが感謝して、支援的になることを期待してもよいが、「彼が何を選択するかについて、彼女はなすすべがない」

たとえば、スーザンが楽しいホームパーティーを企画したとき、デイブが酒に酔って、暴力的になったとしても、これは彼の選択なのだ。最善の意図をもって始めた夜は、悲惨な終わり方をした。一度ならずこういうことが何度も起これば、スーザンはこのような夜の企画を上質世界から剥ぎ取るだろう。しかし、パーティーを開くまでは、スーザンには知るすべがない。彼女が制御できるのは自分自身の人生だけだ。彼女の幸せは、ほかの人のすることに依存していない。自分が何をするかで決まる。このことを彼女が早く学べば、それだけ彼女はより幸せになるだろう。

「何を求めているのか？」とスーザンに尋ねると、あるいはスーザンが自問自答してみると、答えは「わからないわ」となる可能性は高い。もちろん、これは真実ではない。どれほど否定しても、私たちは自分の上質世界に何が入っているか知っている。しかしながら、得たいものが得られなくて、私たちが挫折すると、私たちは人生を制御することができなくなり、何を求めているのかわからないと自らを確信させる。彼女の結婚がうまくいかなくなったとき、スーザンは自分が求めていたのはよりよい結婚だということがよくわかっていた。おそらく、デイブと長い休暇を過ごすことが結婚を刷新させたかもしれないが、そのとき手に入らないようなものに直面するよりも、「わからない」というほうが言いやすかった。自分の人生の舵を握るためには、力を集結させて、何を求めているかをしっかり把握しなければならない。なぜなら、しばらくのあいだ悩みに気づ

かぬ努力はできても、

何に悩まされているかに十分気づくまでは、私たちは行動を変えることができないからだ。

ほんとうに欲しいものを否定しようとして、スーザンのような人々は、しばしばため息をついて言う。「わたしが欲しいものがどうして重要なの？ どうせ得られないのに」しかし、彼女のため息も落ち込みも彼女の選択で、否定しながらも自分が得たいものを得ようとしているのだ。彼女が選択している苦痛の観点からすれば、自分の欲しいものを意識していてもいなくても、まったく変わりはない。私たちが欲しいものを得られなければ、私たちは怒りを選択するか、同じように苦しむ。一度選択理論を知れば、ただ得難いという理由だけで、得たいと思っているものに直面することを拒否して、時間とエネルギーを浪費しない。なぜならあなたは、自分が同じように苦しみを選択することを知っているからだ。

私たちが欲しいものに直面する勇気を得るために、忘れてならないことがある。呼吸は別として、私たちはほとんどつねに、欲求を満たすために頭の中に一つ以上のイメージ写真を持っている。もし十分な数がなければ、もっと増やすことができる。デイブが旅行に連れて行ってくれないことを理由に、落ち込むことをしないで、彼女の欲しいものに近いイメージ写真で現実味のあるものを探すべきである。たとえば、彼なしの旅行ができない理由はない。彼女がこう考えたらすぐに、デイブは必ずしもいなくてならない旅行の同伴者ではないと考えることができた。彼女は友だちと旅行して楽しく過ごすこともできるはずだ。デイブから離れるのも、両者に必要なお互いから離れる機会を提供することになるだろう。

スーザンが選択理論を学ぶあいだにも、彼女は依然として落ち込みを選択し、ほかの惨めさを選択するだろう。しかし、彼女はこうしたものを昔のように長期間選択することはない。選択理論を知っても、すぐに制御できるようになるわけではないが、自分が惨めさを選択していることに気づいているので、多くの人がしているように、何ヵ月も何年も惨めさを選択することはほとんど不可能だと気づくだろう。わたしはよく一、二時間、時に長くて一日、惨めさを選択することがあるが、そのあと自分に言い聞かせる。「よりよい選択があるに違いない」と。しかしながら、忘れてならないことは、よりよい選択はいつでもなんらかの行動である。これまでに説明したように、自分のしていることだけを直接、思いのままに制御できる。たとえば、スーザンは社交の夜を開くことはできるが、そうしたからと言って、よい気分を選択することはできない。しかしながら、もしその夜の企画が成功すれば、そして、彼女が企画したこれまでの夜の企画が成功であったのなら、彼女が楽しいひと時を過ごす可能性は高い。企画が成功すれば、惨めさを選択し続ける理由はなくなる。

スーザンはまた、デイブと結婚関係を続けたいのなら、上質世界にこれまで入っていた重要なイメージ写真を取り外すことを学ばなければならないかもしれない。長い結婚生活をしてきた人々のほとんどが剥ぎ取らなければならないイメージ写真は、何もかも一緒にしている夫婦という写真だ。上質世界のすべてのイメージ写真が、結婚をしたら突然一致するということはない。私たちは多くのイメージ写真を共有したまま結婚をする。賢いことだ。しかし、結婚が成熟するにつれ、共有されない重要なイメージ写真が出てくる。こうしたものは別々に満たされなければならない。そうしなければ結婚はおかしくなる。

私たちがすでに学んだように、スーザンよりもデイブのほうがスキーの愛好家だ。しかし彼女は、これをこれまでのように結婚を損なうものとしないで、この知識を活用して結婚を強化するものとして使うことができたはずだ。たとえば、彼女は、冬季スポーツを観戦することもできた。そして雪が降るとすぐに、率先してデイブに「初雪を見逃さないように、スキーに行きましょう！」と言うこともできた。彼女は、自分はすることがあるので、独りでいても大丈夫だということもできる。「スキーの計画をこれから立てましょうよ」とも言える。もしデイブに彼女への思いが少しでもあれば、家で一緒にいるときに、彼女ともっと何かを共にするようにするだろう。なぜなら、独りで楽しめるスキーを彼から剥奪しようとしていないことを彼が知っているからだ。

わたしは妻と共に分かち合えるイメージ写真をいくつも思いつくことができるが、一緒にしないものもある。規則的に私たちが共有しているもの、あるいは共有していないものもお互いに楽しんで取り組めば、私たちは堅固な結婚の基礎をもつことになる。互いに共有していないものを楽しんでもらえないとしても、最低限私たちのできることは、私たちは違った背景をもつ違った人間だという事実を忍耐して受け入れることだ。この真っ当なやり方をして、いつも一緒にいなければならないと互いを不自由にしなければ、私たちはたいてい活動を共有するようになる。よい結婚生活をしているほとんどの人は、愛する人が望んでいるというだけで、かなりのことをするようだ。もし共有していないものを相手に勧めることなく、違いに対して忍耐もできなければ、彼らは怒り、さらに忍耐できなくなる。

結婚やその他の人間関係で違いがあれば、唯一の解決策は交渉して満足のいく合意に至ることだ。この合意が片方に有利であることはよくあることだが、そうであったとしても、話し合いがことあるごとになされていれば、片方だけが有利というのは少なくなり平均化される。自分たちの当然の分け前を確保するために、妥協の前に交渉する理由はここにある。互いの相違点で苦しんでいる知的な人々が、〈話し合うことに意味がない〉と言っているのを聞くのは悲しいことだ。話し合うこと、あるいはもっと正確には交渉することは、互いの違いを解決する方法だ。人々は交渉して違いを解決しようとしないで、相手を（あるいは自分自身を）制御する手段としてしばしば、悩む、文句を言う、批判する、争う、病気になる、狂った行動をとる、あるいは薬物に手を出すというような選択をする。

もしあなたが個人的に困難を抱えているなら、ほとんどつねにその原因は、自分の欲求充足のために重要な人とのあいだに意見の違いがあって、その違いを交渉する方法を見つけられないことにある。この交渉こそが唯一の方法だ。もしそれができないなら、ほかに道はない。人がカウンセリングには効果がないと言ってあざ笑うとき、彼らが言っていることは、交渉したくない、すなわち相手を制御したいということだ。これまで説明してきたように、力を行使しようとすると、ほとんどつねに所属の欲求を満たせない。そこで、私たちすべてが他の欲求を満たすために、少しばかりの力を犠牲にする覚悟をもたねばならない。どのようにするか、そしてどの程度するかは、交渉しだいである。スーザンが二人の上質世界にあるイメージ写真の中で、デイブとまだ分かち合えるものがあるかを探すべきだという理由は、この分かち合いが交渉を可能にし、結婚を救うことになるほかの合意に至るかもしれないからだ。私たちは違いをもちながら生きることができる。違いのない結婚は存在しない。しかし、違いが大きくなったときに、〈交渉をしない〉と私たちが拒否すれば、結婚を救済する機会を失うことになる。

この世界にはスーザンとデイブのような夫婦がたくさんいるが、彼らが結婚を、あるいは彼らの人生のどの部分でも制御できなくなれば、専門家のカウンセリングを受ける必要があるだろうか？　答えは明白である。すなわち、自分たちで解決しようとしてできなければ、よいカウンセラーと話すべきだ。しかし、よいカウンセラーは、彼らの体験した惨めさを受け入れ、過去や現在の惨めさについて話す人ではなく、よりよい選択に導く人だ。よいカウンセリングは、人々が今選択しているものに焦点を当てる。人々の欲しているものを得させてくれているか？　得たいものを得ていないので〈そうでなければここには来ていないはず〉、よいカウンセラーは交渉して、よりよいことを両者かけ片方にしてもらう計画を立てる。この計画は、二人の結婚関係のなかで、二人の頭の中にある重要なイメージ写真をつねに満足させるようなものだ。こうしたイメージ写真が不十分に思えるなら、この計画は、互いに満足できる新しいイメージ写真を見つけることかもしれない。

よいカウンセリングは、過度に過去を掘り返さない。過去に触れるときには、それがつねに現在につながっているときだけだ。もし人がトラウマというような過去をもっていればカウンセラーにそれを話し、人生を制御できなくなったときがいつかをカウンセラーに知ってもらうのはよい。しかし、スーザン、デイブ、あるいは誰であっても訪れた人を支援して、〈過去がどれほど悪いことでも、今起こっていることにはなんの関係もない〉ということを理解してもらうようにするのはカウンセラーの仕事である。

過去について話す最大の価値は、その惨めさではなく、過去に培った力を見つけ、今それを使えるようにすることだ。ある意味で、スーザンは、彼女の過去を覗いていたが、これはデイブとの間に一度は効果のあった結婚のイメージ写真を上質世界の中に探したときだった。古いもので二人の欲求を満たすものを使うことができれば、新しいものを探す必要はない。しかしながら、多くの人は、過去の出来事にまだ圧倒されている。こうした過去の出来事が満足のいく解決に至らなければ、よくなることはないと考えて、困難な現在を避けようとしている。

スーザンは、デイブとの問題は彼女が父親との間に抱えていた問題とそっくりだと主張するかもしれない。彼女は父親との間に深刻な問題を抱えていたかもしれないが、それを結婚問題の原因として責めるのは間違っている。彼女は父親と結婚したのではない。そして、父親との関係でもそうであったように、デイブとの関係でも落ち込んでいて、昔と同じ効果のない行動を彼女は今選んでいるのだ。選択理論を使うカウンセラーはクライアントにも選択理論を教える。スーザンが一度選択理論を知れば、〈昔よくない選択をしたからといって、今もそれを続けなければならない〉ということはない、とすぐに学ぶだろう。彼女が今よりよい選択をするようになれば、父親との関係はすぐに忘れてしまうだろう。私たちは今を生きているので、今自分自身を満足させなければならない。私たちは実際にも言葉でも過去に戻ることはできないし、もう存在しない状況を満足させることもできない。

選択理論を知らない多くの専門のカウンセラーが、〈現在の問題を処理する方法を知る必要がある〉とクライアントに教えないで、過去に生きることを奨励しているのは不幸なことだ。過去にどれほど苦しんだかを話すことによって、現在の日常生活で重要な人々を操作しようとするクライアントがいる。このやり方を支援するカウンセラーには注意しなければならない。もしスーザンがカウンセリングで学んだことによって勇気付けられ、デイブが自分の父親とどれほど似ているか、そしてこれがどれほど自分にとって困難であるかをデイブに話し続ければ、デイブはスーザンに対してすぐにうんざりしたことであろう。彼女の父親が死亡していれば、デイブは完全になすすべもなく、八方塞がりの状況となり、二人の違いを解決しようとしないで、より引き籠る方向に向かうだろう。

惨めな事柄は私たちすべてが体験する。多くの人がナチス時代の収容所の苦しみを生き延び、先に進み、それぞれの人生を生き抜いた。自分の受けた苦しみと、苦しみ続ける選択をし続けることによって、自分の欲求を満たそうとしなかった。彼らは、自分の欲求を現在、安全に満たさなければならないと考えた。人々との関わりで私たちが得ることができる唯一の満足は、彼らが選択をし私たちに与えてくれるものだけである。私たちが彼らを強制して、過去であれ現在であれ自分の苦しみを使って相手を制御して、私たちが得たいと思っているものを無理にでも得ようとすれば、私たちは失敗をする。私たちが失敗したときによくすることであるが、もし私たちがさらなる別の苦しみを選べば、私たちは勝ち目のない無駄な努力をすることになる。忘れてならないことは、私たちの頭の中のイメージ写真を満足させるために、信じられないほどの苦しい痛みを選択するということだ。しかしながら、私たちが自分の惨めな気分は選択であり、よりよい選択はいつでも可能であると学べば、私たちは積極的に行動して、自分自身で、あるいはほかの人の支援を得て、より効果的な行動を選択することができる。

　私たちが選択理論を学ぶときに、謙虚に受け入れなければならないことがある。努力をしても（そして苦しんだとしても）私たちの周囲にある世界の小さな部分ですら制御する方法はないということだ。私たちが何をしても、また何を考え、感じたとしても、私たちは自分が望むような方法で自らを満足させることができないときが多くある。ましてや、ほかの人がすること、考えることについて私たちはなんらの制御もできないというのは事実である。自分の外で展開する状況と自分とを制御しようとして、惨めな気分を選択して時間を浪費するよりも、少しでも自分を満足させる方法を見つけることができれば遥かによいこととなる。

　少量の制御を少しでも得られれば、もっと得ることができるという自信につながる。もしスーザンがデイブと一緒に楽しめることを思いつき、計画を立ててそれを実行すれば、これまでは制御できていなかった状況に対して、少しの制御を得ることになる。もしデイブがそれを楽しんで、彼女に近づけば、これまで二人が共有していなかったイメージ写真のいくつかについて繊細な交渉を始めることになる。もし二人して、ある妥協点を見つけ、実践することができれば、彼女は惨めな気分の選択を止め、彼も引き籠ることを止めるだろう。もし彼女が損得を考えずに、結婚のためにすることに意味があるというだけで、こうしたことをおこなえば、さらに、デイブが彼女に少しでも好意を抱いていれば、彼らは結婚を取り戻すことができる。もし彼女がこうしたことをすべて実践して、彼が彼女との結婚関係を望まなければ、彼女ができることはすべてしたことになるので、愛を別の所に探すべきだ。

第十四章　選択理論心理学と子育て

「よい子育てをされた子どもはどんな子に育つか」について、意見の一致はないかもしれないが、どのような子どもになって欲しいかについては、私たちのほとんどは似たような考えをもっている。温かく、愛情溢れる子どもに育つことを私たちは願っている。また、勤勉で経済面で慎重な人、健康にも注意し、とくに薬物を使わない人、道徳的で法律を遵守する人、そして、友人、家族、家族の関係者に温かく接し、相手を尊重する人になってほしいと願っている。自分の子どもたちがこのような人に成長すれば、子育てはおおむね効果的であったと考えられる。

子どもがまだ一緒に住んでいる親のために、選択理論に基づく子育てについて説明をするので、それによって子育ての間違いを避けていただきたい。本書は子育ての完全な指南書ではないが、読者が選択理論にすでに通じていれば、親にとって本章は有益となるはずだ。

私たちは選択理論から重要な教訓を学ぶことができる。自分たちの子どもにどうなって欲しいかについて、先に描写したようにできるだけ大まかなイメージ写真を思い描くべきだ。私たちの頭に描くイメージ写真が具体的になれば、私たちは親として効果的な関わりができなくなってしまう。たとえば子どもに、医師、弁護士、エンジニア、軍将校、牧師になって欲しいとか、結婚して欲しい、子どもを産んで欲しい、裕福、有名になって欲しい等々と具体的になればなるほど、私たちは子どもに大きな圧力をかけることになる。これは子どものためではなく、親のためである。そして、不幸なことに子どもがなりたくないものになれと親が圧力をかければ、これほど子どもを嫌な思いにさせるものはない。

子どもたちは自分の欲求を満たすために、自分の目標を達成したい。これができない場合、子どもは、何も考えないで親が望むとおりのことをするだけなので、人類に発展はなくなる。そうであればまだ洞窟生活をしていたかもしれない。進歩があったのは、親の思いとは違っても、子どもが満足できるものに取り組んだからだ。あまりにも多くの親が、子どもたちを自分たちの思い描くイメージ写真に合わせようとしている。こうすれば子育ては親にとって勝ち目のない権力争いになる。親子関係が怒りと批判の応酬戦になるにつれ、愛と思いやりは姿を消すことになる。

多くの親は明確な考えをもっているので、とくに〈大きくなったら何になるかは子どもに決めさせなさい〉という私たちの考えに噛みついてくるかもしれない。彼らの反論はこうかもしれない。「わたしが示してあげなかったら、なんにもならないわ。何もしないで子どもの人生をただ見ているだけなんて賭博と同じよ」よい親ができることはたくさんある。本章の最初にわたしが述べたように、おおまかな方法で子どもの成功を支援することができる。成功した子どもについてのおおまかな描写では不十分と考え、子どもの成功は親の望む大人になることだと主張する親は、助けになるよりは障害となる。

自問自答してみるといい。わたしは自分が生きたい人生を生きているか？　あるいは、いまの人生は親がわたしのために選んでくれたものなのか？　親の望む人生ではなく、自分の望む人生を送ってきた人が多いと、わたしは推測している。そしてまた、あなたは今自分がしていることに満足しているだろうとも思っている。もし満足していないとしても、親の言うとおりにしなかったからこうなったと、多くの時間を悔いているとは思わない。あなたの選択がうまくいったとしても、あなたの親はその過程で反対をし、誰にでも明白にわかるようになるまでは、あなたの選択をよいものだと、受け入れてくれなかったのではないか、ともわたしは推測している。

成人した子どもたちに私たち夫婦が強く求める具体的なイメージ写真はただ一つ、休日にたまには家に帰ってきて、滞在するあいだ互いによい人間関係を維持する努力をしてもらいたいということだ。また、私たちは彼らが私たちとよい関係を維持し、兄弟姉妹間の関係も良好であって欲しいと願っている。それを越えては、私たちの頭に入れるイメージ写真はできるだけ大まかなものだ。子どもたちには彼らの人生で最善と思われることをして、成功してほしいと願うことだ。選択理論のおかげで私たちはついに、子どもたちは自分たちのイメージ写真に従って生きるのであって、親のイメージ写真ではない、と理解するようになった。しかし、親、そして兄弟姉妹と仲良くするというイメージ写真をしっかり頭の中に入れてもらいたいので、できることはなんでもしたいと思う。

子どもがどんな大人に成長するかについて、私たち親はどれほど責任があるのだろうか？　たとえば、三章に登場したマリワナを吸っているティムのように、子どもが問題行動を選択した場合、主として親の責任なのか？　一六歳になったときにティムのようにならない子育てはどうするかを学ぶ責任は確かに親にはある。ほとんどの子どもたちは、親が望んでいることを考慮に入れるものだが、意見の不一致があれば、ティムのように、子どもは自分が最善と思うことをするだろう。私たちにできることは、子どもたちが無責任で、不幸な大人にならないように育てることだ。ティムの親は、現在の自己破壊的な行動は〈学校でしっかり勉強して、弁護士になる準備を始めるように〉という親の圧力に抵抗する方法であることをわかっていない。彼の抵抗の仕方は彼にとって破壊的であるが、疑いもなく効き目は出ている。親はもはや彼が弁護士になるという願いを抱かなくなった。親は今では、子どもが学校で合格点を取り、マリワナを吸うのを止めて、夜中に早めに音楽を消してくれれば満足するようになった。

三章でわたしは、ティムの父親が、急速に悪化しているティムとの関係を修復する努力をする必要があると述べたが、そうしなければ、ティムが変わるのを支援するためにできることはほとんどなくなるからだ。よい人間関係がなければ、努力をしても効果はないし、破壊的でさえある。子育てをしているときに、これほど重要なことはない。子育て全般で基本的なことは、子どもの頭の中に親が愛情豊かな人として留まることだ。これはとくにあなたが常識という間違った考えに従えば、実行するのが難しい。間違った考えは、子どもの行動に問題があれば、〈もっと気を配り、許容的であることを止め、子どもの行動を矯正する〉というものだ。親が子どもの行動を矯正しようとすればするほど、子どもは抵抗し、すぐに二人は口をきかない仲になる。親は気を配らなかったわけではなく、許容的でもなかったのに、〈子どもがティムのように振る舞う、あるいはもっと悪い行動をし、罰や脅しをもってしても変えることができない〉ということがあることを誰でも知っている。こうした状況の親が学ばなければならないことは忍耐だ。ティムのような反抗的な子どもと親の間には希薄な人間関係しかない。人間関係の再構築は困難で時間がかかる。しかし、親子関係が改善しなければ、何をしても効果はない。

ティムが親からの持続的な圧力に抗う方法がある。それは、欲求充足する人として自分の上質世界に入れていた親のイメージ写真を剥ぎ取りはじめることだ。こうすれば、彼は親の望むことにも親のすることにも注意を払わなくなる。この状況でほとんどの親はより強く圧力をかけるという間違いを犯す傾向がある。結果は不幸なことに、ティムのような子どもはより一層親のイメージ写真を自分の上質世界から剥ぎ取ることになる。もしこの悪循環の結果として、ティムが親を完全に自分の上質世界から追放すれば（ティムのような多くの子どもがしていることであるが）、親はティムが実際に必要としているよい親子関係に注目しないで、子どもとの葛藤に注目するようになる。こうなれば、たとえ最終的に親が子どもに対処するよりよい方法を学んだとしても、遅すぎるかもしれない。なぜなら、子どもは親の代わりにほかのイメージ写真を上質世界に入れるからだ。子どもは所属の欲求を満たそうとして、薬物やほかの有害な行動に手を染めることになる。わたしが三章で、ティムの父親に息子を釣りに誘うように述べた理由はここにある。これは二人の上質世界にまだ残っているイメージ写真だからだ。釣りに行くことが成功し、ティムが父親を欲求充足する人としてふたたび上質世界に入れはじめれば、必要な土台づくりができ、先に進む準備ができたことになる。

数回の釣り旅行のあとに、父親との関係がより安定してくれば、二人は最終的に計画を立てることができるかもしれない。学校の成績がよくなれば、家族の車を子どもが使えるようになるかもしれない。彼が約束どおりにできないとしても、ティムをひどく悩ませなければ、ほかの計画でもうまくいくに違いない。フラストレーションはティムにとって（誰にとっても）、もし効果的に処理する方法を学習すれば、価値ある学習体験となり得るが、多くのフラストレーションに対処できるようになるには、ティムの道のりは長い。もし数週間後にティムが計画どおりにできず、学業もたるんでくれば、父親は車を取り上げる〔訳注：グラッサーはのちに「当然の結果」は罰ととらえられるので、使わないと明言している。あとにはおそらくこの対応と違うよりよい方法を示唆したであろう〕。しかし、こうするときにはどうすれば車を取り戻すことができるか、ティムがはっきりとわかるようにすべきである。ティムは多くの忍耐行動を身につけていないので、車が長期間取り上げられれば、永久に取り上げられたと考えて、もとの昔のやり方に戻り、親を拒否し、親子は振り出しに戻ってしまう。たとえば計画は、二週間後のように適当な期間で車を取り戻せるものでなければならない。これは困難に思えるかもしれないが、可能なものであり、子どもは父親を自分が必要とし、これからも計画を共に立てることができる公正な人として上質世界の中に留めることだろう。

子育てについて本章の残りでわたしが大まかに言おうとしていることは、親は良好な親子関係を維持する努力を続けるということを前提にしている。わたしの述べることは、一六歳のティムを含めすべての年齢の子どもに当てはまることではあるが、とりわけ小さな子どもを対象として考えている。ティムの両親が本章の最初から書かれている選択理論を使っていたら、息子の抱えている問題を未然に防げた可能性がある。

ほとんどの子どもは一二歳あるいは一三歳までは、かなり対処しやすい。そうでないとしても、親は少なくとも子どもはまだ小さいと見て、子どもの不従順が人生を破壊するようになるとは思っていない。子どもたちは、親が望むほどには親に従わないかもしれない。あるいは、ひょっとして兄弟姉妹に対して意地悪をするかもしれないが、危険を避ける、あるいは健康を守る、学校に行くというような重要なことでは、子どもは親の言うことを聞く。なぜなら所属の欲求が強力で、この欲求を満たすためには親が必要だからである。しかし、子どもたちは、かなり不従順な子どもでも、親の愛を当たり前と考える傾向がある。子どもたちは親の愛がどれほど大きいかを感じており、子どもがたくさんの悪行をしても親は関わり続け、助けが必要なときには変わらずそばにいて助けてくれると信じている。それは間違ってはいない。なぜ親がそのような強い愛をもっているかわたしには説明できないが、事実そうである。そして子どもたちはそれを知っており、もし親が子どもの支配を許してしまえば、子どもはこれをよいこととして、親を支配しようとする。しかし、もし子どもが親を支配するようになれば、親は効果的な親にはなれないし、親が子どもを支配しすぎれば、子どもは効果的な生き方ができない。

一三歳までの期間に、親は効果的な対処方法を学ばなければならない。そして選択理論の原理を適応するのが早ければ早いほど、子育ての過程は容易になる。私たちが子どもを熱心に支配しようとすれば、子どもは親を愛さなくなる可能性があるが、そうなれば、子どもの自己破壊的な行動を止める説得は一層困難になる。ティムと父親との間に火花が飛んだあとですら、お互いへの愛がまだ残っていたので、状況には希望が見えた。

子育てで親が直面する主たる問題は、親子それぞれのイメージ写真を満足させながら、いかにお互いが仲良く生活できるか、ということだ。たとえば私たちが子どもに宿題をしてほしいときに、子どもはテレビを観たい、というような違いがしょっちゅう起こる。このようなときに、親は子ども以上に不満を抱えるので、このような違いを解決するのは子どもよりも親の対応にかかっている。しかし、親の力の欲求に駆られて、子どもとの違いを解決する方法を考えないで、子どもを支配しようとする。結局親が子どもを支配するのは子どものためになることなので、当然なのだろうか？　本章では子どもの人生に介入してはならないとは言っていない。私たちは子どもを奔放にさせておきなさいと言っているのではない。親としての役割を放棄すべきでもない。成熟していない子どもたちも、親の役割を放棄して欲しいとは思っていない。子どもは親を愛していれば、親の制御を歓迎するが、完全に支配されることは願わない。どんな年齢であっても、子どもは親が子どもに力を賦与して、自分たちがよいと考える生き方をさせてほしいと思っている。

制御するかどうかが問題ではなく、むしろ、何が適切で、どの程度親は制御するか、ということだ。この質問に対する答えは、子どもが何を求めているかによることが多い。子どもが求めているものが責任ある行動でないと親が考えれば、問題がないときよりも親の制御は必要となる。市内を旅する計画が、自転車やバスを使わないで、ヒッチハイクによるものなら、子どもには指導が必要だ。子どもとよい関係をもつことの重要性はまさにここにある。この場合、子どもは自分の求めているものを親に話し、子どもが求めているものが責任あるものでないと親が判断した場合に、親の制御を子どもは受け入れてくれる。仮に子どもがどの年齢の子どもであっても、その子の求めているものが親の求めているものと大きな違いがある場合、よい人間関係があれば、親は子どもと話し合って、両者が受け入れられる案を交渉することができる。ティムの場合、親子で釣りに行く前は関係が悪く、交渉も妥協も不可能と思われ、これが問題だった。

老いも若きも私たちはすべて、このように強い力の欲求をもっているので、親子の両者がこの欲求を満たし、かつお互いに仲良くやっていくためには、交渉や妥協は唯一の方法である。子育てをしているときに、私たちが遭遇するほとんどすべての困難は、子どもたちが親の望む行動をしない（あるいは子どもたちが望むように親が行動しない）

とき、交渉や妥協が唯一効果的な行動であることを理解していないことに起因している。子どもの求めていることを無視して、交渉しないで無理矢理親のイメージ写真どおりにさせようとしている親は、制御しようとしてつねに怒っているか、褒美で釣ることをしているかもしれない。親を愛している子どもは、親が時間をかけて違いを話し合ってくれれば、ほとんどつねに妥協し、ある程度の制御を受け入れてくれる。親がなぜそれを求めているかを説明し、子どもが求めているものとその理由に耳を傾けることだ。しかし、子どもは交渉も妥協もしようとしない権威的存在には激しく抵抗するだろう。

子どもは自分自身のイメージ写真を手に入れようとする。親もそうである。そして、妥協しない親と争わなければならないなら、親と喧嘩もする。わたしが述べたように、この喧嘩は直接の怒りの表明となるかもしれないが、子どもは親と比べると実際の力に欠けるので、より間接的な形をとることになる。たとえば、引き籠り、落ち込み、反抗、心身症、または薬物の使用である。ティムが自分を満足させるために選択したことは、親が子どもの求めているものを、時間をかけて見つけ、両者の違いを交渉しようとしない場合の典型である。

成功した子育ては複雑な取り組みである。しかし子どもとの接し方を一つの原理に基づいて取り組めば、複雑さを軽減できる。すなわち、

子どもたちが自分の人生を効果的に制御できるように、熱心に教え、示し、支援することだ。

これは、子どもが制御を失ったと思うようなことを、子どもに対して、あるいは子どものために代わってしてはならないという意味である。子どもが成長して、選択する無責任な行動のすべては、自分の人生を制御しようとする試みである。子どもは良くも悪くも親をよく責める。子どもが選択したものの結果が望ましくなくて、子どもが親を責めるなら親子関係は悪くなる。親を責めることは逆に、子どもはより一層制御を失うことになる。ティムが学校で成功できなかったとき、彼は制御を失った。親が彼を強制したときに、彼の問題は親のせいだとして親を責め、自分に問題があるとは思わなかった。彼がマリワナを吸って、部屋に引き籠って音楽を聴くようになったとき、これは制御を取り戻そうとする彼の自己破壊的行動だった。子どもが生まれたあと、親の役割は子どもが自分の人生を効果的に制御するよう、長く支援することだと記憶していたら、もっと効果的な関わりができたかもしれない。ティムの親は、ティムが責任を身につけるよう教えることができなかったとは意識していない。ティムは、自分の人生の舵取りの仕方を教えられることがなかった。

　私たちの子どもたちが人生を制御できるように支援するには、子育てにあたっては、四つの容易な方法で対処していることに注目するべきであろう。子どもに関して私たちのしていることは、簡単なものでも複雑なものでも、こうした明快な方法の一つに関係している。実行するのはとても簡単だと思うが、一度学べば、効果があるものを多く使うようになり、効果のないものの使用は少なくなるであろう。四つの方法とは以下のとおりである。


　子どものために代わってする。たとえば、子どもが小さいときは食べさせる。あるいは、成長したら子どもを親の仕事に就かせる。

　子どもに対してする。たとえば、私たちが望まないことを子どもがしたとき、子どもが小さいときは罰を与え、成長したら子どもを勘当する。

　子どもと一緒にする。たとえば、子どもが小さいときは一緒に遊び、成長したら互いに興味のあるスポーツや音楽などについて一緒に話し合う。

　子どもをそのままにする。たとえば、子どもが二歳のときに癇癪を起こして泣き叫べば、そのまま泣かせておき、何も言わずに祝福を祈り、一八歳になって自分で新しいことに挑戦すると話したときに、よい関係を維持する計画を立てる。

子どもが成人したときに自分の人生を制御できるようになって欲しいなら、私たちの多くは、子どものために多くのことをしすぎていると、わたしは強く思っている。これは子どもが小さいときはとくに当たっている。つまり、子どもが歩けるようになり、自分で衣服を着ることができるようになっても、私たちは子どもを抱っこし、服を着せている。私たちがそうするのは、子どもを愛しているからであり、子どもが自分でするのを待つよりは、子どものためにするほうが容易で速いからだ。しかし、私たちが子どものために多くのことをするもう一つの理由は、子どもを制御するためである。私たち親がすることに対して、子どもが成人したときに感謝するようになり、親が求めているものに注目するようになることを私たちは望んでいる。また、私たち親は子どもが親の思いどおりにならないと、親は子どもを怒鳴りつけ、罰を与えるなどして、子どもに対して多くのことをする。

私たちは子どものために、あるいは子どもに対してすることが多く、純粋に子どもと一緒にすることが少ないし、十分ではない。たとえば、親子で散歩するのが好きなので、小さい子どもと外へ出る。しかし、子どもが疲れて、せがまれると、子どもを抱っこして家に帰る。子どもが疲れて歩けないと言えば、親は子どもを抱くと決めたのに、疲れてしまうと、子どもを怒鳴りつけるかもしれない。最初は一緒にするというよい体験だったのが、子どものために代わりにするとなり、さらには子どもに対してするという悪い関係になってしまう。これでは子どもが自分の人生を制御するのが難しい。もし親がもう少し忍耐して、休んだりして、ゆっくりでもいいから歩いて帰るのだと主張すれば、怒鳴らないですんだかもしれない。また、親は少し賢くなってあまり遠くまで歩かないほうがよい。子どもが疲れきって制御を失わないですむような短い距離にすることだ。

子どもには親が必要だ。子どもは親が共にいること、訓練、愛、そして支援が必要だ。子どもは親の所在がわかっていて、援助や手引きをいつでも受けられる、とわかっている必要がある。しかし、子どもはいつも親を必要としてはいない。どの年齢でも、子どもを独りだけにはしない。たとえば、雨の日に自分たちでなんとか過ごすことができるときに、退屈したらすぐに、私たちは子どもたちのために、そして子どもたちに対して何かをする。よくあることだが、子どもたちと遊びはじめても、飽きて、遊ぶのを止め、放っておいてほしいと言われる。最初から子どもたちを自由にさせておいて、自分たちで何をするかを考えてもらうほうがいい。多くの状況で、子どもたちは自分たちで遊びを考えない。親が関わりすぎている。リトルリーグのような活動は、大人の欲求が子どもたちの欲求と同じくらい、あるいはそれ以上に満たされるようであるが、子どもたちに自分たちではなく、ほかの人に依存することを教え、子どもたちは試合ですら力を発揮できないとわかる。こうなると試合は欲求充足するものではなく、本来の良き学習体験ではなくなってしまう。子どもたちが学ぶのは、大人が重要な決断をすべてするということだ。この状況では子どもたちは制御を得るのではなく制御を失い、大人になって決断を迫られてもそのすべを学んでいない。

ティムが小さかったとき、よい子だった。一四歳になるまで、今の問題は始まらなかった。今のような振る舞いに至ったのはおそらく、彼が小さかったときに、彼のために、そして彼に対して、親があまりにも多くをしたからであろう。親の考えをたくさん彼に押し付けたが、難しいことではなくほとんどが満足させるものだったので、彼は親の言うとおりのことをして、規則にも従った。必ずしもいつも満足のいくものではなかったが、彼は親がたくさん自分のためにしてくれたので、彼は言われることをした。小学校の勉強が少しでも遅れると、親が手を貸してくれて急場をしのいだ。彼が高価で派手な自転車を欲しがれば、親はこの行儀のよい子どものために買ってくれた。彼はよい子で居続けたが、あまりにも多くを彼のために、そして彼に対してなされたので、彼は自分の人生を制御していなかった。制御をしていたのは親だった。

小さいときにあまりにも多くが彼のためになされて来たので、彼は高校生になっても、自分でしなければならない大人の決断をする準備ができていなかった。自信も準備もなく、学校での勉強をあまりしなくなると、親は勉強をもっとするように強制しようとした。こうなると親は彼のために何かをすることを止めて、彼に対して何かをするになった。親は彼を制御しようとして、怒鳴る、脅す、そして抑え込むことをした。彼が小さくて、彼のために何かをしてあげていたときには制御も容易であったが、今や彼を支援するのに無力である。彼の強い社会的、性的欲求は、内側で激しく渦巻いている。親が彼に対してすることは、せいぜい引き籠もりを促し、親のイメージ写真を上質世界から剥ぎ取りはじめたことだ。私たちは、自分たちに対して何かをする人々を上質世界に入れ続けることはない。

高校で求められている勉強についていけないと気づいたとき、彼は努力する振りすらしなくなった。親は彼の小遣いを減らしたので、お金で買うことができた少しの制御すら彼は失った。いまや彼は自分の人生の制御を取り戻すために、親が求めている努力は子どものためではなく、親自身のためだと理由付けをした。彼は、代数や大学進学に必要な英語も必要ないと強く宣言した。こうした科目は教師が勧めたものだ。みんなマリワナを吸っている。音楽と友だち（自分と同じような若者）だけが大切だ、とも言った。彼のしていることは、わずかに残っている行動を駆使して、自分の人生を制御しようとすることだった。親がさらなる圧力をかけはじめると、骨をひどく折った馬をうち叩くようなもので、およそ一年半の高校生活の後、難局が待ち受けている。

こうしたどこにでもある問題を避けるために、子どもが小さいときから、子どもが自分の人生を制御する方法を親は教えるべきである。このためには、ティムの両親がしたことを避けるべきである。子どものために、そして子どもに対して、親は多くをしてきたが、親が正しいと思うことを子どもにさせるという間違った努力だった。幼児の場合でも、自分でできることを親が代わって子どものためにしないよう気をつけるべきである。そして干渉しないよう、圧倒しないよう、できるだけ努力しながら、子どもと一緒に多くのことをするべきである。また、子どもがゆりかごにいるときから始めて、短い時間、そして徐々に長くしながら、子どもだけの世界に置くことをする必要がある。

たとえば、赤ちゃんが母乳を飲ませてもらい、可愛がられ、おしめも変えてもらい、遊んでもらったあとで不機嫌になったら、赤ちゃんをそっと独りにしておくのが最善かもしれない。何ヵ月か経ったら親を制御する力が自分にあるかを試そうとするかもしれない。もし、泣いて、ぐずつくことで制御できたら、居心地が悪い場合、〈泣いて、ぐずついて、惨めさを使って赤ちゃんは親を制御し、自分のために親に何かをさせることができる〉とすぐに学んでしまう。子どもは自分独りですることを学ばない。よく世話をされた幼児が明らかに退屈しており、親にできることが何もなさそうなとき（代わりに眠ることはできない）、親が幼児を放っておくことは残酷ではない。むしろ愛していることになる。赤ちゃんが自分独りであることに気づけば、しばらくは懸命に泣くかもしれないが、すぐに静かになって、小さな思いつきや、ゆりかごのおもちゃで楽しみ、親に対しての厳しい感情を抱かずに眠りにつくかもしれない。幼児のときですら、持って生まれた怒りに代わる、たやすく学べる選択肢はある。

ティムが小さかったとき、親が彼に求めたこと、たとえば、寝なさい、起きなさい、こういう子どもたちと遊びなさい、を言われるままにした。しかしながら、彼は圧倒的な制御を受けても悩まなかった。実際に、親が温かく、愛情深かったので、言われることになんらの問題もなかった。この結果、親が彼のために選んでくれたことをほとんどしていた。親は一度も残酷なことをしなかった。親が彼に望んだことはほとんど納得しており、楽しかったので、協力することになんの問題もなかった。五歳、六歳になって、彼は協力するだけではなく、自分でいくつかの決断をして、それを実行するということを学ぶべきだった。

たとえば、六歳のとき、夏外で遊んでいて昼食時に家に戻るのが好きでなかった。三時ごろに彼がお腹を空かして家に帰ると、母親が昼食をたくさん食べさせてくれるのだった。お腹がいっぱいになれば、夕食を食べるのが大変になる。親は誰でも子どもに食べることを強制してはならない。母や妹が昼食を食べるときに彼が帰ってきたくなければ、彼は自分で昼食をつくるべきであった。母親は、彼に食材がどこにあるか教えて、食べ終わったら、後片付けも自分でするように話すべきだ。あとは彼が決めることだ。何を決めたとしても、それは彼の決断で、彼の決断に任せるべきだ。彼が昼食を何日か食べないときがあっても親は心配する必要なはい。ティムのような子どもが、時々食事を抜いても栄養欠損になる危険はない。

ティムが一〇歳になったとき、高価なiPodを欲しいと思った。彼のために買ってあげるのではなく、家の手伝いをして支払いに役立つことをするよう親は話し合うべきだ。また、どのくらいの時間使うか、夜はいつ消すか、朝はどの時間から電源を入れるかも話し合うべきである。

親が子どものために、そして子どもに対してすることをもっと少なくするほうがよいとわたしは言っているが、これ以上の例を挙げる必要はないと思う。もし私たちが自分でしなければ、あるいは、誰か（示して分かち合ってくれても、決してそのやり方を押し付けない人〉と一緒にしなければ、効果的な行動は学べないということを受け入れれば、読者は自分の子どもにどのように対応するかを自分で考えることができる。私たちは、責任を取ることによってのみ責任を学ぶので、子どもは欲しいものを手に入れるために最後まで自分の決めたことをやり遂げる必要がある。子どもたちが問題に巻き込まれたら、大人が関わる前に、当然の結果〔訳注：グラッサーはのちに「当然の結果」の概念は「罰」として取られるので使わないと明言した〕を体験するべきだ。彼らが解決を思いつかない場合、できるだけ自分で解決するよう支援すべきであるが、親が子どものために直接何かをするのではなく、その状況で納得のいく程度の関わりをするほうがよい。

仮にあなたの一二歳の子が、近所の小さな子どもたちの世話を一日三時間すると約束し、近所の人たちはそれをあてにしているとする。あとで突然、女友だちの家族が、二週間のキャンプに行かないかと誘ってくれた。行ってもいいかと娘はあなたに尋ねる。あなたは子どもの世話はどうするのと彼女に尋ねる。すると彼女はあなたから近所の人たちに頼んでもらって、キャンプに行かせてくれと言う。彼女はよい子で、あなたはそうしてあげたい、あるいは彼女の代わりになるほかの人を見つけてあげたい、と心が動く。なぜなら、この話が突然出てきたからだ。しかし親のするべきことは、子どもに対応させることだ。あなたは自分の子どもが無責任にキャンプへ行ったら、子どもの世話をするという約束について話をしてほしいと近所の人たちにお願いすることだ。あなたへの好意として、そうしてもらいたいとお願いする。もし彼らがあなたに苦情を言って、親はキャンプに行かせるべきではなかったと言えば、約束は彼らと子どもの間のものであって、親が約束をしたのではないと言う。これは厳しい学習体験だ。子どもがどう対応しようとも、子どもが自分で対応すれば、学ぶものは大きい。

子どもを強く、有能で、かつ温かく、愛情溢れる存在に育てるには、たくさんの親の関わり（子どもと一緒に何かをするという関わり）が必要だ。親は子どもをハグし、キスをし、話をすれば、それで十分というわけにはいかない。親は、子どもと遊び、子どもに教え、時に子どもの計画は親の計画と違っていることがあっても、責任ある計画を立派に遂行できるよう支援するべきである。私たちの娘が一六歳のとき、日本人のペンパルと二年近く文通をしていて、日本に来ないかと言われたので、行きたいと言った。親の上質世界にはない写真だったが、もし複雑な書類を含め詳細に準備できるなら、親は旅費を出そう、と言った。親は意見を述べたりするが、彼女が準備のすべてをしなければならなかった。彼女は準備をして、複雑な状況を制御し見事実行した。これは娘にとってすばらしい学習体験だった。

所属という強い欲求を満たすために、子どもは遊べる友だちを自分で見つけなければならない。五歳で友だちを見つけることは（ほかの子どもがいるという前提であるが）、将来のより複雑な一〇代の社交場面にとっては、役立つ習慣となる。友だちを見つけたら、子どもの見つけた友だちを親は受け入れることに注意深くあるべきだ。子どもが見つけた友だちが、親が一緒に遊んでほしいと思えないようであれば、親は子どもと話をするかもしれないが、親は干渉しすぎてはならない。そうでないと、子どもはとても繊細で重要な領域で制御できなくなってしまう。友だちにどう関わるかを教えることは、不可能ではないとしても容易なことではない。しかし大人が干渉しなければ、たいていすぐに学ぶものだ。

また子どもと一緒に、家族への貢献とわかるような簡単な仕事をすることは価値がある。こうすれば力の欲求を満たし、有能感を抱く助けになる。弟や妹の手助けをするという任務もとくに価値がある。庭仕事や家のペンキ塗りのような大きな仕事の手助けも同様である。親が子どもと一緒に仕事をするとき、忍耐をしなければならない。子どもが遅いからと言って子どもを急がせてはならない。やり方を教え、やって見せるが、仕事のある部分は子どもに任せることだ。そうすれば、子どもは力と自信を身につけるようになる。

子どもをとくに強くするのは、学校以外で子どもが何か創造的、あるいは競合的な技術に取り組むときだ。何か忍耐や取り組みが必要なもので、大人主導でしっかり統制された子どもの運動競技のようなものではないものがよい。音楽、バレエ、美術、木工作、車の修理、水泳、プラモデル、コンピューター・プログラミング、そして電子工学などはいい例だ。こういうもののよい点は、子どもたちが自分自身の創造性を発揮して、非日常的な活動に挑戦し、そこからくる満足を体験できるからだ。子どもたちが自分たちで、あるいは親の関心はたくさん受けながらも、必要なときだけ親からの支援を受けて取り組めば取り組むほど、子どもたちは強くなる。

私たちが生まれつきもっている創造性を体験できる活動以上に、私たちを動機付けるものはない。趣味や競合的でない活動、たとえば楽器の演奏などは、子どもが強制されずに、自分でやりたいと思うなら、すぐれた動機付けとなる。なぜなら、こうした活動の多くがもたらす静かなひと時は、私たちが創造性を体験するときなのだ。子どもが創造性を体験すればするほど、創造性を頼りとして、それを使うことを一層学ぶようになる。そうしながら子どもは、自分の人生の舵取りをするのに役立つ、もっとも強力な力の一つに精通するようになる（これについては、十六章で創造性について触れるときにさらに説明するつもりだ）。ティムは少し手を出しても、やり遂げなかった。現在の彼の最大の努力は、今のところマリワナを手に入れることだ。

ティムの人生に欠けているものは、唯一成し遂げることで得られる確信だった。彼は小さいときによい子だったという以上のものは成し遂げていない。しかし、よい子であるということは、そのとき親も子も求めているものの多くを得ることができたのだ。よい子であることの問題点は、それがあまりにも容易なことということにある。これには挑戦も創造性も要らない。することは、ただ単純な規則に従うことだけだ。しかし、成長すると、よい子であることの意味することは、〈よい子でなかったら、親が子どもに対して何かをする〉〈よい子であれば、親は子どものために何かをする〉ということで、よい子であることは役に立たない。なぜなら、子どもが一六歳になって、子どものためであれ、子どもに対してであれ、人々に何かをしてもらうことで、求めているものは得られないからだ。高校生になって、あるいは大人になって、よい子でいても成功できない。子どもは努力しなければならない。勤勉でないと見られながら、勤勉な若者と友人になることは無理だ。そこで子どもは自分のように建設的な取り組みをしていない人々と関わるようになる。楽しく生きるためにはチームでするスポーツや趣味に積極的に取り組む必要はない。むしろ、薬物や音楽のような受身的ものに走りやすい。活発な若者が、薬物や音楽に関わらないということではない。そういうものに依存しないということだ。この違いは大きい。

ある意味で、ティムは親を困らせてはいるが、依然としてよい子だった。小さかったときにしていたように、何もしないで家でぶらぶらしていた。しかし成長すると、このよい子であるということは、もはやよいことではなくなった。しかし、満足する達成というイメージ写真を上質世界に持たず、その達成する方法も知らなければ、私たちはこれ以上のことをすることはできない。自分で働いた経験がなければ、イメージ写真もない。しかし、ティムは、両親とより多く関わるようになり、両親が子どものために、あるいは子どもに対してするのではなく、一緒に何かをすることをついに学んだので、六歳で学ぶべきはずのことを、一六歳で学びはじめた。彼にできなくはないが、随分遅れを取っている。ティムのような若者で追いつけない人もいる。そういう人は、結婚し、たくさんビールを飲む。妻は親の犯した間違いを繰り返し、夫に対して、また、夫のためにたくさんのことをするが、一緒にすることはない。

子どもは基本的欲求の満たし方を知らないまま生まれてくる。このことを、親は学ぶ必要がある。子どもはたくさん学ぶ必要がある。そうでなければ、人生の舵取りができないままだ。子どもは自分に対して何かをしてもらっても何も学ばないし、自分のために何かをしてもらっても、学ぶものはほとんどない。大人と一緒に何かをして、自分だけでするように励まされれば、子どもは大人から多くのことを学ぶ。動物は偶然ではなく、本能的に十分育てたと感じる時点で、子どもを放り出して独りにさせる。独りで生きることを学ばない動物は生存できないので、欠陥のある子孫を残すことはない。

動物と違って人間は、小さいときに放り出されると、あまりにも無力である。私たちはたくさんのことをしてもらわなければ、生き延びることができない。しかし成長すると、世話をしてもらうことはなくなって、私たちのためにしてもらうことから、一緒に、そして独りでするという方向に進まなければならない。効果的な子育てをしている親は、子どもが自分で何かを達成すると喜ぶ。効果的な子育てをしていない親は、成長した子どもが自分独りで取り組む方法を学んでおらず、自分たちが何かをしてあげなければならないことを知り、落ち込み、怒りを表す。

効果的な子育てのためには、このような大人になるべきだという詳細なイメージ写真を、親は自分自身の上質世界から排除するようにしなければならない。親が上質世界に入れるイメージ写真は短期的なものであるべきだ。学校で一生懸命勉強する。家事を手伝う。持ち物を大切にする。仲良くしてくれる友人にやさしく温かな思いをもって接する。独りでいるときには満足のいく責任のある行動を思いつくことができる。親子で意見の相違があるときには、話し合い、双方にとって満足のいくよう交渉することができる。このような子どもに育てば、子どもの決断がどんなものでも、親は受け入れられる可能性は高い。受け入れられない場合でも、親子には交渉する気持ちがある。

しかし、わたしが述べることをすべておこなったとしても、子どもたちは成長し、規則を破り、親がそれに対して何かをしなければならなくなる。親が通常することは罰やしつけと呼ばれるものであるが、選択理論で説明するとこの二つは同じものではない。自分を律することは効果的であるが、罰はそうではない。その違いは明白だ。自分を律するとは、選択理論的であり、交渉して妥当な規則を遵守するよう子どもに教えることから始まる。罰は外的コントロールで、不当な規則であっても、従わなかったら子どもを懲らしめてでも、強制して規則に従わせようとすることに終始する（妥当な規則とは、親とよい関係にある子どものほとんどが反抗しないで従うもので、不当な規則とは、通常従順な子どもでも強く抵抗するような規則だ）。

罰は身体的、精神的苦痛をもたらすもので、規則を破った人が苦痛をおぼえており、次の機会には規則に従うようになることを期待している。ひとたび苦痛がもたらされると、子どもは逃れる道はない。それで終わる。罰を受けた子どもは力の欲求をひどく削がれ、制御できなくなる。彼らはこの喪失感を処理するために、自己破壊的になり、辱められたという苦痛感情を選択する。通常、罰を与える方法には、学びや交渉の機会もない。規則の妥当性を理解することもない。罰を受けた子どもが、規則を破ることで得られるものが苦痛よりも価値があると思うなら、罰には効果がない。罰のもっとも深刻な欠点は、規則を破る人は自分の上質世界にあるイメージ写真を満たそうとしていることを考慮していないことだ。自分を律することと違って、罰を与える方法には子どもに別のイメージ写真もあるかもしれないとか、規則の範囲内でよりよい行動を選択することも可能かもしれないなどとは教えない。

罰は人間が制御する方法として、もっとも広く用いられており、罰を受けた多くの子どもや大人が、人生の制御を失ったままであることは、この伝統的な外的コントロール手法の悲しい現実だ。これがもっとも明白な場所は、定員を超過して罰則で縛る刑務所だ。刑務所に入って来たときよりも、人生の制御を失った状態の受刑者を出所させている。一方保護観察制度は自立を促す方法で、保護監察官がよく訓練されており、過重負担（いまは多くが負担過多である）でなければ、ほとんどいつも効果的である。選択理論が実践されている社会では、危険人物（不幸なことに依然として大勢であるが）のみを刑務所に収容する。その他の人々は、厳格で創造的な保護観察下に置かれ、選択理論を学んで、もう一度人生を制御する方法を学ぶことになる。

選択理論の提案は、子どもを決して罰しないことだ。二歳半以下の小さな子どもは規則を破るということを理解していない。このような子どもに対処するには、苦痛を与えないでその子を動けないように抱きしめて、たとえば、子どもがガス栓を回そうとしたり、弟をつねったりしたときに、強い調子で「ダメ」と言うのはよい方法だ。子どもが小さい場合、強い調子で「ダメ」と言って子どもが動けないように抱きしめるだけで十分だ。三歳の子どもの場合、規則を破ったことを理解できる年齢なので、選択理論をいつも使って、決して罰しない対応をするとよい。三歳の子どもが注目を得るため、また自己主張のために、ミルクをこぼした場合、こぼしたものを綺麗にする責任があると子どもに言う。綺麗にするのに時間がかかり、綺麗になるどころか少し汚くなっても、代わりに拭いてあげたり、怒鳴りつけたりするよりもましだ。子どもが言われたことを拒否するなら、綺麗にしようと思うまで、自分の部屋にいるように告げる。ミルクは大きい器に、半分ほど入れて、さらなる不注意でこぼさないようにしてあげる必要もある。しかし、誤って子どもがミルクをこぼした場合、それを綺麗にするのは親ではなく、こぼした子ども本人であるべきだ。

八歳の子どもが食事時間に家に帰って来ない。親は子どもを隈なく探さねばならない。夕食までには帰っていなければならないことを子どもはよく知っている。そこで、同じことが起きないことを教えるために親は子どもと話をする。この話し合いでは、子どもは決まりを守ると約束する。子どもは出かけるときにはどこに行くかを言っておくということになった。また、その家から別の友だちの所に移動するときは、親に行き先を連絡すると約束した。子どもが時間になっても家に戻っていなかったら、親が電話をして戻るように言う、という話し合いになった。

しばらくはうまくいったが、子どもは決められた時間に戻らなくなった。親が電話をすると、いるはずの家に子どもはいなかった。基本的には子どもはこの計画は少し厳しすぎと気づき、自分の力を主張して、話し合ったことを守らないことにした。

こうなると親は話し合いではなく、決めたことを実行する。友だちの家で遊んでいても、時間になると家に戻るプランを立てるまでは、遊びに行かないで家にいるように言う。子どもは家にいたくないので、泣きじゃくる。しかし、親は動じない。次の日もプランを立てるまでは家から出られない。親は子どものプランを支援するが、子どもがプランを立てねばならない。親は子どもを叩いたり、脅したり、怒鳴ったりしない。親は子どもがプランを立てるまでは家にいなければならないと主張する。八歳の子どもにとって簡単なプランは、たとえば今後時間までに帰宅すると本気で言うことかもしれない。あるいは、兄が近くにいれば、時間を教えてもらうよう頼むということもあり得る。あるいは、家に電話をして、もう少し長く遊んでいてよいかを聞いて、許可が出なかったらすぐに家に戻るということかもしれない。

小さな子どもの場合どんなプランかは重要ではない。重要なことは、子どもはプランを立て、実行に移すことだ。子どもがそうすることができれば、責任ある制御をものにし、制御することの価値を学ぶことになる。子どもが痛みをおぼえて、二度としなくなることを期待して、親が叩いたり、怒鳴ったりすれば、子どもは制御を失うことになる。叩いたり、怒鳴ったりすれば、それをなかったことにすることはできない。してしまえば、子どもは苦しむことになる。子どもはこれまでもっていた制御すら失ってしまう。子どもの問題はおそらく複雑になり、怒りや落ち込みを選択して、親を支配しようとする。

ティムは、自分が学校で勉強に打ち込むようになると、車をまた使えるようになるという父親のプランを受け入れた。父親が家庭教師を雇ってティムの勉強を見てもらうというのもプランの一部とするのでもよかった。なぜならティムが支援なしに勉強することができなかったら、プランも懲罰的になる可能性があるからだ。ティムが勉強を始めて、数週間で勉強しなくなった場合、車は勉強するまでは取り上げられるだろう。ティムはこのプランに完全に同意した。親は交渉のし直しを子どもから迫られても応じなかった。

話し合いのできる年齢の子どもと親が話すときに、次の四つのステップを試してみるとよい。親は問題を解決するよい機会をもつだけでなく、これから先さらに効果的な生き方を子どもに教えることになる。

子どもに求める親の頭の中のイメージ写真を確認し、親の求めているものが子どもにとっても納得するものかどうかを確認する。子どもが規則を破っている場合、規則に無理がないかを確認する。つまり、規則はほとんどの子どもが守るようなもので、親が子どもであったら守ろうとするか。子どもと何かを一緒に楽しく取り組めるようなことをして、子どもとの関係を改善することだ。問題とは直接関係のない楽しいことに一緒に取り組むのがよい（ティムに接近するよい例は、彼の好きな音楽を一緒に聴いて、彼に説明してもらうことだ。タバコや酒を一緒にするのは避けるべきだ）。

親と子どもが落ち着いて話せるまで待つ。そしてできるだけ怒っていない状況で、子どもに質問をする。自分のしていることに満足しているか？　自分のしていることは規則に適っているか？

子どもが自分のしていることに満足していない、あるいは規則違反を認めた場合、子どもも親も満足するよりよい方法を話し合う。親がこのプランに関わるなら、できるだけ子どもに対して、と、子どものためにを少なくして、子どもと一緒にを多くする。子どもが自分でプランを実行するほうがよい。

子どもが自分のしていることに満足していて、変えたくもないと主張し、親にできることであれば、子どもが制御喪失の状態にならないように、決められたことを実行する。決められたことは問題が解決するまでは、なんらかの自由が制限されるものだ。子どもが変えることができることを確認する。子どもが支援を必要としていれば、教えるとか、外部の支援を用意する。しかし、子どものためにするのは控える。自由や特権を奪うことも長くてはいけない。五歳児なら長くて一〇分間。一〇歳児なら夜のテレビなし、かもしれない。それがなんであろうが、子どもの年齢にふさわしいもので、ある程度の長さがあって、子どもが話し合ってもいいと考えるようなもの。長くてはいけない。あきらめてしまって状況を正そうとしなくなるようなものはよくない。

この忠告はどの年齢の子どもにも適用できる。今わたしは大きくなった子どもをもつ人々と主として関わっている。そしてわたしの見る最大の困難は、人々は子どもに対して、あるいは子どものために、依然として多くのことをしていることだ。こうしたことを親がするのは、大きくなった子どもの親は、子どもを愛しており、子どもの日常生活からきっぱりと身を引くことが困難だというのが一部の理由だ。子どもと一緒に何かをするのがだんだん難しくなっているので、子どもを独りにしないで、子どものためにあまりにも多くのことをするという過ちを犯している。子どもが感謝しなければ、親から身を引き距離を置くかもしれない。多くの子どもは感謝せずに、自分たちのためにしていることは子どもを支配するためだと見ている。子どもが親から距離を置けば、親は子どもに対して何かをしはじめるかもしれない。たとえば、落ち込んで、子どもに罪悪感を抱かせて、子どもを支配しようとする親もいる。

大人になった子どもとよい関係を維持するためには、温かい愛情を注ぐことだ。そして、できるだけ子どものために、と子どもに対して何かをすることを少なくして、両者が楽しくできることを一緒にし、彼らを尊敬して、子どもが望むならば、独りにするようにする。

子どもたちが四〇代、五〇代の中年に達すると、親子関係は逆転するようだ。不満足な結果を等しく抱えながら、子どもは親に対して、と親のために何かをすることをたくさんしはじめる。五章でわたしはフィリスと母親キャロルをこの一例として挙げている。次の章でもっとこれに触れることにする。

第十五章　苦痛や悲惨さを訴えて自分や他人を支配する

五章でわたしが触れたような家族、七四歳で身体的には健康なキャロルと、中年の娘フィリスのような親子を、多くの人が知っている。キャロルのことを落ち込みの名人と呼んでよかろう。彼女はフィリスに自分が惨めであることを絶え間なく訴えて、娘を思いどおりにしようとしている。フィリスは言いなりにしなければならない。さもなければキャロルは引き籠り沈黙し、フィリスは苦痛に耐えかねて話をしてちょうだいと懇願する。フィリスはよく頭痛がすると言って、キャロルの策略から逃げ出す。そして私たちが知っている多くの人のように、選択理論を十分に学べばキャロルやほかの人により効果的に対処できるようになる。しかし、これまでやるせなく苦しい人生を選び取ってきたキャロルがこの知識を身につければフィリスと同じように、いやそれ以上の恩恵を受けるであろう。キャロルはおそらく選択理論を理論として学ばないとしても、フィリスが学んでキャロルに対して実践すれば、遥かに充実した人生をキャロルは送れるようになるだろう。キャロルがそれほど落ち込まない人生を送れるようになれば、フィリスのおかげと考えないで、自分が摂取しているビタミンや薬草茶のせいだと考えるだろう。しかし、彼女の考えよりも、より効果的な人生が送れるようになったという事実のほうが重要である。

フィリスはキャロルに対処するために、選択理論のもっとも重要な原理原則を学ばなければならない。

人々が痛みや悲惨であることを選択して、あなたを支配しようとしても、決してそうさせてはならない。

これは彼らを拒否するということではない。また、共に戦うとか、見捨てるとか、懇願するということではない。また、同情的、支援的であってもいけないということでも絶対にない。ほんとうに意味していることは、最初はどれほど難しくても、キャロルのように長期間苦しんでいる人に対して、あたかも惨めでない人に接するかのように接するということだ。キャロルは老化を避けられないとしても、それ以外の例外的に悲惨なものに直面しているわけではない。

たとえば、キャロルが朝いつも決まったようにフィリスに電話をかける。その声はわざと弱々しくし、落ち込んでいるような感じだ。そして彼女がフィリスにすぐに来てくれと懇願するときに、フィリスは準備が出来しだいすぐに行くと、これまでどおりの対応をしてはならない。「どうしたの?」と聞くべきではない。キャロルは悪いことのリストを持っており、すぐにフィリスは圧倒されてしまい、「今すぐに行かなければならないほど悪いの？」と自らを防衛するわずかな質問も打ち砕かれてしまう。フィリスが躊躇《ちゅうちょ》していると、キャロルは「電話で話すのもやっとだ」と言うだろう。そしてキャロルの声は消え入るように小さくなり、フィリスが「ママ、ママ、どうしたの？」と聞いても、キャロルはため息をついて何も言わない。こうしてフィリスにすぐに来てほしいという緊急性を伝えることにまたもや成功する。

仮にいつものようにフィリスが急いで駆けつけても、これまでの朝と同じで何も変わっていないだろう。キャロルはいつものように、誰も自分のことを心配してくれないと弱音を吐き、恐れを口にする。そして、早く電話しないと気を失って電話ができなくなるのではないかと恐れたのだと、説明する。キャロルは少し申し訳なく思い、フィリスの忙しいのを知っているので、電話はしたくはないのだ、としおらしくする。それでいて、彼女は娘に思い出させるように言う。もし自分が電話をしなかったら、いつ何時フィリスから電話が来るかわからないと。これは真実ではない。

真実はこうだ。キャロルは一〇年以上も落ち込んでおり、フィリスは以前ほどには頻繁に電話をしていないということだ。しかしキャロルは一日に何度も電話をしてきて、いつも立派な理由がある。このような状況でフィリスがキャロルに電話をしても無駄なものになる。フィリスが電話をすれば、キャロルは受話器を取るまでの時間をわざと長くして、また眠れぬ夜を過ごしたので、少しうとうとしていたときにフィリスの電話で起こされた、という。このような経験をたくさんしなくても、フィリスが電話をするのを躊躇するようになる。

キャロルは疑いもなく落ち込みのプロだが、彼女が異例というわけではない。彼女の行動を簡潔にまとめれば、彼女が極端と思われるが、若い人でも年配の人でも私たちの周辺にはキャロルのような人はたくさんいる。彼らは苦痛な行動で自分が支配できると思う人（誰でもよい）を支配しようとして、自分の人生を消耗する。誰かを支配できるかぎり、彼らは落ち込みを継続する。特定の人を支配できないとしても（ひょっとしたら彼らは一人住まい、もしくはどれほど苦しんでも誰も注目してくれないかもしれないが）、よりよい行動を思いつかないので、彼らは落ち込み続けるかもしれない。キャロルは、フィリスが身を引き、一切の接触を断ったとしても、何年も落ち込み続けるだろう。なぜなら彼女は長いあいだ落ち込み続けたので、彼女が大切に思う人の支援なしに、新しいことを学ぶことができないからだ。

落ち込みを使ってキャロルはフィリスを支配している。そうさせないと決めると、最初に認めなければならないことは、キャロルが訴える苦痛や惨めさはキャロルの選択だということだ。キャロルはうつ病ではなく、落ち込みを選択しているという、新しい選択理論的理解から逸れてはならない。さもなければキャロルがより効果的な選択をするように支援することはできない。これは容易なことではない。人生でもっともすばらしいことは、長年キャロルを苦しめてきた落ち込みから奇跡的に解放されることだ。キャロルはこのように考えかつ、このように振る舞えるプロなのだ。わたしが言うとおりにキャロルに対処するためには、彼女が惨めさを選択しているということを、フィリスはそのまま信じなければならない。わたしの言っていることが正確なら、そのように信じたことは理解につながるだろう。そしてキャロルの落ち込みは減少するであろう。キャロルでさえより効果的な選択をしはじめることをフィリスが見れば、選択理論は私たちすべての人に適用でき、キャロルのように長期に渡って落ち込んでいる人にも適用できるとわかるようになる。

キャロルによりよい選択をしてもらうよう困難な説得をするときに、協力は期待できない。なぜなら、キャロルはフィリスがしはじめたことを自分の支配への挑戦と見ているからだ。協力するとしたら、自分は制御不能になるのではなく、自分の人生を制御することになると信じたときだ。いまのところフィリスはキャロルの人生のすべてである。もしキャロルがフィリスを支配することを少しでも手放すのであれば、フィリスを全力で支配しようとしているあいだに、キャロルが放っておいた自らの人生のほかの部分を制御できるようにならなければならない。

フィリスはキャロルの支配から離れはじめなければならないが、その手始めとして、自分とキャロルが一緒に過ごす時間を前もって決めるとよい。キャロルからどれほど緊急な要請がきても、彼女のアパートに急ぎ出向いてはならない。フィリスはこのことを慎重にかつ決然として実行し、決めた時間に出向くことにする。一度この計画を立てたら、キャロルが電話してきても、キャロルの都合ではなく、フィリスの都合に合わせて、フィリスがしっかり予定を立てる。

たとえば、キャロルの緊急の電話に応えて次のように言う。午後遅くに立ち寄る予定でいるが、昼食を取れないほど忙しく動き回っているので、お腹が空いていると思う。キャロルの家に着くのが四時ごろになるので、スナックでも用意しておいてちょうだい、とお願いするとよい。キャロルが聞こえない振りをしても、同じことを伝える。〈忙しい一日のあと、キャロルの静かな居間で四五分程度休めることを楽しみにしている。それから家に戻って食事の準備をする予定だ〉と伝えて電話を切る。この新しいやり方にキャロルがどう反応しても、フィリスははっきりと同じことを繰り返し、到着のおよその時間と、滞在できる時間と、スナックを楽しみにしていることを伝える。キャロルは怒ったり、沈黙したりするかもしれないが、フィリスはどんな反応にも備えておくことだ。キャロルが話をしているあいだに切らなければならないなら、そうするのもよい。キャロルが折り返し電話をしてきたら、一度電話に出てやさしく同じことを繰り返し、それから先はつながらないようにするか、電話には出ないようにする。

フィリスがキャロルの家に着いたら、温かく、思いやりを示し、忙しい一日でどれほど疲れたかを強調して、テーブルの椅子にへたりこみ、お茶とスナックを持って来てとキャロルに頼む。もしキャロルがベッドに入っていたら、寝室に行き、挨拶をして、お腹が空いたと言って台所に行き自分でスナックをこしらえる。出て来て一緒に話そうという以外、キャロルのためには何もしない。もしキャロルが寝室から出てきて、給仕してもらうのを待っていたら、フィリスは自分のスナックを食べ続け、キャロルが食べたいのなら自分でつくって一緒に食べようと言う以外はキャロルになんの注目もしない。フィリスはキャロルに次のように言う。〈一日中キャロルのつくってくれるものを楽しみにしていたので、キャロルがベッドにいるのを知ってがっかりした〉と。フィリスはずっとイニシアティブを取り続け、疲れたけれども興味深かった一日について話をする。話し終わるとフィリスは次の訪問の日時を伝える。キャロルが元気で歩けそうなら、フィリスは次回家を出て何かを一緒にしようと話しておく。

キャロルは次の訪問までに何回も気の滅入る電話をしてくるであろう。キャロルはフィリスをもはや支配できなくなっていると感じて、近くの救急治療室にこれまで以上に頻繁に行き、息切れがすると訴え、自分の悲惨さを強調するかもしれない。病院から連絡があればフィリスは行かなければならないが、病院の中でもキャロルに、このような劇的な騒動があっても自分は支配されないということを、長期に渡ることを覚悟しながらも教えはじめ、一緒に出かけるプランを守り続けるとよい。

基本的にはフィリスのプランは、キャロルの世話をすることから、共に分かち合う方向に動くことだ。フィリスは、キャロルが自分のために独力で何かをすることを主張すべきである。そして、これまでのようにキャロルのために何かをすることはやめて、この主張に現実味をもたせることだ。フィリスがキャロルに会うたびに、フィリスのためにまだキャロルができることで、小さな何か、あるいはかなり価値のある何かをしてもらうよう依頼するとよい。たとえば、特別なアップル・チーズケーキをフィリスのためにつくり、フィリスがボランティアとして慰問する病院に持って行けるようにする。落ち込みは、大きな精神障害ではないが、そのように見なされることをフィリスはおぼえておくべきだ。キャロルがフィリスに何かを買って来て欲しいと頼み、実行可能であればキャロルを店に連れて行き、自分で買い物をするように促す。もしキャロルがお金を持っていれば、買ったものの支払いも本人にしてもらう。もしキャロルが店やレストランで騒動を起こせば、すぐにその騒動をやめなければ、今後一ヵ月あるいは決めた期間、買い物には連れて行かないと告げる。キャロルがやめなければ、フィリスはお出かけを早めに切り上げて、キャロルを家に連れて帰る。

キャロルが自分とフィリスのために何かをするようになればなるほど、落ち込みは軽くなる。なぜなら、自分自身の人生の舵が取れるようになれば、娘フィリスを支配する必要がなくなるからだ。フィリスはキャロルが友人と時間を共にし、何かの活動に従事するよう励ますべきである。キャロルが話をする以外の活動に従事できるよう、フィリスは支援する。こうしたことはフィリスがキャロルと過ごす時間の代わりになるべきではなく、おまけとなるべきだ。しかしキャロルが今フィリスから得ているものは、彼女が得るもののすべてだとわかったとき、こうしたものはキャロルにとって魅力的なものとなる。こうなるとキャロルには、自分で楽しいことをするか、落ち込んで家でじっとしているかを選択できる。もっと効果的な何かをする方向に動く前に、彼女はしばらく落ち込み状態でいるだろう。しかし、フィリスに依存できるのもここまでで、これ以上は無理だとわかれば、キャロルはだんだん落ち込むことをやめ、動き出すだろう。フィリスは忍耐しなければならない。キャロルをより効果的な行動に向かわせるプログラムは、時間を要するが、わたしが提案していることをフィリスが一貫してやり続ければ、六ヵ月も経たないうちに進歩が見られるであろう。

キャロルは自分がフィリスを支配できなくなっていることに気づけば、色々と違った新しい種類の惨めさを造り出すであろうが、フィリスはそれらに対処する準備をしなければならない。キャロルは、頭痛、腰痛、そして人々がこれまで学んだ、ありとあらゆる痛みを訴えるかもしれない。彼女は病気にもなり、彼女が酒飲みであれば、もっとひどく酔っ払うであろう。しかし、もしフィリスが学んだ選択理論を心に留め、自分はよい娘であって奴隷ではないと、自分のアルバムに自分自身の姿を貼り付けていれば、フィリスはキャロルが引き起こす騒動を乗り越えるだろう。

とりわけ、フィリスはキャロルに「気分はどう？」という質問をやめるべきである。どんな質問よりも、「ママ、気分はどうですか？」という質問は、キャロルの支配を助長させることになる。二人が話すときには、フィリスは〈何をしているか？〉あるいは〈何をするつもりか？〉と尋ねるべきである。キャロルと気分について話し合ってはならない。ただし、よい気分についてキャロルが話したい場合はかまわない。五章で説明したように、全行動の構成要素である感情が実用的であるとしても、感情を直接変えることはできない。そして落ち込みはキャロルにとって極めて実用的であるようだ。キャロルを支援するために、フィリスはキャロルのしていること、考えていることに焦点を合わせるべきである。なぜなら、行為と思考を彼女は変えることができるからだ。選択理論を使って、老いも若きも新しいやり方を学ぶことができる。そして学べばより幸せになる。これが簡単だという印象をわたしは与えたくはないが、フィリスがしてきたことに比べるとより容易なことだ。長年彼女はキャロルの要求に圧倒されると、罪悪感というより重い痛みを避けるために、偏頭痛を選択してきた。キャロルとの違った関係を構築するにつれて、フィリスの頭痛はしなくなり、より大きなエネルギーをもつようになるだろう。キャロルへの対応でフィリスは消耗しているからだ。

キャロルは自分の頭に描くイメージ写真を達成できないことに対して怒りを感じているものの、ある程度自分の怒りを制御している。しかし、彼女の苦痛のほとんどは、フィリスを支配することに向けられている、とわたしは判断している。しかしながら、他人ではなく（他人はつねに一つの要素であるが）、自分自身を制御するために、自分の惨めな行動を選択している人が多くいる。とくに怒りを制御しようとするが、この（自分にとって恐ろしい）怒りは、得たいものがこの世で得られていないことに対するものである。誰よりもこうした人々は、選択理論を受け入れ、実践するのが困難であろう。しかしながら、もし彼らが惨めに感じることが怒りを抑制しているということを努力して学べば、彼らの多くは、選択理論を実践することができるようになる。第五章ではキャロルのほかに悲惨を選択した何人かに触れた。自分自身を制御しようとした二人は、手を洗い続けるテリーと、教室に入るのが怖い優秀な学生ランディだ。

テリーは、多くの人と同様、満足した結婚をしていない。デイブはスーザンのもとを去ったが、テリーの夫のジョンは妻のもとを離れようとはしていない。ジョンはテリーとの結婚に満足している。不満足なのはテリーで、一日五〇回手を洗い続けている。そして、この強迫行動が夫に対する怒りと、彼女の浮気の思いを阻止していることに気づいていない。彼女の頭には愛とセックスについての理想があるが、満たされてはいない。彼女にはまたありきたりの理由ゆえに離婚したくないと思っている。すなわち、子ども、安全、独身となればデート場面の恐れ、そして義務感という理由だ。しかし、こうしたイメージ写真が彼女の求める愛とセックスを与えてはくれない。

彼女は偽りの葛藤の中にいる。つまり、がんばれば解決する葛藤だ。しかし、手を洗うという選択が、ほとんどいつも彼女にこのことを気づかせないでいる。彼女の結婚はすばらしいものではないが、彼女の強迫行為を克服できたら、もっとよいものとなる、と言う。真実はこの逆である。彼女の強迫行為こそが、彼女の結婚がいかに不満であるかを気づかせないでいる。もし彼女が人生を制御しようとすれば、自分では認めていないが、結婚に満足していないという事実に直面しなければならない。

もし彼女が自分の頭の中にあるイメージ写真について学び、手を洗うことを強制されているのではなく、選択しているのだということを理解できれば、自分の結婚を正直に直視し、自分の求めているものと随分違っていることがわかるかもしれない。彼女は性的欲求を満たす効果的な方法がないときに、自分がすぐに怒りを選択してしまうと理解できないかもしれないが、手を洗うことよりも、結婚に対処するよりよい方法があることを学ぶことができる。今は、彼女の人生の表面下に蠢《うごめ》いている強烈な怒りに気づくや否や、彼女は手を洗うことで、狂った清潔感を維持している。

スーザンのように、彼女は自らに問わねばならない。「手を洗う選択は、わたしが望む人生を得ることになるのか？」答えは、前の章で説明したように、いつも「いいえ」である。しかしながら、彼女の場合、スーザンのケースと違って、テリーはまた自分の結婚はひどいものだという不幸な事実に直面しなければならない。セックスとロマンスの観点から見れば、デイブがやさしくしてくれるときには、スーザンは不満足ではない。彼が疎遠にすると、彼女は不満足だ。テリーの夫は疎遠にはしない。彼は彼女とかなりかかわってくれるが、彼女が求めるロマンチックな男性のやり方ではない。彼女が求めているものを彼に話せば、彼女を満足させる方法を彼が学ぶという可能性はあるが、彼女はこれまでのところ、そうする気はない。彼女にとって、自分の望んでいることを表現するのは完全にロマンチックでなくなることだ。真に愛する人なら、彼女が求めているものを感じ取るものだ。ひょっとして、彼女は自分の願いを決して表現しないかもしれないが、仮に表現できたとしても、彼は彼女を満足させることは依然としてできないかもしれない。試みてもイメージ写真を満たすことができないときはたくさんある。とくに別の人の頭の中にある性的なイメージ写真は満たせないことが多い。

二人の結婚は悲劇であるが、とくに珍しいことではない。しかしながら、手を洗う、不倫をする、あるいは離婚をするよりも、彼女の不満を処理するよりよい方法があるはずだ。不倫については、彼女は男をその気にさせ、これが少しは役立っているが、これを恐れてもいる。なぜなら彼女は上質世界に貞操を守るというイメージ写真を持っているからだ。彼女が選択理論を学べば、彼女は自分の不満を処理するために、手を洗うよりもすぐれた方法を探し出すだろう。たとえば、性的欲求でないとしても、愛の欲求を満たすために、ティーンのための奉仕活動を始めることはできる。彼女は彼らがオープンで愛らしい若者であることを発見し、彼らとかかわることで、代わりの満足を見出すかもしれない。もし彼女がティーンのためのシェルター、ハーフ・ウェイ・ハウス、地域や教会関係のティーン活動にかかわって、若者を支援したり分かち合ったりすれば、期待以上の愛が得られるかもしれない。

彼女が強く求めているセックスやロマンスは、これでは得られないと言うかもしれないが、何もないよりはパンの半かけらでもあったほうがよい。彼女が求めているものの一部でも代わりに得られてそれを昇華させれば、彼女は手を洗う行為を止めるかもしれない。また、彼女はロマンチックな恋愛小説を読むこともできるし（彼女のような女性が何百万人も恋愛小説を愛好している）、テレビの昼ドラを観ることもできる。こうしたものはそれだけで効果はないかもしれない。あまりにも受け身的だからだ。しかし、ボランティア、あるいは有償のスタッフとして若者対象の活動と組み合わせれば、手を洗うという恐怖行動をしないですむかもしれない。

ひょっとしてボランティアとしてしばらく働いたあとで、専門家としてより高いレベルで働けるように、大学に行きカウンセリングの学位を取得することを決意するかもしれない。もし彼女がそうすれば、この満足をもたらす、葛藤のない活動に多くのエネルギーを費やすことになるので、彼女の葛藤はじつのところ表面下に沈むだろう。もし彼女の夫に感受性があり、彼女の成功に耳を傾け、さらにそれを続けるように励ませば、二人の間にロマンスが再燃するかもしれない。

しかしながら、彼女が手を洗うのを止めて、このような活動にかかわるようになれば、そしてとくに夫から得られないロマンスを与えてくれる男性を見つけたなら、彼女は結婚を終わらせることを考えるかもしれない。テリーのような多くの女性が結婚関係を維持したり、別れたりしている。少なくとも、こうなれば彼女には選択肢がある。彼女が恐怖行動に病み疲れているかぎり、可能性はゼロだ。

選択理論の助けを得て、テリーは自分でこの理解に到達できる。あるいは彼女は助けを得ることができる。しかし、カウンセリングを受けようが受けまいが、現状の結婚が頭の中にあるものと乖離しており、この乖離に対処する彼女の方法が、惨めさの選択であったという事実を理解しなければならない。

五章に登場したランディは、ビジネス・スクールの大学院生で、カウンセリングを受けたが、もし彼が選択理論に関する書籍を手にしていたら、自分で問題解決をしていた可能性がある。彼は最終学年として教室に入るのが怖かった。なぜなら学業を終えたくなかったからだ。もし終えていたら自分自身と自分の新しい技術を世の中に提供しなければならなくなるだろう。しかし、この世は自分が望むような高いレベルの仕事を提供してくれないと彼は考えている。ランディの受けたカウンセリングは、学校での生活の舵取りをすること、教室に入ると強烈なパニックと圧倒的な不安感が襲ってくるのに対処することが狙いだった。彼がカウンセリングに来たときに、まったく制御不能状態で、いた。

五分以上教室に座っていることができず、教室を飛び出してどうにか制御を取り戻していた。

本書はカウンセリングや心理療法の書物ではないので、成功するカウンセリング関係の複雑な面にここでは触れられない。わたしが説明するのは、ランディが制御を取り戻すようになった過程の要点だ。彼と知り合ってすぐに、大学院を修了して、ＭＢＡの学位を取りたいかどうかわたしは尋ねた。私たちは時間をかけて確認したところ、二人が判断するかぎり、彼は院を修了して学位を切望していることがわかった。若者が学位をめざしていても、それがほんとうに求めているものでないことがある、ということをわたしは知っていた。ひょっとして親に従っているだけか、あるいは金にはなるが退屈極まりない仕事のために勉強していることがある。恐怖症は逃れる方法であり得るのだ。しかしながら、自分はそのようなケースではないと彼は主張した。彼はビジネスのキャリアが欲しいという。そうであれば、私たちが彼の学位取得のために何をするかを考えるということは賢明なことになる。彼は現在を制御しなければならない。そして将来については深く話さなかった。ただ、大学院を修了しなかったら将来は満足の得られないものになるだろうということだけは話し合った。

私たちは一緒に行動計画を立てた。彼は恐怖症のゆえに教室にじっと座っているのが怖いということを教師に伝えることになった。教師にこのことを話し、この問題でカウンセリングを受けていると伝えれば、わかってもらえるだろうと私たちは考えた。実際教師たちはわかってくれた。彼は教師の許可を得て、後ろの入り口の近くに座って、教室にいるのが困難なときは静かに教室を出ることにした。彼は人のいない廊下に出ればすぐに落ち着けて、教室を出たとしても、ほんの数分だけだと思う、と伝えた。この簡単なプラン、教室を出たり入ったりする、というプランで、彼は以前制御できなかった状況を制御できるようになり、効果があった。彼はほとんど教室を出ることはなく、二つの教科でAを取ることができた。

しかしプランは科目で合格点を取る以上のものだった。彼が発見したものは、頭の中のイメージ写真が完璧を要求していて、それがゆえに厳格すぎることだった。彼はこうした無理なイメージ写真を、厳格でないものに変えることができた。なぜなら彼が彼の教師のような強い人に自分が深刻な欠陥、つまり恐怖症を抱えていると話しても、教師たちは彼を拒否しないことが明らかになったからだ。教師たちは彼をよい院生と高く評価し、この無理のないプランを受け入れてくれた。彼はいまや彼の専門分野で成功する自分を見ることができた。仕事は完璧な人にしか与えられないのではない。彼のように完全でない人間にも開かれている。彼は自分のイメージ写真を完璧でなくてもよいし、現実世界にいる自分を見たときに、権力をもつ人に自信をもって話ができる人と見ることができるようになった。

彼は勉強しながらパートの仕事につき、ほとんど完全に脅迫神経症を克服した。長い年月が経って振り返って見ると、不慣れな状況に直面してもほんの短い不快感を感じるだけとなった。彼が完全に恐怖を感じなくなるということはないだろう。誰一人こうした強烈な体験を忘れることができないようだ。しかし彼は選択できること、そして少し努力をすれば、よりよい選択ができることを知っている。彼は仕事で大きな成功を遂げ、自分の人生の舵取りをしっかりできるようになっている。ランディは、完全に制御不能と思えた状況で少し制御できるようになり、そして自分がこうあるべきというイメージ写真を変えて、制御を維持するというプランが解決の鍵だった。

わたしが五章で触れたメアリーもまた恐怖症だった。しかしランディやテリーと違って、彼女の恐怖症は自分を制御することよりも他人を支配するためだった。この場合夫ジョージを支配する手段として家から出ることを怖がっていたという点では、キャロルのケースに近い。彼女の恐怖症は、彼に少しでも自由を与えると不倫でもして結婚をダメにするかもしれない、という彼女の恐れを覆い隠すものだった。しかし、他人を支配するために恐怖症になるほとんどの人と違って、彼女は夫の愛や支援をそれほど求めてはいなかった。むしろ力を行使することを楽しんでいた。広場恐怖症の力は巨大である。彼女は自分がしていることに気づいてはいないが、彼女は自分が夫を愛していないこと、尊敬していないことには気づいていた。彼女は彼を意気地なしと見なしていた。なぜなら、彼は彼女の恐怖症のもとでまったく無力だったからだ。ついにジョージは一日中、職場にいても、彼女の意のままになることにうんざりして、彼女を捨てた。そして、彼を利用する以外に彼を必要としていなかったので、彼女はこれ以上恐怖症でいる理由がなくなった。彼女はジョージの代わりに娘を利用しようと思いついたが、幸運にも娘は賢明だったので、ジョージの代わりに飛んで行くことをしなかった。メアリーはほんの数週間で恐怖症をやめて、生きることを再開した。

もし彼女がジョージを愛していたら、あるいは自分の世話をしてもらうために彼を必要としていたら、恐怖症をやめることはなかっただろう。ジョージが家を出たとき、家族の誰かが、あるいは慈善組織が援助の手を差し伸べるまで、家に留まり飢える状態でいることもできた。恐怖症はメアリーのように通常は止まらない。なぜなら、ほとんどの人は彼女よりも依存的だからだ。彼女がジョージから得たものは、彼女が追い回すことができる人だった。しかし、年月の経過と共に、これはもはや満足できるものでなくなった。予想外のことであったがジョージが少し勇気を出して彼女のもとを去ったとき、彼がいなくても自分がどれほど幸せかを選択できるということに気づいて驚いた。
メアリーは恐怖症をもっている人として普通と違っているが、彼女は選択理論の要点を例証している。

私たちが惨めになる選択をしても、求めているものが手に入らず、よりよい選択肢があると私たちが信じるとき、私たちはすばやく惨めであることをやめてしまうだろう。

メアリーは、よりよい選択が可能だと信じた点で、ほとんどの恐怖症者と違っている。ほとんどの恐怖症者は可能とは思わない。五章でわたしが述べたように、メアリーの友人にとって、メアリーの治癒は奇跡のように思えるかもしれないが、メアリーには、いかに自分がジョージを必要としていたか、ジョージに捨てられて幸運だったということについて洞察できるものがあった。彼女が癒されたことに奇跡は関与していない。
私たちの国にはメアリー、テリー、そしてランディのような人がたくさんいる。彼らは自分たちが病気なのだと固く信じている。そして、彼らのほとんどすべてが、癒される唯一の希望は薬か、精神疾患で苦しんでいるということを受け入れてくれるカウンセラーなのだ。彼らが自分は病気で、病人とみなされ治療対象者であると信じるかぎり、障害を通して制御を維持し、さらに状態は悪くなり、良くなることはない。問題は、彼らに提供されるほとんどすべての治療は、彼らの病気を支持し、すでに信じていなければ、彼らが病気であることを教える。リチャードのケースで、これはよく例証されている。彼は保険清算人であるが職場で腰を痛め、それ以来四年間仕事ができないでいる。彼はこれまで三度背中の手術を受け、多額の金を使い、以前よりも悪くなり、仕事に戻れるかもわからないとされていた。

リチャードが腰を痛めたとき、治ったあとも長く彼は頭痛を選択した。なぜなら、確かに痛みは大きいが、これが彼の人生をある程度制御することができたからだ。これはこれまで経験したことのないことだった。彼が腰痛を訴え続けるかぎり、神経外科医から物理療法医まで幅広く、多くの医学専門医、それだけではなく、ほかの支援関係者、看護師、理学療法士らとかかわることができた。この大勢の高価な治療チームは、数にしたらおそらく二〇人を超える技術者から構成されている。これをフィリスと比較してみると、彼女は一人でキャロルの治療チームのすべてだった。わたしがこの類似を引き合いにした理由は、こうしたチームは類似しているが、一つの大きな違いがあった。リチャードは自分を治療している医療チームを支配したいと望んでおり、チームもまた彼の頭痛に支配されることに協力している。これは、彼のような無数の人々から支配されることで、彼らの生活の大きな部分が成り立っているからである。一方フィリスは、キャロルに支配されることを嫌がっており、選択理論を学ぶチャンスがあればすぐにでも飛びつき、キャロルにもっと効果的な選択を示して、彼女の支配から逃れようとしている。

リチャードによって支配されている治療チームが本書の選択理論を理解していたら、リチャードは手術も過剰な治療もなしでよかっただろうし、彼の治療費は、今後も使い続ける医療費を含め、ほんの少しですんでいただろう。これほどの治療費をかけても、リチャードは癒されたと言える状態ではない。彼の身体に障害がないことを診断する多くの方法がある。たとえば、アミトールを与えて膝を深く曲げられるかを見る方法もある。彼はカウンセリングを受けて背中の痛みなしに自分の人生の舵取りをする必要がある。しかし、リチャードが必要な支援を現時点で得る可能性は低い。なぜなら、背中の痛みを訴えて彼が支配している人々には、支配されることに既得権があるからだ。これは、身体にいいからと言ってアルコールを与えておいて、なぜ酒をやめないのだろうと訝るのに似ている。

弁護士はリチャードが背中の痛みを訴えることによって支配する、強力で金のかかるもう一つの専門家集団だ。彼らもまた彼のような人々によって支配される。彼はいまや有名な弁護士事務所で歓待され、善良な弁護士たちが彼の背中の痛みは世界で一番重要であるかのように対応する。彼は自分のもつ力でこうした人々を動かし、多額の治療費がかかる治療を受けることができるようになったことに感動しないではいられない。そして依然として痛みが取れないので、彼らはできると思えば、もっと治療費を獲得してくれるだろう。金銭的には、治療助成には限りがない。そして受け取る額が大きければ大きいほど、弁護士報酬も大きくなる。彼の医師団が手術よりもカウンセリングが必要だと考えはじめても、弁護士たちは別の医師を見つけてきて、別の手術、高価な物理療法、あるいは障害年金が提供される。

リチャードはまた、雇用主、妻、そして家族を支配している感覚をもっている。簡潔に言えば、彼の背中の痛みを巡って全世界が動いてきた。このあいだリチャードはこうした治療にかかる請求書を見ることはない。請求書は弁護士のところに行く。彼が背中の痛みを選択するかぎり、この強力な複雑な治療の仕組みが動き続ける。

最終的にはカウンセラーが呼ばれても、最初からカウンセラーは自分に対する多くの攻撃に直面する。カウンセラーはリチャードによりよい人生の生き方を選択することを教えなければならない。つまり、これは痛みを手放すことを意味する。しかし、リチャードはこれまでに彼の痛みがもたらしたものすべてに既得権をもっており、痛みを放棄して単調な仕事に戻る気がしない。最終的には、従業員の労災保険が決まるころに、彼は背中の痛みから少し回復する。背中の痛みによってもはや支配できないことに気づき、三回の外科手術で悪くなっていないし、痛み止めの薬に依存しているのでなければ、彼はよくなる方法を考えつくだろう。リチャードのように人が賠償対象となる事故で傷つき、法律チームや治療チームが痛みによって支配されるようになれば、仕組みが回りはじめて、止めるのはほとんど不可能だ。わたしは長年多くのリチャードとかかわってきたので、一度こうした医療と法律の車輪が回りはじめると、重要なものは唯一痛む背中となる。人間全体のほんの一部だけがこの過程につきものなのだ。

ほとんどの場合、あなたが痛みや障害を選択することで、他人や自分を制御していれば、あなたを病気と見る人からの支援は期待できない。カウンセラーや家族の一員で、あなたが人生で何を選択しているかを理解していて、あなたに支配されないで対応してくれるなら、あなたがよりよい選択をする手助けを期待できる。はじめはあなたの病気を認めず、あなたの支配から逃れる人にあなたはひどく反発するだろう。人が本書を手渡して読みなさいと言えば、あなたはそう言う人にも本にも反発するだろう。なぜなら、書かれていることを受け入れれば、長いあいだ選択してきた苦痛な人生と、そこから得てきた大きな支配を手放さなければならなくなるからだ。

あなたが支配を手放すときはいつでも、それが苦痛をもたらす支配であっても、手放したものと置き換えることは容易ではないし、すぐできることではない。薬の切れた薬物依存症者のように、あなたには苦痛を感じる期間がある。人生でよりよい選択をすることを学びながら、苦痛を選択する期間だ。あなたができる最善のことは、あなたを病気だと思わない人の近くにいることだ。こうした人々はあなたの最良の友だ。あなたが苦痛から責任に移行する期間、彼らはあなたを見守ってくれる。惨めであることをやめたいなら、あなたの友人、親戚、そして専門家の支援者に、自分は病人ではないので、病人のように扱わないで欲しいと率先して告げるのも一つの選択だ。あなたが必要としているのは、彼らの援助と支援で、苦痛や障害なしに働くこと、そして遊ぶことを学ぶことだ。あなたには笑いが必要で、痛みに集中することではない。必要なのは仲間意識であって同情ではない。個人的達成感が必要なのであって、あなたの惨めな状態を利用して生計を立てる人々に依存することではない。

第十六章　健康を選択する

この国の医療制度により、ほとんどの患者は、自分の治療に関する主導権を医師に委ねることしかできない。特別な状況を除いて、私たちの唯一の責任とは、ただ「病人」として医師のところに行くことだけだ。あとは医師の責任となり、医師が私たちを治療するか、あるいは健康にできるかぎり近い状態にするための治療を紹介する。患者に積極的に治療にかかわってもらおう、という姿勢は、理論においても実践においても現在の医療制度には見受けられない。治療における主導権がほぼ完全に患者から取り去られ、医師のものになっている。

しかし、八章で説明したように、心臓病やリウマチ性関節炎など、長期的に私たちを苦しめる病気のほとんどは心身症に起因する。つまり、自分自身の人生を制御することができなくなった、というのがもとの原因なのだ。身体的原因や治療にのみ注目する現代医療は、患者が自分自身の人生をふたたび制御できるようになるための手助けなどはしないため、先に述べた種類の病気にはたいていの場合効果を表さない。よって、「医師が私たちのために何ができるか」ではなく、「私たちがいかに自分の人生をふたたび制御できるようになるか」ということに焦点を当てて考えることこそが、心身症に一番効果的な治療法となるのだ。たとえば、八章に登場したアランは、自分自身の人生を制御することができなくなったために心臓発作を起こし、冠状動脈バイパス手術をしたにも拘らず、不自由な身体のままとなってしまった。医師に頼り切るのではなく、自分にできることを模索して実行に移していたら、結果はもっとよい方向に向かっていただろう。

アランの心臓発作は、警告なしに突然起きたものではなかった。医師には定期的にかかっていたし、心臓発作の明らかな前兆はなかったけれども、疲労感や身体の異変を医師には訴えていた。血圧は正常値よりも高く、心臓発作に関係していると思われる血液検査の数値も高かった。それにも拘らず、医師からは「異常なし」という診断結果が下され、「無理せず、何か症状が出たらまた受診するように」という簡単な注意を受けただけだった。

アランの医師は、アランの私生活についての調査を怠ったのである。もし詳しく調べていたら、彼が自分の人生を制御できなくなっていたことは明らかであったはずであり、そこから効果的な打開策を考えることもできたかもしれない。もしかしたら医師は、アランが自分の私生活について調査されることを嫌がると考えたのかもしれない。よって、従来の医療から彼を引き離すことにわざわざ時間や労力を費やそうとは思わず、心臓発作を防ぐのに有効な対策法を伝授することもしなかったのかもしれない。ある意味で、アランも医師も知らずに発作を起こすお膳立てをしていたと言える。アランは、医療によっては心臓発作を予防することができないにも拘らず、完全に医師に頼りきっていた。一方医師は、アランの私生活についての調査を怠り、心臓病の進行を遅らせ（あるいは完全に止め）、人生をふたたび制御するのに役立つ可能性のある、心理療法、運動療法、および栄養療法などを勧めなかった。

もしアランが主導権を握って予防プログラムの話を医師に切り出していたら、医師は協力してくれていたか、あるいは適切なプログラムを彼に紹介してくれていたかもしれない。もしアランが選択理論を知っていたら、もっと積極的に行動に出ていたはずであり、心臓発作を予防することのできない従来の治療法で落ち着くことはなかったはずだ。仮に彼の医師が代替療法に協力的でなかったとしても、「自分の健康についての責任は自分で取る」という姿勢で、アランは自主的に色々なことを試み、予防療法にもっと理解のある専門家を探すこともできたはずだ。何か違うことをしていたら絶対に心臓発作を未然に防ぐことができた、と言っているのではない。しかし、生き方を変えることによって心臓発作を起こす確率を下げることができる、あるいは完全に予防することができるということは、多くの実例で証明されている。

健康を自己管理するためには、「病気は医師が治すもの」という従来の考え方を捨てなければならない。確かに、医師が非感染性疾患を治すケースも多くはないが、ないわけではない。しかし、それは「医師が患者を治す」というアプローチを立証することにはならない。健康を自己管理することは、私たちの人生においてとくに重要な責任である。医師は、私たちが健康を維持するために必要な情報を提供する「プロのコンサルタント」という立場であるべきだ。病気になったとき、「責任は医師ではなく、自分にある」という大前提を私たちは忘れてはならない。身体的にも精神的にも、できるかぎり自分自身の健康は自分で管理すべきである。そして、医師には「病気のときに相談できるコンサルタント」という立場でかかわってもらうのがよい。また、私たちが健康な時と病気の時とで行動を変えたりせず、つねに同じ姿勢をもち続けることも大切である。病気の時は健康の時よりも医療に頼ることがあっても、私たちはつねに自分の人生の管理者であるべきであり、どんな時でも決して他人任せにしてはならない。健康を手に入れるためには、効果的な自己制御が必要不可欠であるとわたしは信じている。もしこれが事実であれば、自己制御を失うことは、健康を取り戻し、また維持するチャンスを失うことになる。

ホリスティック医学などの例外はあるが、現代医療は「ヘルス・ケア」ではなく「シック・ケア」（シック＝病気）と言い表したほうがより正確である。なぜなら、今日の医療は、病気に対して治療を施すことによって利益を生み出し成り立っているのであり、健康を維持したり改善したりすることではまったくと言っていいほど利益を生み出さないからだ。街々に点在する巨大な病院を見るとき、これらの莫大な施設が、治療困難あるいは治療不可能と言われる多くの病人を受けもつことによって存続しているという現実を、私たちは認めざるを得ない。仮に、病人が簡単に短時間で治ってしまったとしたら、これらの病院のほとんどは衰退する。多くの病人の治療が難しいのは彼らが心身症を患っているからである、というのがわたしの考えである。現在の医療機関は、治療に関するすべての責任を患者から取り去っており、病気の治療に一番大切な「自分の人生を自分自身で制御する能力」すらも奪い取ってしまっているのだ。

自身の健康管理のみならず、病気になったときの治療に関する責任は医師ではなく患者である私たちにある、ということを医療機関が認め、広めていくようになるまでには、まだまだ時間がかかるだろう。このような変革を起こすには、消費者が行動に出る必要がある。今このような変革を起こすことは、医療機関にとって、医師や病院が権力を失うだけであり、そこにはなんの経済的また個人的利益もない。自分の人生に選択理論を適用している医療消費者こそが、変革を起こすことができる。私たちは、「健康になるためには、患者自身が自分の健康に関しての主導権をもつ必要がある」という認識をもたない医療供給機関をそのまま受け入れてはならない。私たちの姿勢が変わるときに、医療制度は「シック・ケア」から「ヘルス・ケア」へと少しずつ変化し、不必要な医療請求書の数も大幅に減っていくことだろう。もう一度申し上げるが、医療機関に問題のすべての責任があるのではない。人生の責任を他人に明け渡してしまった私たちの責任でもあるのだ。

もしアランが選択理論を知っていたとしたら、心臓発作を起こすずっと前から調子がよくなかった事実にもっときちんと注意を払っていたはずだ。自分の健康を改善するすべがあることを知らなかったために、彼は恐れていたのだろう。それゆえ、胸の痛みや息切れなど、当時はまだ軽かったが確かに健康不良を示唆していた症状を、彼は否定しようとしたのである。「無理をせず、定期的に受診するように」という医師の曖昧な助言に彼は頼り、最後の検査時に「病気ではない」と判断した医師の意見は正しい、と自分に言い聞かせようとした（確かにそのときはまだ、完全に病気ではなかった）。しかし、アランは聡明であったため、「病気でない」ことと「健康である」ことには大きな違いがあることを知っていた。心臓発作が起きるずっと前から、彼の体調は万全ではなかったのだ。彼の冠動脈が徐々に侵食され、塞がりかけていたにも拘らず、現在の医療水準では発作が起きるまでは「病気」と見なされない。もし、冠動脈がある程度まだ正常に機能しているときに健康改善プログラムを始めていたとしたら、彼は心臓発作を未然に防ぐことができたかもしれない。

よいプログラムというのはじつはたくさんあるのだが、これらすべてのプログラムは、「人生の舵取りは自分自身でしなければならない」という前提を基に成り立っている。もしアランが選択理論を知っていたとしたら、手に負えなくなっていた仕事場での状況を制御するためにさまざまな取り組みをしていただろう。もし、彼に選択理論の知識があったなら、「上司との関係を改善するために何か行動を起こさないと、自分の健康は危険にさらされてしまう」と考えていたはずだ。アランは上司のことをよく知っていた。上司と話し合う前に、自分が会社の成功のためにどれほど貢献してきたか、慎重に紙に書き出して準備することもできたはずだ。そして、上司の機嫌がよいときに、それを一つひとつ話し合うなかで確認し、会社をさらに成功へと導くために自分に何ができるか、と上司に問うこともできた。上司がどう答えるかに拘らず、彼の言うことをアランはその場でメモしておき、自分が望んでいるような良質な人間関係をもてていないと感じていることを丁寧に、かつきっぱりと上司に伝えるべきであった。正直ではっきりとした彼の主張に対して上司が反発するとは想像しにくい。何を言われたとしても、関係をよりよいものにするために自分に何ができるか、アランは上司に問うべきであったのだ。

ここで上司がとやかく言い返してくることはないだろうが、もし仮に何か言ってくるのであれば、アランはちゃんと彼の話に耳を傾けるべきである。そして上司にリストのコピーを渡し、もしそのリストに載っている事柄を彼の期待どおりにこなせていない場合は、ふたたび個人的に話したいということを伝え、そして、今回彼と話す機会がもてたことにも感謝の気持ちを表すべきだ。それでももし、上司が今までと変わらず人前で非難してくるのであれば、プライベートに二人だけで話がしたいことを伝え、その場から立ち去るべきである。そして、人前で非難されることで不快感をおぼえること、またそのような状態だと仕事もはかどらないことを上司に伝えるべきである。可能性は低いが、このような行動をとることによってアランは首になるかもしれない。しかし、心臓発作を起こすことに比べたら、仕事を失うことのほうがまだよいだろう。きっと上司は、アランの礼儀正しい主張を認め、彼をいじめの対象から外すだろう。

選択理論は、不幸や不健康を私たちが選ぶべきだとは決して教えていない。よって、人から非難されるとき、私たちはただ受け身でい続ける必要はない。賢く自分自身を守ることが大切である。アランのように精神的に受け身のままでいることを選択することは、健康を失うことになるかもしれない。アロンが選択理論を学べば、自分の人生が制御不能な状態であることをいち早く察知し、そこから抜け出すための改善策を賢く導くことができるだろう。アランの医師にどれだけ精神的原因についての理解があったとしても、アランに代わって彼自身の問題を解決することはできない。同情的な傾聴は一時的には有益かもしれない。しかし、仕事上の問題にしっかり向き合うようアランを励ますことは、それ以上に彼のためになるだろう。最終的な責任はアランにある。医師でもなく上司でもなく、アラン自身が自らの人生の舵を取っているのだ。

病院は、人生を再度制御するようになるのに一番難しい場所である。しかし、人生をふたたび制御できるようになることは、回復（リカバリー）には極めて重要だ。私たちは、ただ受け身の状態でいるのではなく、自分の治療に関わるすべての医療処置に強い関心をもつべきである。治療に関することについてはきちんと医師から説明を受け、自分がすべてを知っておく権利があることを主張すべきだ。もし何かに対して反対するのであれば、その反対意見をしっかり言葉にすべきである。治療に関して納得いかないことがあるときに、医師にちゃんとした説明を求めることは決して厚かましい行為ではない。私たちは、伝統や組織を守るために病院にいるわけではない。健康を取り戻すために、そして自分に何ができるのかを知るためにいるのである。また、十分な睡眠を取ることができるよう注意すべきであり、医療処置によって睡眠が妨げられないように病院側に配慮してもらうことも大切だ。病院で施されるさまざまな治療が、病院という組織のためではなく患者のために施されることを要求する権利が私たちにはある。ただ言われるがままに従って怒りを溜め込む、ということのないようにするのが重要だ。私たちの脳は、私たちを健康にしようとすでに必死に働いている。よって、怒りや疲労によるさらなる負担は極力避けるべきだ。

さらに、私たちは自分でできるかぎりのことをするよう心がけるべきである。治療にかかわってくれる看護師などをなんらかの形で手助けすることができるならば、そのような手助けを私たちが積極的にすればするほど、治療はより効果的なものになるだろう。多くの病院によって助長されている「患者の消極的また依存的姿勢」こそが私たちの敵である。私たちはできるかぎり積極的になることを心がける必要がある。「自分が何を感じているか」ではなく、「自分に何ができるか」になるべく焦点を置くほうがよい。見舞いに来てくれる人にも、自分の感情を打ち明けるのは避けたほうがよい。なぜなら、自分は不幸（惨め）だという思いが感情を支配してしまうと、仮に体調が改善してきたとしても、自分が惨めであると思うことを選択し続けてしまうからだ。もう一度述べるが、自分の人生の舵取りは自分ですることが重要である。たとえ重い病であったとしても、自分の人生の舵取りを自分ですることは健康を取り戻すうえで一番大切なことだ。ノーマン・カズンズは、重病にあるときにどうしたら人生の舵取りができるかを『私は自力で心臓病を治した』（The Healing Heart）の中で詳しく説明している。この本の中で、著者は自身が重い心臓発作を起こしたときに経験した人生の舵取りを巡っての戦いを詳しく描写している。この貴重な著書から、読者は多くのことを学ぶことができるだろう。

退院する際には、病気から完全に回復するための具体的な計画を医師と相談し、その計画を実行すべきである。人生の舵取りをするためのチャンスがここにあり、私たちはなんとしてでもこのチャンスをものにしなければならない。外出できない状況にあったとしても、起き上がる体力すらない場合を除いて、できるだけベッドから離れるよう努力すべきである。きちんと着替えて、何かやり甲斐があることに時間を使うのだ。もし疲れてきたら、ベッドに戻って昼寝などをして体力がふたたび戻るまで休息を取ればよい。体力の許すかぎり身体を動かすようにし、ほかに自分にできることがあるかつねに医師に確認すべきである。長期的な薬物療法に関しては、その有用性をつねに疑うべきであり、依存性のある薬はどんなものであっても長期に渡って服用してはならない。すべての薬には危険性があるため、薬の服用はなるべく控えるほうがよい。ただし、処方された薬の有効性が研究によって十分に立証されているという確信があり、自分にその薬が必要だと判断するかぎりは定期的に服用してもよいだろう。

「健康であること」と「病気でないこと」は、まったく異なる。健康とは、気分がよく、強く、機敏で、体力に満ち溢れ、精神的に鋭敏で、身体的にも活発な状態を言う。健康なとき、人は精神的にも身体的にも困難に立ち向かうことができる。健康なとき、時間はのろのろと進むことはなく、かえって早く経ってしまう。自分の健康の状態は、自分にしか判断することができない。「これといった症状は見えない」と医師は診断するかもしれないが、それは決して私たちが健康であるということではない。健康を手に入れるためには、自分の人生をしっかりと制御することが絶対不可欠だ。私たちは、日々欠かさずリラックスする時間をもつ必要があり、わたしはこの時間を「コントロールタイム」と呼んでいる。心地よく昼寝をしたり、ゆっくり温かいシャワーを浴びたり、仕事終わりに仲間と飲みに行ったりなど、どんなことでもよい。人によっては、真剣にテニスの試合をすることがリラックスする方法になるかもしれない。何をしてもよいのだが、大事なことは、毎日欠かさず最低三〇分は自分の好きなことをすることである。

「モノポリー」（アメリカのボードゲーム）をしている最中に、ボードの至る所に自分のホテルが立っていた経験があるだろうか。サイコロを振るたびにお金が入り、どのマスに進んでも安全な状態だ。あなたは気前よくほかのプレイヤーにお金を貸し、負債を返せない不動産をもったプレイヤーからはその物件を買収する。圧倒的に自分がゲームをリードしているにも拘らず、そこで止めようとは思わない。そんなとき、あなたはきっととてもリラックスした状態で、周りの人にも気前よくやさしい態度でいられたはずだ。それは、あなたがゲームの舵を取っていたからである。ゲームをリードすることによって、あなたの力の欲求、楽しみの欲求、そして愛・所属の欲求がそれぞれ見事に満たされていたのだ。もしゲームを始めたときに風邪を引いていたとしたら、勝っているあいだは鼻をかむことすら忘れて夢中になっていたことだろう。

健康でいるためには、このような時間を私たちはもつ必要がある。アランの人生で不足していた大切なもの、それは日々の「コントロールタイム」である。上司から残業を強いられ、仕事が終わって急いで家に帰っても、そこで待っているのは彼の帰りの遅さに不満を抱いている家族だった。そして、上司との人間関係で苦しんでいる彼の状況を理解していない家族を、彼は度々怒鳴りつけてしまったのだ。彼が上司と交渉すべき大切なことの一つは、よりよい就業時間であった。彼にはもっと休みが必要であり、休むことなしに健康でいるために必要な日々のリラクゼーションタイムをもつことは決してできない。競争心の強いアランにとって、テニスやラケットボールなどの競技がリラックスすることになるだろう。その場合、彼は彼と同等のレベルの人を相手にしなければならない。さもなければ、勝てないことで苦痛を感じたり、相手が弱すぎて退屈したりと、本来の目的が失われてしまう。スポーツが「コントロールタイム」となるには、勝ち負けに拘らず、そのアクティビティーそのものが楽しめるものでなければならない。どんなゲームでも、適度に勝てなければいつも楽しくするのは難しい。

アクティビティーが「コントロールタイム」として私たちの欲求を満たすには、ゲームや試合で勝つことよりも、そのアクティビティーを一緒にする仲間との時間をまず楽しむことが大切である。わたしがまだそれほどテニスが上手でなかったころの話だが、わたしはある一人の男性を相手に何年にも渡ってプレーした。彼は毎回わたしを打ち負かすのだが、彼ほどのプレイヤーが、わたしなんかを相手に懲りずにプレーし続けてくれたことがわたしはとてもうれしく、しばらくのあいだは負けてもわたしは十分満足していた。彼は、すべてのラインを正確に判定するような誠実で公平なプレイヤーだっただけでなく、セットの合間に話したいと思わせるような人格者でもあった。もし、私たちが複数の人を巻き込んでするアクティビティーを「コントロールタイム」として選ぶのなら、アクティビティーの結果そのものが微妙であったとしても、一緒にする人との時間が自分を満足させてくれるものであればよいのである。テニス、ゴルフ、カードゲーム、何をするにしても、よい結果がいつも得られる保証はない。よって、そのアクティビティーが私たちにとって「コントロールタイム」となるためには、一緒にする人たちとの時間が楽しめるものでなければならない。

どんなアクティビティーをするにしても、自分が完全にリラックスできるまでは充分時間をかける必要がある。さらに、そのアクティビティーをしている時間が「自分が望んでいること」と「自分がしていること」とに差がほとんどない状態であり、それをしているとき「何かほかのことがしたい」という衝動に駆られないのが理想である。新しい脳がリラックスすることによって私たちの身体はリラックスする。激しい運動ですら、もしそれがそのとき自分がしたいことであるならば、精神的にリラックスできるアクティビティーとなる。人によって「コントロールタイム」の目安時間というのは違うのだが、健康のためには一日三〇分費やすのがよい、というのがわたしの考えである。時間は長ければ長いほどよいだろう。小さいお子さんをもつ母親など、とくに忙しい人にとって、完全にリラックスする時間を一日五分もつことを習慣化するだけでも驚くほどの結果につながるだろう。三分間のうたた寝ですら（そのような時間を取ることのできる恵まれた人にとって）、貴重なリラクゼーションの時間となるだろう。

「コントロールタイム」が効果的なものであるには、それが、私たちの頭の中にあるイメージを満たす時間である必要があり、そこにはどんな邪魔もあってはならない。たとえば、もしわたしがテニスをすることを望んだとしたら、テニス以外のことは何も考えずにプレーしなければならない。もし、ただ座ってぼーっとテレビを見たいと思うのであれば、ほかのことは考えずに、ただテレビを見るのがよい。毎日同じアクティビティーをする必要はないが、毎日欠かさずにこのリラクゼーションタイムをもつことが大切である。複数の人と一緒におこなうアクティビティーであるならば、アクティビティーの種類に拘らず、彼らと過ごす時間がまず楽しいものである必要がある。もしアルコールを嗜むのであれば（一日の終わりにリラックスする目的でお酒を飲む人は案外多い）、家であってもバーであっても、お酒を飲む環境そのものが欲求充足できる場である必要があり、仮にお酒を飲まなくても十分リラックスできる場であることが望ましい。アルコールは、「コントロールタイム」をより効果的なものにするかもしれないが、もしリラックスした状態を手に入れるためにアルコールが必要、ということならば、それはわたしがここで説明しようとしている健康的な「コントロールタイム」とは異なる。

セックスはこれらの必要条件を満たすか、という質問を多くの方から受ける。「もし両パートナーにとってセックスが欲求充足できるものであるならば、それはすばらしいことだ」というのがわたしの答えである。しかし、性的な満足感というのは、制御するのが難しい多くの要素によって左右されるため、セックスを唯一の「コントロールタイム」として当てにするのは勧めない。セックスは、日ごろの「コントロールタイム」をサポートするすばらしい付加物、と捉えるのがよいだろう。リラクゼーションタイムは、頻繁にもつに越したことはないが、肉体関係に頼りきるのではなく、もっと自分で制御できるアクティビティーを用いるべきである。読書、とくに就寝前の読書は、ほぼ完全に私たちが制御できるアクティビティーの一例だ。読書なら毎晩でもすることができ、それが満足感を与えてくれるのであれば、「コントロールタイム」としての必要条件を満たしていると言える。一方で、劇やコンサートを観に行ったりするのも楽しいことかもしれないが、出費がかさんだり、演技や演奏が今ひとつだったりと、不満を感じさせる多くの複合的要素が絡んでくる。よって、このようなアクティビティーは、私たちが定期的に必要とする「コントロールタイム」の代用にはならない。

どんなアクティビティーにしろ、ある特定の人がいないとできないものや、たくさんの努力や多額の費用を必要とするものは避けたほうがよいだろう。もしテニスやゴルフをするのであれば、経済的余裕、時間、さらには一緒にプレーして楽しいと思える仲間が数人必要になる。定期的に没頭することができ、また時々誰かと共有できるのであれば、自分が趣味としているものも「コントロールタイム」となり得る（その場合、満足感がほかの誰かによってではなく、趣味そのものによって得られなければならない）。趣味は、定期的に、そして手軽に私たちに満足感を与えることができる。

毎日しているわけではないが、わたしは犬の散歩を昔よりするようになった。自分にとって、犬の散歩がすばらしい「コントロールタイム」になるとわかったのである。わたしは、普段家で執筆活動をするのだが、疲れを感じてきたら飼い犬のハウンドを散歩に連れ出すようにしている。家の前の道を三〇分ほど散歩して帰ってくると、リフレッシュして疲れが取れているのだ。犬の散歩は、わたしにとって願ったり叶ったりの息抜きである。そして、いつも喜んでお供してくれるわたしの愛犬は最高のパートナーだ。彼女は一度もわたしの誘いを断ったことはないし、今後も断ることはないだろう。

ここまでの簡潔な説明で、「コントロールタイム」がどんなものかおわかりいただけたと思う。私たちは、「コントロールタイム」を実際はもてていないのに、もてていると自分で自分を説得してしまいがちである。「コントロールタイム」は、ただの息抜きやゲーム、ましてや働いていない時間を指すのではない。「コントロールタイム」とは、自分がしたいと願っていることを、誰からもその権利を奪われずにする時間であり、日々の欲求充足の時間である。

物質的な何かに頼らずしてこの時間をもつことは想像以上に難しい。もし、ビールというものが存在しなかったとしたら、テレビのビールコマーシャルの中で描かれているあの楽しそうな光景は現実にあり得るだろうか。ボーリングやポーカーなどをするとき、それはあなたにとってリラクゼーション、また欲求充足の時間となっているだろうか。それとも、ボールが思いどおり転がらなかったり、願っているカードがなかなかこなかったりして、度々フラストレーションを感じてはいないだろうか。夜寝る前に読むのが楽しみだと思うほど興味深い本や雑誌を、あなたは努力して見つける覚悟ができているだろうか。

わたしは、ほとんどの人がこの「コントロールタイム」をもつことができていないと思っている。あなたとあなたの配偶者が、互いの職場で満足いかない日を過ごしたとしよう。しかし、それはあなた方の仕事そのものが悪い仕事というわけではない。ほとんどの職場において、八時間、働いているあいだずっと満足した状態でいるのは難しい。一日を過ごすなかで、あなたはさまざまなフラストレーションを溜め込み、その日が終わってもフラストレーションを心の内に秘めたままだ。一つひとつの出来事は些細なことでも、ラクダの背中に乗せたわらのように、積めば積むほど重くなっていく。職場でのフラストレーションを解消するために、あなたとあなたの配偶者は互いにリラックスする時間を必要としている。そして、帰ってすぐ休みたい、と願って帰路に着く。家ではさらにまた違うフラストレーションが待っているとわかっているのだが、まずは職場でのフラストレーションをなんとかしたいと思うものだ。一度に溜めておけるフラストレーションには限度があり、その限度を超えると制御を失い、怒ったり、憂鬱になったり、あるいはまた違う形で破壊的な行動を取ってしまうことをあなたは知っているはずだ。私たちは皆、自分の配偶者や子どもたちに対して怒鳴ってしまうことがあるが、そうするのは彼らのすることが特別ストレスに感じるからではない。些細なことによるフラストレーションの重荷をあなたがすでに抱えており、そこに新たなストレスが加わることによって、怒りが溢れ出てしまうのだ。家族みんなでよい夜を過ごすには、まず一人が温かいお風呂に浸かって疲れを取っているあいだに、もう一人がテニスをして気分転換をするなど、選択理論をうまく用いることが良識的な判断となるだろう。

定期的な「コントロールタイム」は効果的だが、その力には限界があり、深刻な問題からあなたを解放することはできない。結婚が苦境に喘ぎ、子どもが深刻な病気にかかり、あるいは大事な昇進を逃すなど、このような大きな問題はテニスをしたり、仕事帰りに飲みに行ったりしたところで簡単に忘れられることではない。アランが上司と話し合ったときのように、私たちはもっと積極的に行動を起こさなくてはならない。良質な「コントロールタイム」は、計画を立てるための時間稼ぎにはなるが、自分の頭の中にある明確なイメージを満たす代わりにはならない。七章で詳しく説明したように、病気でなくても、極度に欲求不満な状態でいることは可能である。私たちは憂鬱になったり、頭痛を引き起こしたりして、さまざまな苦痛を伴う行動を選んで、制御を取り戻そうとする。しかし、頭痛や憂鬱があるときは、わたしがこの章で説明した健康状態ではない。

「創造力を養うコントロールタイム」

一九七六年に出版した著書『Positive Addiction』のためにリサーチをしているとき、わたしは、人間の内にはすばらしい潜在能力が秘められていることに気がついた。ゆっくりしたペースでのランニングなど、気軽にできるエクササイズは、実際には瞑想の働きをし、個人の潜在能力を引き出すのに役立つことがある。ランニングをすることによって、アルコール依存症者が回復に向かい、偏頭痛持ちの人が改善し、さらには冠状動脈疾患の進行がおさまった、という事例もある。ランニングは、わたしが研究したさまざまな「よい中毒」の一つにすぎないが、体力や健康を増進するのに役立ったのはもちろん、精神的体力の向上にも大いに貢献した。

わたしは、創造力に富んだ人間になるためにはよい中毒にかかる必要がある、と言っているのではない。現に、創造力に富んだ人たちのほとんどは中毒状態にあるわけではない。また、瞑想が必ずしも私たちに役立つ創造力を与えてくれるとは限らない。私たちは、私たちの頭の中にあるイメージと現実とのギャップに掻き立てられて、つねに自分の内にある潜在能力を引き出している。そして、驚くべき結果がそこから生まれることがあるのだ。わたしは、執筆をするとき、リラックスした状態でパソコンに向かい楽しみながら作業をするのだが、そうするなかで次々と新しいアイディアを思いつくことがある。そして、神経を研ぎ澄ませてその新しいアイディアを具体化しようと努力する。熱心に聞いてくれる会衆を前に講演するときにも、同じようなことが起こる。新しいアイディアが次々と驚くように出てくるのだ。役立つアイディアがほとんどだが、なかには非常に滑稽なものもある。自分の創造力に注意を向ければ向けるほど、内なる潜在能力を引き出すことができる、とわたしは信じている。しかし、私たちは忙しすぎるがゆえに、自分の創造力に注意を払わなかったり、その力を信用しなかったりする。じつに、偉人と凡人の大きな違いの一つは、自分の生まれもった創造力にしっかりと注意を払い、その示すところを熟慮するかどうかにある。創造力に溢れすぎて困るということは滅多にないだろう。よい中毒にかかることは、微力かもしれないが、確実に意味のあるインパクトを私たちの人生に与えてくれるだろう。

ランニングをする人、また瞑想をする人が皆、自分の創造力を引き出すまでの精神状態に達するとはかぎらない。それは、十分にリラックス、また自己受容できていないためである。瞑想をする人たち（とくにランナー）は、達するのが難しいこの精神状態を、勝たないといけない上り坂のレースを駆け上がるかのように追求してしまう。そして、めざしている目標に手が届かないと自分を責め、さらに高いゴール設定をして自分を追い込んでしまう。これは、力の欲求を満たし、さらにはフラストレーションに対処する脅迫衝動的行動になるかもしれない。しかし、満足感や達成感を生み出す健全な自己受容もそこからは生まれない。「よい中毒」には、満足感や達成感が欠かせないのである。

瞑想のためにランニングをする人と、衝動的に、あるいは競争心をもってランニングをする人を見分けるには、その人がランニングのことを話題にするかどうかが判断ポイントとなる。前者はプライバシーを大切にするため、滅多にランニングのことを口にしない。それに対し、後者はランニングの話ばかりをしがちである。自分の使っている靴、自己ベスト、食生活、体脂肪率、これらのことを話すことによって、ランニングが自分にとってどれだけ大切かをアピールするのだ。瞑想を目的としてランニングをする人も、時にはレースに参加することがあるかもしれない。しかし、彼らは主に走ることが好きだから走るのである。瞑想のためにランニングをする人は、一人で走るか、または自分のように瞑想を目的としてランニングをする人と一緒に走ることを好む傾向がある。瞑想を目的としてランニングをする多くの人々も、レースやマラソンに参加することがある。彼らは、ランニングには二つの種類があることを理解しており、また区別している。

定期的に何かを楽しむことは「よい中毒」になり得るが、それによって得られる喜びは、リラックスした状態のときに思いがけなく自分の創造力を引き出したときの喜びと同じである。自分の夢を一人で考えたり、真剣に聞いてくれる仲のよい友人に話したりするのはワクワクすることだ。この喜びの根源となっているのが創造力だ。私たちは、創造力を膨らませて考えるとき、意味のない行動や、場合によっては破壊的な行動を思いつくことがある。しかし、そのような行動は使う必要がないため、ただのアイディアのまま終わることが多い。それでも、創造力に溢れた思いつきは、役立つアイディアとなる可能性もある。そのアイディアを実行に移すことができれば、それは私たちが人生の舵取りをするうえで大きな助けとなるだろう。「よい中毒」にかかることは、お金を入れないでスロットマシンをする機会をもらうようなもので、勝つことはあっても負けることは決してない。「よい中毒」にかかることは、自分の創造力を引き出すことにつながる。それはいつも楽しく、可能性に満ちたプロセスである。また、その創造力をそのときすぐに使わないといけないというプレッシャーもない。しかし、創造力は必ずしもよいものとは限らないということも理解しておかなければならない。創造力とは、新しいことを生み出すことである。人生の舵取りができているとき、私たちは建設的な行動をとるため、「よい中毒」によって引き出された創造力は、しごく健全である可能性が高い。私たちは、人生の舵取りができていないときにのみ、自暴自棄になり、危険で病気を引き起こすような行動に出てしまう。

「よい中毒」にかかるのは簡単なことではなく、また時間もかかることである。「よい中毒」にかかりたいと思ってランニングを始めたとしても、最低でも最初の六ヵ月でその状態に達するのは難しい。しかし、わずか数週間でも継続すれば十分にそれは健康によい「コントロールタイム」となるだろう。ランニングがあなたにとって楽しいこと、またリラックスできることであるならば、仕事終わりにランニングをすることは、その日に溜まったフラストレーションを解消することになるはずだ。もし朝早くにランニングをしたとしたら、あなたはきっと気持ち良く一日を始めることができるだろう。

一日四五分間、週に三回のランニングを最低でも六ヵ月間続ければ、あなたは「よい中毒」にかかった状態に達するかもしれない。しかし、それでも「よい中毒」にかかるという保証はどこにもない。しかし、もしその状態に達することができれば、ただの健康的な「コントロールタイム」として始まったその時間は、さらに上質な「創造力を養うコントロールタイム」となる。温かいお風呂に入ることや仕事帰りに飲みに行くことなどは、よき「コントロールタイム」にはなるかもしれないが、「よい中毒」になることはない。なぜなら、これらのアクティビティーは、努力や集中力をそれほど必要としないからである。「よい中毒」の状態に達するには、ランニングや水泳、またはヨガのような高い集中力を要するエクササイズをし、そのアクティビティーにのみ没頭することが必要なのだ。「よい中毒」にかかることは、その日その日の小さなフラストレーションの数々からあなたを解放するだけでなく、内なる創造力への近道をも創り出す。「よい中毒」にかかることによって、人生におけるさまざまな問題に立ち向かうことのできる力をあなたは得るだろう。

この過程をより深く理解するには、創造力というものが私たちの人生に欠かせないものであり、私たちの内にある創造的組織は決して休むことがない、ということを念頭に置く必要がある。日常生活で自分の行動に目を向けると、私たちは同じことをまったく同じ方法ではしていないことに気がつくだろう。私たちの創造的組織は、つねに改善策を示し、私たちは意識せずとも自然に新しい手段を次々に試しているのだ。その新しい手段や行動がうまくいけば（うまくいく場合が多いのだが）、ほとんど自覚することなしに、私たちはその新しい手段や行動を日常生活の一部として取り入れる。さらに、私たちはしばしば驚くほど創造的な閃《ひらめ》きを得ることがあるが、これもまた私たちの内にある創造的組織が働いているという事実を確証させるものである。

この内なる創造力を引き出すために、人々は何百年ものあいだ、瞑想と呼ばれることを色々おこなってきた、というのがわたしの見解である。瞑想の中には、ランニングや水泳のように身体的に活発なものもあれば、禅のように精神的集中力を要するものもある。ヨガは、両方を必要とするエクササイズだと言えるだろう。何をするにしても、私たちはそのアクティビティーにのみ集中力を注がなければならず、そこにはなんの障害もあってもならない。

今一度、ランニングを例にとってみよう。ランニングによって人々が欲求充足することができるのは、まずはじめに、「自分はもっと運動をする必要がある」というイメージを彼らが頭の中に置いているからである。彼らにとって、ランニングは理想の体型を手に入れるための手段であり、自分が週に三回ランニングをしているイメージを彼らは自分の上質世界に入れているのだ。持久力をつけるには時間も努力も必要であるが、ランニングには特別なスキルはいらない。無理のない程度で走るだけでも十分効果は表れるはずだ。あなたが健康であるとして、一日に四五分間、週に三回ほどランニングを続ければ、三ヵ月もすれば八キロほどの距離を一時間以内で走ることができるようになるだろう。スピードはそれほど速くはないが、仮に一時間かかったとしても、歩くのに比べたら倍の速さだ。ランニングを瞑想としておこなうには、走る速度や距離が大切なのではないことを理解する必要がある。大切なのは、無理せず走ることだ。気づいたころには七、八キロ走っている、といった程度にリラックスして走ればよいのである。

ランニングを日課にすれば、持久力は徐々についてくるだろう。しかし、最終的にどれだけ持久力がついたかが肝心なのではない。重要なのは、あなたが自分自身をよいランナーだと認めているか、そして、数キロの距離を楽々と走りきることができるほどの持久力を備え、日々のランニングを楽しんでおこなっているかどうかである。無理して自分を追い込んでも、「よい中毒」にかかった状態に自分をもっていくことはできない。なぜなら、無理をして走ることによって不満を感じてしまうからだ。ランニング中毒になっているランナーは、確かに持久力はあるが、ただ走ることによって満足感を得ているため、自分自身や他人と競ったりはしない。走ることを日課とし、自分で決めたゴールに近づければ近づくほど、舵取りができている、という達成感をあなたは得ることができるだろう。その時、現実の自分は、上質世界の中の自分と完全に同一化している。

ランニングを長期間続けることは努力を要するが、走っているあいだほとんど何も考えないので、古い脳の喜ぶ、容易に習慣付けられる活動となる。そして、完全にリラックスした状態で走ることを数ヵ月間続ければ、走っていることを意識せずに自然に走ることができるようになるだろう。気づいたら行ったことのないところまで走っている、ということもあるかもしれない。まったく無意識なわけではないが、自分のランニングのリズムが十分身体に染み付いているため、何も考えずに走ることができるようになるのだ。また、走っている最中に、普段なら思いつかないようなアイディアを思いつくことがあるだろう。走り終わると、木や花、そして歩道や路地などが、いつもとは違って目に映り、一段と魅力的に見える。

このとき、あなたはほんの少しのあいだだが、「よい中毒」あるいは瞑想の精神状態にあったと言える。自分の創造的組織が存分に働き、新しいアイディアが次々に出てくる。数分、またはそれ以上のあいだ、とても清々しい気持ちになり、場合によっては興奮や高揚感をおぼえる。今までにない力を得、自信にみなぎる感覚を得るかもしれない。人によっては、走っている最中にはこの境地に達しない人もいるだろう。しかし、そのような人でも、運動の直後、ゆっくりリラックスしているときにこのような状態になることがある。

熱心にランニングをするランナーや、瞑想を日ごろからする人でも、この境地に達することは珍しい。そして、達したとしてもそれは長くは続かない。このような状態になったとき、あなたは自分自身の創造的組織が働いていることがわかるだろう。新しいアイディア、感情、そして行動が頭の中に浮かび上がるのだ。そのほとんどは役に立たないものかもしれない。しかし、あなたの創造性が溢れ出すとき、あなたは力と自信に満ち、最高の喜びと満足感を得る。

ゆっくりランニングをすることは、しだいに努力のいらない運動となり、そのうちあなたは意識せずとも走れるようになる。意識的に何かをしようとしているのではなく、ただあなたの創造的組織のみが働いているこの状態こそが、あなたがめざすべき精神状態である。説明するのは簡単だが、実際にこの境地に達するのは難しい。禅の巨匠たちは、数百年にも渡ってこの境地をめざしてきた。「悟り」と呼ばれるこの境地で、人は世と一体となると言う。選択理論的に表現するならば、自分の上質世界にある写真と現実とが完全に合致している状態、である。そこには創造力のみが存在する。

あなたは気づかずとも、この「創造力を養うコントロールタイム」によって特別な創造力を引き出し、その創造力を日々使って生きている。このような精神状態は、「創造力を養うコントロールタイム」をもてばもつほど持続するようになり、時には五分、二〇分続くこともある。ランニングをする人やあらゆる瞑想をする人は、このような精神状態にあるときに問題解決の鍵となる閃きを得ることがあると言う。問題の解決策を考えていたわけではないのに、思いがけず閃きを得るのだ。確かに役に立たないアイディアもたくさん思いつくのだが、麦ともみ殻を仕分けるように、彼らは使えるものと使えないものとにアイディアを分けていく。そして、今はもみ殻にしか思えないようなアイディアでも、いずれ良質の麦の穀粒になる可能性があるのだ。しだいに彼らは、自分の創造する力に魅了され、「創造力を養うコントロールタイム」をもつことが楽しみになる。

「創造力を養うコントロールタイム」をもたないと能率的に人生を送ることができない、というわけではない。「創造力を養うコントロールタイム」をもつことはよいことだが、普通の「コントロールタイム」と異なり、絶対に必須であるわけではない。しかし、これは選択理論の大切な概念の一つであり、人生をより豊かなものにする方法を探し求めている人にとっては知っておく価値があることだろう。

第十七章　選択理論の活用方法

これまでのわたしの説明で選択理論をあなたは理解されたと思う。しかし、本書を読んでわかることと、日常生活でそれを使うこととの間には、大きな違いがあるとわたしは考えている。これを乗り越えるためには、人生で迅速な変化を期待しないことだ。はじめは、あなたの周りを選択理論のフィルターを使って見回してみることだ。こうすると、選択理論がより生き生きとしはじめ、人々のしていること、考えていること、感じていることがもっと理解できるようになるだろう。それから自分の人生を同じように見つめることだ。こうすれば大した努力をしなくても選択理論を活用しはじめている自分に気づくであろう。

あなたの周囲の人を観察するように言ったとき、わたしが何を意味しているか、わかりやすい例を挙げて説明してみよう。わたしは家の近くにある大学のフットボールとバスケットボールの試合の多くを観戦した。観客席は私たちのように地元チームを応援する人々で一杯だ。しかしつねに対戦チームを大声で応援する小さな集団がある。私たちは皆、力の欲求、所属の欲求、楽しみの欲求を満足させようとしている。そしてこのために頭の中には自分の応援するチームが勝つというイメージ写真がある。自分のチームが勝てば、思いどおりになったので、とても気分をよくする選択をする。自分たちのチームが負ければ、私たちのほとんどは怒りを制御するために、短いあいだ落ち込みを選択する。大きな試合に勝てば、少し陶酔状態のファンは会場をあとにしながら、負けて気落ちしているファンに、割れたギザギザの瓶を差し出しながら、「喉をかっきりたかったらこれを使えよ」と言う。それを聞いてみんな笑う。しかし、制御と勝利が明白に結びついているこの単純な状況は、人生を制御しているときと制御していないときにさまざまな感情行動が観察できるよい場所だ。私たちは自分のチームが大きな結果を出せるように応援し、立派な競技をすれば喜び叫ぶ。しかし、自分のチームが最後の瞬間に負ければ、大きく落ち込み、何千人もの人が沈黙する。この例を挙げたのは、何もかも明白で、わかりやすいからだ。葛藤は何もない。勝てば頭の中の明白なイメージ写真をほぼ完全に満足させる。

多くの明白な状況で選択理論を観察すると、自然とこのような観察を自分自身の人生にも拡げるようになる。もしあなたが望んでいた昇格を手にできないとわかったら、自分のチームが負けたときに取った行動と同じような行動をしていることに気づくだろう。頭の中のイメージ写真が満たされていない。あなたは悩み、落ち込みを選択する。制御を失ったからだ。しかしゲームでは、勝つというイメージ写真が急速に消滅するが、ゲームと違うのは、昇格を求めるイメージ写真は存続し続けるということだ。あなたがただ本書を読むだけで、周囲の人々がたくさん選択理論を使っているのを観察しなければ、落ち込みをやめるのは困難で、自分の悩みは上司のせいだと責めるのは簡単だ。しかし、ほかの人がたくさん苦痛を伴う選択をするのを観察したあとなら、自分が今感じていることは自分の選択だとわかりやすいだろう。

頭の中の昇格のイメージ写真が満たされない状態で、そのイメージ写真を変えたくなければ、望む昇格を得るための行動を起こすしか選択肢はない、とあなたはわかっている。また、試合を観戦して応援や落ち込みを選択するように、自分の行動を選択していることをあなたは知っている。あなたの人生の先行きは、そのとき頭の中にあるイメージ写真によって決まり、仮によりよい物を見つけられなくて、苦痛な、あるいは自己破壊的な行動をとるかもしれないとしても、こうしたイメージ写真を満たそうとすることをあきらめないということも、あなたは充分気づいている。

あなたの知っている人を見て、彼らの重要なイメージ写真は何かまず推測してみることだ。正確にそれが何かわからないかもしれない。ほとんどの状況は、フットボールの試合ほどわかりやすくはない。しかし、誰でも自分のイメージ写真を満足させようとして行動している。そして人の行動を観察するとき、そのときのイメージ写真は何か推測することだ。例え自分の求めているものを手にいれるのが不可能であっても、人が自分のイメージ写真を変えるのがどれほど困難かに気づくことだ。自分の求めているイメージ写真について考え続け、満足させることができそうにない、あるいはまったく満足させることはできないと思っているイメージ写真を、どれほど多く上質世界に入れているかを理解することだ。あらゆるイメージ写真の中で、変えることも除去することもできない唯一のものは、呼吸するというイメージ写真だ。「わたしは自分が満足させられないイメージ写真の奴隷となる選択をしているのか？」と自らに問うてみるとよい。

それから、あなたが観察している人の行動に目を留めることだ。あなたはイメージ写真を推測しなければいけないかもしれないが、行動を推測する必要はない。あなたが選択理論を知っていても、知らなくても、試合場であなたが見た、ハッピーな、狂った行動すべてが選択されたものであることは明白であった。あなたが学んだことは次のことだ。選択理論を知らない人は、惨めさえ一つの選択であるということをわかっていない。この新しい知識をあなたの人生に活かすには、長い時間がかかる。なぜなら、あなたはこれまでずっと惨めな気持ちはたまたまあなたを襲ってきたと思っていたし、実際そう感じるからだ。しかし、選択理論のフィルターで見ると、あなたの知っている人が落ち込みを選択して妻を支配しているケースも、経済的に自立したことのないあなたの弟が酒で人生を飲み潰しているケースも、あなたの高齢の叔母が何年も落ち込んで彼女の子どもを支配しようとしているケースも、全部選択だということがゆっくりとわかってくるだろう。簡単で興味深い選択理論的観察を続けていると、あなたの周りの人が、苦痛で自己破壊的な行動を選択しているのがわかってくる。そして、あなたもこのような人々と違いがないことを受け入れるようになる。私たち人間はすべて、遺伝子の絶え間ない指示を満足させようとして、苦痛や快感を選択している。

最後に、私たちは自分のすることに対してはしっかり制御することができることを記憶して置くことだ。私たちがどれほど落ち込んでいても、頭痛がどれほどひどくても、私たちの皮膚がどれほど裂けていても、どれほど動脈が塞がっていても、どれほど飲んでいても、私たちは自分のすること、考えることをいつでも変えることができる。私たちは、頭が痛むことをやめる選択はできない。薬を使っても使わなくても、気分を昂揚させることはできない。動脈の狭窄を広げることはできない。しかしながら、私たちは、こうしたものよりもより満足する何かをする選択はできる。私たちが努力をしたいなら、社会生活を増やす、満足できるゲームを定期的にする、新しいキャリアのための勉強をする、家族に温かく、愛をもって接することはできる。私たちは自分の行動を変えようとしたくはないというのは、議論としては妥当だが、つねに変えることは可能だ。もし私たちのすることが満足のいくものなら、私たちが行動に移すときに、私たちはつねに気分はよくなるし、破壊的でない行動をするだろう。記憶しておくべき二つの概念は次のことだ。

第一に、あなたの上質世界にあるイメージ写真はあなたのものだ。あなたがそれらのイメージ写真を入れた。そしてあなたはそれらを交換したり、剥ぎ取ったり、新しいものを追加したりすることができる。あなたにはまた、自分が満足させることができるものに集中する選択もある。そして、満足させることができないもの、しかしまだ頭から剥ぎ取れないものに、時間とエネルギーを費やさない選択ができる。

第二に、あなたは落ち込みのような行動を直接選択しても、あるいは心身症のような間接的な創造的選択をしても、より満足のいくことをするとか、考えるという選択肢がある。あなたは呼吸をしなければならない。しかし、それが絶対にしなければならないすべてだ。残りはあなたがしたくても、したくなくても、あなたの選択しだいだ。

二　選択理論心理学の知識を使って、自分の人生の舵取りをどのようにするか。二

あなたの人生の流れを変えるために、従うべき理論的な過程は次のとおり。

- 上質世界のイメージ写真を吟味し、次の五つの基本的欲求のそれぞれを満たす少なくとも一つずつのイメージ写真があるかどうかを確認する。

◦生存の欲求（安全、安心、健康、そして生殖）
◦愛・所属（人間関係、結びつき、親密、そして組織の構成員）
◦自由（独立、動き、選択、そして創造）
◦楽しみ（面白い、喜び、笑い、そして学習）
◦力（制御、達成、競争、そして影響）

•自分の上質世界のイメージ写真を見て、それらは現実的か自問する。もし現実的でなかったら、入れ替えることを考える。

•現実世界で一致させようとしている、上質世界の具体的イメージ写真を知る。

•そのイメージ写真を満たすために、思考と行為をどのように選択しているかに注意する。自分の感情と生理反応は、つねに自分の思考と行為の反映であることを自覚する。

•次の質問を自分にしてみる。今わたしが選択している行動は、現実世界と一致させるのに役立っているか、あるいは、わたしの行動は、わたしが必死に求め必要としているものを手に入れるのに妨げとなっているか？


もしその質問に対する答えが、「わたしは人生でよりよい選択をする決断をした。わた

しが必要としている人々と距離が近くなる選択だ」であれば、自分の人生の舵取りを始める準備ができたことになる。最後に、

- あなたの上質世界のイメージ写真があなたを動かして、達成させようとしているものがある。それを、手に入れるのに役立つことを何か一つだけ選んで行動すると決めるといい。ひょっとして今日一日、自分も含め誰も批判しないという簡単なものかもしれない。人間関係を破壊する外的コントロールを使えば、あなたの進歩が阻まれてしまう。
- 上質世界のイメージ写真を変える選択をすることによって、あるいは、現実世界であなたがしていることを変える選択をすることによってのみ、あなたは人生の舵取りをすることができる。選択はつねにあなたのものだ。

最初はたくさん観察することによって、次に個人的に適用することによって、こうした概念を活用すれば、あなたは人生の舵取りの首尾よく歩み出すことになる。忍耐が必要だ。あなたは長いあいだ選択理論なしの生活をしてきた。変化はいつもゆっくり進む。選択理論心理学を実践する道は、あなたの頭の中のイメージ写真と、あなたが選択する行動を通してだ、と理解すれば、あなたはよいスタートを切ったことになる。こうしたことをしっかり理解したら、あとはついてくる。

監訳者あとがき

本書は『Take Charge of Your Life』(iUniverse, Inc. Bloomington, 2011) の全訳である。

ウイリアム・グラッサー(一九二五－二〇一三) は本書を最後にこの世を去った。本書は一九八四年に『Take Effective Control of Your Life』として出されたものをベースにして改定されて二〇一一年に出版されたものである。前書の原題はのちに「コントロール理論」に改題されている。題名改定の意図は、評伝『ウイリアム・グラッサー』によると、ハウツーものという印象から、理論を強調することにあったようだ。前書の英語版をグラッサーは廃棄するよう出版社に依頼したため、著書リストにその書籍は掲載されていない。前書はサイマル出版から『人生はセルフ・コントロール』として出版された名訳であった。残念なことに日本で出版界に大きな影響を与えた同社は出版業務を閉じた。

本書『テイクチャージ』は三人で訳したもので、次のように分担した。監訳者は、すべての章の訳を確認した。和泉麻樹（一章〜八章）、柿谷命（十六章）、柿谷正期（八章〜十七章）。章立て以外の訳はすべて監訳者によってなされた。

今、選択理論と呼ばれているものが、当時はコントロール理論と呼ばれていた。グラッサーはウイリアム・パワーズ（William Powers）からコントロール理論を学んだとつねに言っていた。その後、二〇一一年に新しい章が追加されたり、編集されたりして本書が完成した。二〇一一年版と二〇一三年版のあいだに若干の違いがあるが些少である。原書と付き合わせて違いがあるとすれば、版の違いによるものかもしれない。また、疑問点については、グラッサーの妻カーリーン先生に確認して原書どおりに訳していないところもある。

一九八四年に出版されたものをベースにして新しい本を書くにあたり、修正しきれないところも見受けられた。薬物に対する見解については、グラッサーは当初容認的なところがあったが、後半生では向精神薬については極めて否定的であった。これについては『警告』（Warning）を参照されたい。また、子育てで使われる概念「当然の結果」についても、のちには外的コントロールとして使われる傾向があるので、自分は使わないとも明言するように変化している。

一九九七年にすでに「コントロールという名前は好きではなかった」とグラッサーは語っている。したがって、コントロール理論という言葉には違和感をもちながらも、名称変更にはためらいがあったようだ。一九九五年のアイルランド訪問時にも、コントロール理論という名称がアイルランドの人々の納得のいくものではなかった。その訪問時にラジオ番組に出演したグラッサーは、放送された番組のなかでコントロール理論は選択理論と呼んでもよいと言ったことがあった。わたしはあとでその収録された放送番組を聴きながら、コントロール理論は選択理論に変わるのではないかと憶測した。このような経緯があっても、コントロール理論で知られ、この名を使った書籍も論文もすでに書かれ、名称が広く行き渡っている状況で、変更することはかなり混乱を引き起こすことが予想された。そして名称変更は実行されないままだった。

『ウイリアム・グラッサー』で述べられているように、正式に変更が宣言されたのは、二九回の講演のうち三回目の講演会のときだった。グラッサーは次のように述べている。「講演の最中にコントロール理論と口にした途端、言葉を失っていくのを感じた。そこでわたしは言った。いやいや、長いあいだわたしは間違いを犯してきた。ここでその間違いを正したい。『コントロール理論』と呼ぶのをやめることにする。なぜなら、その言葉は実際にわたしが説明している理論を表現しないし、他人をコントロールすると誤解されてしまうからだ。・・・これからは『選択理論』と呼ぶことにする」（四三九頁〜四四〇頁）。

一九九六年名称変更が公にされ、協会の名称も変わり、「ウイリアム・グラッサー協会」（現在はさらに変わり、ウイリアム・グラッサー国際協会、William Glasser International, Inc.）となり、コントロール理論は選択理論に名称変更された。オーストラリアに長期滞在し、ニュージーランドを皮切りにオーストラリアで講演、研修を担当するなかで、三通の手紙が協会関係者に配信された。その中では、（一）規律違反にどう対処するかという教育プログラムには関与しない、（二）組織の名称を「ウィリアム・グラッサー協会」とする、（三）コントロール理論をこれからは「選択理論」と呼ぶことにする、と書かれていた。

オーストラリアから米国に向かう帰路、グラッサーは日本に立ち寄った。日本では数回の講演が予定されていた。そのときグラッサーから直接、名称が選択理論に変わったことをわたしは聞いた。時々講演の最中でも使い慣れた「コントロール理論」という言葉が口をついて出てきたが、すぐに「選択理論」に訂正された。通訳をしていたわたしはほかの人以上にこの思わず口に出てくる用語と、新しい用語に慣れようとしているグラッサーの変化の息遣いを感じていた。

一九九八年グラッサーは、『グラッサー博士の選択理論』(Choice Theory) を著した。グラッサーはこれをマザーブックと呼び、ここからそれぞれの分野でこの理論が活用されることを期待した。犯罪矯正、カウンセリング、学校教育、リードマネジメント、夫婦関係、親子関係、メンタルヘルスと、選択理論の適用分野は広い。

本書は英語圏では『テイクチャージ』ブックと呼ばれ、1日ワークショップでは教材として使われている。日本では本書が書かれる前から、選択理論の概要を学ぶための「ワンデイ・セミナー」が有資格者によって教えられており、本書は格好の教材となり得るものである。監訳者は大学で定年退職するまで臨床心理学に関連する科目を担当していたが、これほど人が変わる心理学はほかにないという体験をしている。愛媛県の南海放送のラジオ番組で選択理論に関連する「ラジオセラピー:幸せを育む心理学」が放送されているが、親が選択理論を学んで変わったので、自分も学びたいと思ったと語っている高校生が登場している。放送はどこからでもインターネット回線につながっていれば、聴くことができる仕組みになっている (http://blog.rnb.co.jp/shiawase)。

致命的な七つの習慣 (批判する、責める、文句を言う、がみがみいう、脅す、罰する、褒美で釣る) のどれかを使わないだけで、親子関係も夫婦関係も劇的に変化する。上司が部下にこれらの習慣を使わない対応をすることで、上司と部下の関係が改善して、成果にも直結している。

本書の出版を企画に加えていただいた、アチーブメント出版株式会社、青木仁志社長に感謝する。これまでグラッサーの書籍は優先して出版計画に入れていただき、多くのグラッサー書籍が世に出た。出版社に手渡す前の段階で、出村栄子が目を通してくれ、難解な個所の手直しができた。また、これまでどおり白山裕彬氏が編集を担当してくださり、さらに読みやすい書籍となった。関係者の方々に深く感謝する。本書を通してさまざまな人間関係が改善されるのが楽しみである。

二〇一六年五月一一日

ビル・グラッサーの誕生日に合わせて

柿谷正期

付録

選択理論は援助職はもとより、それの他多くの領域で適用されてきた。以下にそのような適用に触れておこう。

カウンセリングと心理療法

リアリティセラピー（現実療法）は、人々が自分自身を理解し、自分の欲求を満たすより効果的な行動を選択できるよう、支援するためのカウンセリング技術として発展してきた。私は最初にリアリティセラピーを提唱し、のちにこの手法が効果的である理由を説明しようとして選択理論心理学を紹介した。わたしの最新の書籍『15人が選んだ幸せの道』（Reality Therapy in Action）はカウンセリングと心理療法のテーマに触れている。その中でわたしは、クライアントに人生を生き抜く技術を提供し、治療経験を継続させる一つの方法として、クライアントに選択理論を学んでもらうことを勧めている。

また書籍『グラッサー博士の選択理論』（Choice Theory）を読んで、技術を身につけたカウンセラーが主催するグループ療法で話し合うこともできる。

人間関係

人間関係はうまくいっていないというのがしばしばであるが、なかでも結婚関係は最たるものだ。現在結婚の半数は離婚に終わっている。家族に与える影響は大きく、互いによい人間関係をもとうとする、すべての努力に壊滅的である。こうした問題に触れる書籍が五冊ある。『What Is This Thing Called Love?』『Getting Together and Staying Together』『幸せな結婚のための八つのレッスン』（Eight Lessons for a Happier Marriage）、『ハッピー・ティーンエイジャー』（Unhappy Teenagers）そして『Staying Together』。こうした書籍は、具体的な戦略を提供し、有害な行動を変えるために、いかにして選択理論が用いられ、あらゆる人間関係を改善するかに触れている。

教育

選択理論のアイディアは、教育の質を改善するために、幼稚園児、小学生、中学生、高校生、そしてそれ以上の年代を対象に、一〇年以上も使われてきた。教育に関する書籍は五冊あり、教師と生徒の関係ならびに教室での成績向上という喫緊の問題にすべて触れている。私の教育に関する最新作は、『あなたの子どもが学校生活で必ず成功する法』（Every Student Can Succeed）であるが、教育に関する他の書籍も価値あるものである。『落伍者なき学校』（Schools Without Failure）、『クォリティ・スクール』（The Quality School）、そして『Quality School Teacher』がそうだ。クォリティ・スクールのアイディアを基盤にして、カーリーン・グラッサーが、学校と教育の専門家を対象にまとめた教材もある。小学生を対象にした『My Quality World Workbook』、中学生を対象にした『My Quality World Activity Set』、そして全学年に選択理論を教えるためには『Glasser Class Meeting Kit』がある。『Teaching Choice Theory to High School Students』は小冊子で、クラスミーティングの様子がすぐにわかるものだ。

ビジネスとマネジメント

選択理論は全世界でビジネス関係者やマネジャーに教えられてきた。日本には二〇年以上に渡ってマネジャーに選択理論心理学を教え、成功しているプログラムがある。会社名はアチーブメント株式会社で、青木仁志氏が社長である。

青木仁志氏のプログラムでトレーニングを受けた会社の経営者は、前より幸せになり、社員もより幸せになり、営業成果は以前より上がっていると報告している。書籍のなかで『グラッサー博士の選択理論』と『The Control Theory Manager』は、リードマネジメント手法を教えるのに有効なツールである。

犯罪矯正

長い年月選択理論は裁判所の要求する更生プログラムに組み込まれ、保護監察官によって教えられ、刑務所内でも教えられてきた。現在選択理論コネクション・プログラムと呼ばれているものが、女性のためのカリフォルニア刑務所（California Institution for Women）で大きく成功している。追跡調査によると、選択理論のトレーニングを受けた出所者の再犯率が三年間でゼロであることが判明した〔訳注：五年間の再犯率は二・九パーセント〕。更生プログラムで使われる選択理論は受刑者同士の人間関係、そして受刑者と職員との関係をよくすることに役立っている。受刑者は最終的により幸せで、より生産的な生き方をしている。書籍『グラッサー博士の選択理論』は刑務所内で読まれ、研究されている。このプログラムがほかの場所でも使われるように、プログラム・ディレクターであるレス・ジョンソン（Les Johnson）によって書かれたマニュアルがある。

依存症からの回復

人間の抱える問題でもっとも困難なものは、おそらく拡散している依存薬物の使用と、そこから回復して薬物なしの人生を維持することだろう。『グラッサー博士の選択理論』『Positive Addiction』『警告』（Warning）そして、私たちが提供するほかの多くの書籍を読むことは、治療と回復過程で大きな助けになっている。助けられた人々の多くは、こうしたアイディアが、ＡＡの一二のステップに比肩する効果があり、他の信条と矛盾しない、と報告している。

健康と幸福感

わたしの考えであるが、不幸な人はよりしばしば病気になるようだ。選択理論のアイディアは、人が健康を保つのに役立つものだ。書籍『Fibromyalgia』『警告』『Positive Addiction』『グラッサー博士の選択理論』の中で、全行動の要素である、考え方と行為を変えることによって、健康と幸福を得られる、とわたしは語っている。全行動のほかの二つの要素は感情と生理反応で、これに対して私たちは直接制御できないが、行為と思考を変えることで間接的に制御できる。

牧会と伝統的信仰

伝統的な宗教の多くは選択理論を受け入れている。なぜなら、信仰のシステムと一致しているからだ。書籍『グラッサー博士の選択理論』は広く読まれており、さまざまな信仰者が実践している。

調査研究

メンタルヘルスを研究するウィリアム・グラッサー財団が、ロスアンジェルス市にあるロヨラ・メリーマウント大学（ＬＭＵ）に設置され、選択理論心理学のさまざまな適用分野でデータを集めている。現在彼らは学生の寮生活に関して調査している。また、カリフォルニア州にある女性のための刑務所（California Institution for Women）で研究が進められている。研究は全世界の主要な大学でおこなわれている。選択理論とリアリティセラピーを使った研究について関心のある方は、国際ジャーナル（The International Journal of Choice Theory and Reality Therapy）を参考にされたい。左記でアクセスできる。http://www.wglasserinternational.org/publications/journals

・ウイリアム・グラッサー国際協会　http://www.wglasserinternational.org

また、日本の組織については左記を参照されたい。

・認定特定非営利活動法人　日本リアリティセラピー協会
http://www.choicetheorist.com
・日本選択理論心理学会　http://www.jactp.org

注

1. Glasser, William. Choice Theory: A New Psychology of Personal Freedom. New York: Harper Collins Publishing. 1998
2. Christakis, Nicholas, and James Fowler. 2009, 56-57.
3. Capra, Fritjof. 1996. 243.
4. Gilbert, Dan. 2006.5.
5. Cousins, Norman. 1979.
6. Smith, Bradley, et al. Assessing the efficacy of a choice theory based alcohol reduction intervention on college students. International Journal of Choice and Reality Therapy 2 [Spring, 2011] : 53.

参考文献

Breggin, Peter. Reclaiming our children: A healing solution for a nation in crisis. Cambridge, MA: Perseus Books, 1999.

Capra, Fritjof. The web of life: A new scientific understanding of living systems. New York: Anchor Books Doubleday, 1996.

Christakis, Nicholas, and James Fowler. Connected: The surprising power of our social networks and how they shape our lives. New York: Little Brown and Company, 2009.

Cousins, Norman. Anatomy of an illness as perceived by the patient: Reflections on healing and regeneration. New York: W.W. Norton, 1979.

Cousins, Norman. The healing heart: Antidotes to panic and helplessness. New York: W.W. Norton, 1983.

Kohn, Alfie. Punished by rewards: The trouble with gold stars, incentive plans, A's, praise, and other bribes. Boston: Houghton Mifflin Company, 1993.

Madanes, Cloe. The therapist as humanist, social activist, and systematic thinker ... and other selected papers. Phoenix, Arizona: Zeig, Tucker, & Theisen, Inc., 2006.

McGraw, Phillip C. Real Life, Preparing for the 7 Most Challenging Days of Your Life. New York: Free Press, 2008.

Pert, Candace. Molecules of emotion: Why you feel the way you feel. New York: Scribner, 1997.

Siegel, Ronald. Intoxication: Life in pursuit of artificial paradise. New York: E.P. Dutton, 1989.

Simon, Laurence. Psychology, psychotherapy, psychoanalysis, and the politics of human relationships. Westport, CT: Praeger Publishers, 2003.

Sperry, Len, Jon Carlson, Judy Lewis, and Matt Engler-Carlson. Health promotion and health counseling: Effective counseling and psychotherapeutic strategies. Boston: Pearson Education, Inc., 2005.

Szaz, Thomas. Pharmacracy: Medicine and politics in America. Westport, CT: Praeger Publishers, 2001.

Urban, Hal. Positive words, powerful results: Simple ways to honor, affirm, and celebrate life. New York: Fireside, Simon and Schuster, Inc., 2004.

Additional References: For more information about the books and articles on choice theory and related topics written by faculty of the William Glasser Institute Worldwide, contact the William Glasser Institute: www.wglasserinst@gmail.com.

ウイリアム・グラッサーの受けた表彰

1989年　以来、ウイリアム・グラッサー博士は、ミルトン・エリクソン財団が主催する有名な「心理療法の発展会議」において、心理療法におけるパイオニアの一人として講師をつとめた。

1990年　サンフランシシコ大学から、人文学の名誉博士号を授与された。

2002年　カリフォルニア・スクール・カウンセラー協会から、スクール・カウンセリング領域での長年に渡る貢献に対して表彰される。

2003年　アメリカ・カウンセリング学会から、カウンセリング領域での大きな貢献が認められて表彰される。

2004年　アメリカ・カウンセリング学会から、リアリティセラピーの発展を認められ、伝説のカウンセラーとして表彰される。

2005年　アメリカ心理療法学会から、栄誉あるマスターセラピストとして表彰される。

2005年　セラピスト、著者として、大きな影響を与えたことが認められ、「精神療法と心理学研究の国際センター」から、表彰される。

2006年　パシフィック・ユニオン大学から、教育学名誉博士号を授与される。

2008年　ヨーロッパ心理療法協会は、グラッサー博士が発展させたリアリティセラピーを、科学的に有効な心理療法として公に認め、2009年にエディンバラで開催された第22回国際大会で公式に発表される。

2010年　ケース・ウエスタン・リザーブ大学により、顕著な働きをした卒業者として表彰される。

ウイリアム・グラッサーの著作
（出版年は英語版、日本語版の順）

『グラッサー博士の選択理論：幸せな人間関係を築くために』(1998, 2000)
『現実療法』(1965, 1975)
『あなたの子どもが学校生活で必ず成功する法：なぜ、この学校には落ちこぼれが一人もいないのか？』(2000, 2001)
『ハッピー・ティーンエイジャー：10代の子どもをもつ家族が奇跡を起こす法』(2002, 2002)
『幸せな結婚のための８つのレッスン』(2007, 2007)
『警告:あなたの精神の健康を損ねる恐れがありますので、精神科には注意しましょう』(2003, 2004)
『What is This Thing Called Love?』(2000)
『結婚の謎（ミステリー）』(2000, 2003)
『Staying Together』(1995)
『15人が選んだ幸せの道：選択理論と現実療法の実際』(2000, 2000)
『人生が変わる魔法の言葉：親と子・夫と妻・恋人たちのMiracle Words』(1999, 2006)
『Positive Addiction』(1976)
『Fibromyalgia』(2001)
『落伍者なき学校：<落ちこぼれ>は救えるか』(1969, 1977)
『クォリティ・スクール：生徒に人間性を』(1990, 1994)
『The Quality School Teacher』(1993)
『Choice Theory in the Classroom』(1986)
『同一性社会：落伍者なき社会への精神医学』(1972, 1975)
『The Choice Theory Manager』(1994)
『メンタルヘルス:こころの健康の保ちかた』(2005, 2007)

著者

ウイリアム・グラッサー（William Glasser）：米国ウイリアム・グラッサー協会理事長、医学博士。一九二五年生まれ。ウエスタン・ケース・リザーブ大学医学部で博士号取得。精神科医の新しいアプローチ『現実療法（リアリティ・セラピー）』を著し、広く影響を与えると共に、精神科医として幅広く活動。公教育に関心をもち、教育で上質を追求する改革に試み、『クォリティ・スクール』を著した。クォリティ・スクールの取り組みは全米で二五〇校にわたり、明確かつ高度な基準があるにもかかわらず、それを達成してクォリティ・スクールの認証を受けた学校が出現している。また、選択理論を地域社会に浸透させる試みがニューヨーク州のコーニングで始められ、各地に飛び火する気配がある。グラッサーのアイディアは、カナダ、オーストラリア、アイルランドのような英語圏だけでなく、ロシア、クウェート、イスラエル、韓国、シンガポール、フィリピン、イラン、マレーシアにも広がりを見せ、六〇数ヵ国に広がっている。日本では一九八六年以来集中講座が開催されている。二〇一三年八月、八八歳で他界した。

監訳者

柿谷正期（かきたに・まさき）：元立正大学心理学部教授。一九八五年に日本でリアリティセラピーと出会い、翌年日本で最初の集中講座を主催した。グラッサーの書籍の大半を翻訳し、来日講演の通訳を務めた。ウイリアム・グラッサー国際協会の理事の二期目を務めている。日本選択理論心理学会会長、認定ＮＰＯ法人日本リアリティセラピー協会理事長、臨床心理士、精神保健福祉士、日本カウンセリング学会認定カウンセラー、ウイリアム・グラッサー国際協会認定シニア・インストラクター、日本選択理論心理学会認定選択理論心理士、現実療法認定カウンセラー。著書としては、『幸せな夫婦になるために』『選択理論を学校に』等がある。連絡先は以下の通り。
kcc@choicetheory.net

アチーブメント出版
〔X〕@achibook
〔Instagram〕achievementpublishing
〔facebook〕https://www.facebook.com/achibook

テイクチャージ 選択理論で人生の舵を取る

2016年（平成28年）8月19日　第1刷発行
2024年（令和 6 年）5月 5 日　第3刷発行

著　者　ウイリアム・グラッサー
監訳者　柿谷正期
発行者　塚本晴久
発行所　アチーブメント出版株式会社
〒141-0031
東京都品川区西五反田2-19-2 荒久ビル4F
TEL 03-5719-5503／FAX 03-5719-5513
https://www.achibook.co.jp
カバーデザイン　櫻井浩（⑥Design）
本文デザイン　クリエイティブ・コンセプト
翻訳担当　和泉麻樹（1章～8章）柿谷正期（8章～17章）
柿谷命（16章）

印刷・製本――シナノ書籍印刷株式会社

ISBN 978-4-86643-001-0

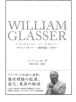

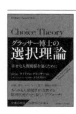

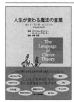

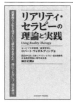

『結婚の謎《ミステリー》』
定価：2,300円＋税
ウイリアム・グラッサー　カーリーン・グラッサー／共著　柿谷正期・岩井智子／共訳
結婚前も結婚後も読んでほしい。夫婦における人間関係の謎をすべて解き明かす瞠目の一冊。
四六判・上製・280頁
ISBN978-4-902222-02-7

『警告！　あなたの精神の健康を損なうおそれがありますので精神科には注意しましょう』
定価：2,400円＋税
ウイリアム・グラッサー／著　柿谷正期・佐藤敬／共訳
あらゆる精神疾患の方々に朗報をもたらす画期的なガイドブック！
四六判・上製・390頁
ISBN978-4-902222-16-7

『15人が選んだ幸せの道』
定価：2,800円＋税
ウイリアム・グラッサー／著　柿谷正期・柿谷寿美江／共訳
15人が選び取った新しい人生の物語。「選択理論」でよりよい人生を送りたい人に最良の本。
四六判・上製・432頁
ISBN978-4-902222-08-6

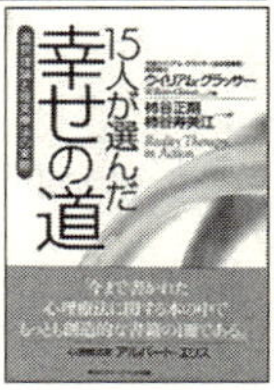

『ビジネス選択理論能力検定2級・準1級公式テキスト』
定価：2,400円＋税
ビジネス選択理論能力検定委員会／著
世界に広がりを見せる「選択理論」に基づく、マネジメントの理論と実践。
A5判・上製・168頁
ISBN978-4-905154-71-6

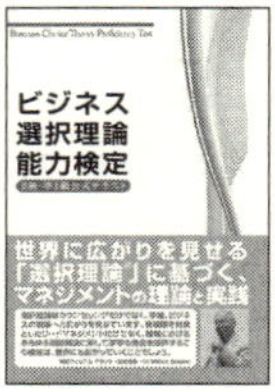

『ビジネス選択理論能力検定3級公式テキスト』
定価：1,800円＋税
ビジネス選択理論能力検定委員会／著
世界初！選択理論をビジネスの分野で適用する。「ビジネス選択理論能力検定」3級・公式テキスト。
A5判・上製・106頁
ISBN978-4-905154-33-4

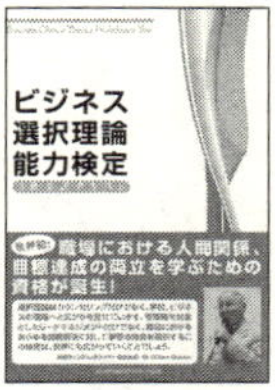